国家出版基金项目
NATIONAL PUBLICATION FOUNDATION

"十三五"国家重点图书出版规划项目

东北振兴研究丛书
DONG BEI ZHEN XING YAN JIU CONG SHU

东北振兴中的对外开放新前沿建设

赵晋平　编著

辽宁人民出版社

© 赵晋平　2020

图书在版编目（CIP）数据

东北振兴中的对外开放新前沿建设 / 赵晋平编著. —沈阳：辽宁人民出版社，2020.12
　（东北振兴研究丛书）
　ISBN 978-7-205-10049-0

　Ⅰ.①东… Ⅱ.①赵… Ⅲ.①区域经济发展—研究—东北地区 Ⅳ.①F127.3

中国版本图书馆 CIP 数据核字（2020）第 250264 号

出版发行：辽宁人民出版社
　　　　地　址：沈阳市和平区十一纬路 25 号　邮编：110003
　　　　电　话：024-23284321（邮　购）　024-23284324（发行部）
　　　　传　真：024-23284191（发行部）　024-23284304（办公室）
　　　　http://www.lnpph.com.cn

印　　　刷：辽宁新华印务有限公司
幅面尺寸：170mm×240mm
印　　张：20
字　　数：298千字
出版时间：2020 年 12 月第 1 版
印刷时间：2020 年 12 月第 1 次印刷
责任编辑：李嘉佳　郭　健
封面设计：丁末末
版式设计：留白文化
责任校对：吴艳杰
书　　号：ISBN 978-7-205-10049-0
定　　价：98.00元

《东北振兴研究丛书》 中国（海南）改革发展研究院　策划指导
中国东北振兴研究院

编委会

顾问

夏德仁　宋晓梧

主任

赵　继　迟福林

委员

赵　继　迟福林　刘世锦　范恒山

周建平　赵晋平　张占斌　常修泽

曹远征　李　凯　孙德兰　许　欣

杨　睿　刘海军

总　序

东北是我国最早建立的以能源原材料和重工业为特色的老工业基地，拥有一批关系国民经济命脉和国家安全的战略性产业和骨干企业，在 70 多年发展历程中，为新中国工业体系的建立打下了基础，为我国改革开放和现代化建设做出了历史性贡献。

新中国成立初期，鉴于当时的国际环境，中国经济发展投资集中在内地，沿海地区不多。当时苏联援助中国 156 个项目，其中三分之一落在东北，东北的工业体系初见雏形，也产生了很多大家熟悉的工业企业："一汽""一重""鞍钢""沈飞""大船"等。在中国实行"三线建设"时期，东北为中国工业化发展做出了很大贡献，很多东北企业支援全国，如湖北十堰二汽就是在长春一汽的援助下建立起来的，各地许多钢铁企业是鞍钢援建的。

改革开放初期，经济发展从侧重内地转向开放沿海地区，东南沿海地区通过政策倾斜，在吸引外资、引进人才等方面获益，并由此大大推动了市场化改革的步伐，从而获得飞速发展。东北地区则因地理区位的局限，资源开采枯竭，尤其是计划经济"遗产丰厚"，如国有企业负担重等体制机制制约，转型和改革步履维艰，发展相对迟缓，到 20 世纪 90 年代中后期，与东南沿海地区的差距已经拉大。在这样的背景下，国家先是提出西部大开发战略，后来又提出了振兴东北、中部崛起等战略，希望通过一系列的措施促进全国四大板块（东部、西部、中部、东北）协调均衡发展。

"九五"计划中就提出，积极支持和促进东北等地的老工业基地改造和结构调整。2003年，中共中央、国务院正式印发《关于实施东北地区等老工业基地振兴战略的若干意见》。从2003年到2012年，东北地区的国内生产总值保持较高增速，连续多年领先全国，被媒体称为东北经济的"黄金十年"。现在回顾这10年，东北取得的成绩在一定程度上得益于体制机制的改革。比如，这个时期国企改革确实取得了一些进展。从东北三省国有企业对国内生产总值贡献占比看，2003年左右这一数据高达百分之八九十，甚至在大庆等部分城市基本是国有企业一统天下。经过10年的改革发展，这一数据平均下降20%，辽宁的有些地区下降了30%—40%，民营企业获得了一定的发展。此外，在资源型城市可持续发展、对外对内开放和社会保障体系建设等方面也都取得了显著进展，有的改革探索还对全国的改革起了推动或先导作用。

但从深层次探究，东北"黄金十年"正好赶上了中国工业化高速增长时期，这一阶段重化工业快速发展，需要大量的能源、原材料、装备制造业，这与东北的产业结构正好相契合，东北经济从而获得了较快的增长。同时更应当认识到，因为这一阶段过度看重国内生产总值增速，在相当程度上掩盖了东北地区许多重大改革不到位、不深入的问题。如东北地区政府与市场的关系远未理顺，各级政府急于上项目争投资，资源配置的市场化程度在全国相对更低，从而导致重复建设严重，民营经济滞后，民生改善迟缓。

随着中国经济总体跨过重化工业发展阶段，从追求高速度转向注重高质量，东北地区发展遇到了新的困难和挑战，经济下行压力增大，经济增长新动力不足和旧动力减弱的结构性矛盾突出，体制性机制性痼疾凸显，解决问题的难度也有所增大，出现了一些媒体所渲染的"断崖式下跌"现象。深入实施新一轮东北地区等老工业基地振兴战略,对于东北经济社会持续健康发展和全国区域协调发展,既十分重要又十分紧迫。

中共十八大以来,以习近平同志为核心的党中央高瞻远瞩、审时度势,指导实施新一轮东北振兴战略。中共十九大提出,深化改革加快东北等老工业基地振兴。新一轮振兴,对东北地区的发展有了新的定位,不再强调地区生产总值或人均地区生产总值增长指标,而是突出东北地区作为重要的能源原材料基地、军事工业基地和商品粮生产基地,对于维护国家国防安全、粮食安全、生态安全、能源安全、产业安全的战略地位具有重要作用。

如何理解和贯彻中共中央、国务院对振兴东北的新定位?在中国(海南)改革发展研究院、中国东北振兴研究院的大力支持下,在专家学者的共同努力下,经过三年多的时间,《东北振兴研究丛书》即将出版。这是一套系统地研究东北老工业基地振兴发展的丛书,丛书汇集专家学者智慧,内容涉及东北振兴战略相关政策、东北振兴与混合所有制改革及产业结构调整以及对外开放、东北振兴新动力等各方面的问题,是一套有高度、有深度的东北振兴研究领域的指导性用书,对东北地区广大干部群众和从事东北振兴的相关行政工作人员、研究人员,学习领会和贯彻执行中共中央、国务院新一轮振兴东北的发展理念、发展战略、发展方式,具有重要参考价值。

中共十九届五中全会展望了2035年远景目标,明确提出"十四五"发展的指导方针、主要目标和重点任务,特别是提出推动东北振兴取得新突破,为东北地区科学谋划"十四五"时期发展指明了方向。新时代东北振兴,是全面振兴、全方位振兴。各领域按照中共中央、国务院振兴东北地区的决策部署,充分利用各种有利条件,深化改革,破解矛盾,扬长避短,发挥优势,从统筹推进"五位一体"总体布局、协调推进"四个全面"战略布局的角度去把握,要进一步理顺政府与市场的关系,发挥市场配置资源的决定性作用,更好地发挥政府在宏观调控、公共服务、市场监管方面的作用。同时,积极推进要素的市场化配置机制体制改革,让劳动力、资本、土地、技术、数据以及管理等要素更加活跃起来,让一切创造财富的源泉充分涌流。东北地区有条件、有机会重塑环境、重振雄风,实现新的突破,为中华民族的伟大复兴做出应有的贡献。

原国务院振兴东北地区等老工业基地领导小组办公室副主任
中国东北振兴研究院顾问　宋晓梧
2020年12月

前　言

面对经济全球化进程受挫，国际经济环境更趋复杂多变的严峻挑战，坚持对外开放的基本国策，加快推进以贸易投资自由化便利化为主要内容的区域经济合作，培育参与国际合作竞争新优势，成为我国"十四五"时期"双循环"新发展格局建设的一项重要内容。在《区域全面经济伙伴关系协定》（RCEP）正式签署之后，中日韩自贸协定谈判有望提速并在"十四五"早期取得实质性进展。我国东北三省位于东北亚地缘中心区域，具有抓住东亚、特别是东北亚区域经济一体化发展的诸多新机遇、更好地发挥联通国内国际大循环重要平台载体作用的有利条件。但要实现这一目标，关键在于提升东北地区经济的市场化国际化水平，打造对外开放新前沿。

一、贸易保护主义和新冠肺炎疫情叠加影响，将世界经济拖入严重衰退的境地

国际货币基金组织（IMF）2020年10月13日发布最新世界经济展望报告，预测2020年全球经济将下降4.4%。这一预测值虽然比该组织6月份预测的-5.2%上调了0.8个百分点，但仍然预示着受新冠肺炎疫情等因素的影响，世界经济将陷入二战以来最严重的衰退。从主要经济体的实际表现来看，美国、欧元区、日本、英国等无一例外都出现了连续三个季度同比负增长，印证了世界经济衰退的严重程度。

值得注意的是，当前的全球经济衰退是2018年以来美国贸易保护主义和新冠肺炎疫情等因素叠加影响导致的。实际上从2018年下半年起全球贸易就因为美国不断对贸易伙伴加征关税的影响而持续下行，2019年陷入2.9%的负

增长，成为拖累全球经济的重要因素之一。2020年前三季度全球货物贸易持续下降，世界贸易组织（WTO）预计全年会下降9.2%，其中也包含了加征关税等贸易保护主义措施的紧缩作用。

按照IMF和WTO的最新预测，2021年全球经济和货物贸易有可能分别实现5.2%和7.2%的正增长。但是从目前新冠肺炎疫情仍然在美国、欧洲、印度、巴西等主要国家（地区）蔓延等严峻形势来看，2021年经济与贸易的复苏仍然存在很大不确定性。由于应对疫情需要，各国采取了极度宽松的货币政策和财政政策，例如2020—2021年美国财政赤字占国内生产总值（GDP）比重分别高达16.8%、11.8%；日本、德国、英国等主要国家财政赤字比均在10%以上，即便一年内疫情结束，随之而来的沉重债务负担和巨大流动性等问题也会严重拖累这些国家的经济复苏。

二、后疫情时代国际经济环境可能更趋复杂、多变和严峻

疫情冲击下，各国政策出现较大变化，更加重视供应链的安全稳定，产业链调整的本土化、区域化特征趋于明显，并出现了以下几个方面的特点：一是为应对疫情冲击加大对本国企业的救助和政策扶持力度；二是适应产业链供应链调整需要，向本国在海外投资企业布局调整提供更加有利的政策支持；三是服务于本国企业区域化贸易投资布局需要，加快签署双边和区域自贸协定；四是对外实行贸易保护主义和投资保护主义政策，跨境贸易和投资的限制性措施明显增加；五是加快推进数字化基础设施和市场环境建设。其中的保护主义政策有可能长期化，在后疫情时代继续发挥作用并对国际经济环境产生不利影响。笔者根据IMF的主要经济体2019年美元计价GDP统计和2020年10月13日的经济增长预测值计算了中国GDP的相对比较指数。计算结果表明，由于中国疫情防控取得决定性胜利，经济全面恢复并率先实现正增长，2021年在不考虑汇率变化情况下中国的GDP在全球占比将达到17.9%，比2019年提高1.6个百分点，提升幅度之大远超过过去年度平均值。尤其是中国GDP相对于美国的比重将由2019年的67.1%，提高7.9个百分点，达到75%，即中国的经济总量与美国又接近了许多。这将进一步引发美国的战略焦虑和恐慌。近年来，在美国优先的战略目标引领下，美国的单边主义和贸易保护主义明显抬头，出于对自身丢失全球霸权地位的担忧，不断运用政治外交、金融、科技脱钩甚至

军事威慑力等手段遏制中国。在疫情蔓延时期这样做，在后疫情时期可能会更趋强烈，并长期持续。这对于中国、对于东北亚区域发展的国际环境都将产生较大不利影响。美国新政府执政之后，按照拜登竞选期间关于加强和盟友合作的政策主张，美国可能重返跨太平洋伙伴关系协定（TPP），并重启跨大西洋贸易与投资伙伴关系协定（TTIP）谈判。这意味着发达国家将通过贸易协定等手段相互联手，在全球经贸规则重构中发挥主导作用。中国等发展中国家被排除在外和被边缘化的风险加大，东亚区域经济一体化将面临新的压力和挑战。

三、东亚区域经济一体化取得新进展

区域经济合作是多边合作的重要组成部分，推进区域经济一体化是建设开放型世界经济的内在需求。因此，在开放型世界经济的诸多议题中，当前推进区域经济一体化面临的新机遇和新挑战也是值得关注的一个重要问题。第一，受贸易保护主义和新冠肺炎疫情冲击的叠加影响，各国对维护产业链供应链安全稳定的重视程度空前提高，企业跨境投资布局的区域化特征日趋明显，为加快推进以贸易投资协定为主要形式的区域经济一体化带来新机遇。分析表明，自从美国特朗普政府挥舞贸易保护主义大棒，不断对中国等国输美商品加征关税以来，亚洲地区的产业链供应链布局出现新变化。以计算机零部件贸易为例，2017年至2019年，亚洲区域内贸易占全球比重上升了1.7个百分点，说明区域内国家正在加快从区域内采购零部件并增加面向区域内国家出口的供应链调整。其中，中国从区域内进口占全球比重提高1.6个百分点，向区域内出口上升0.7个百分点，韩国也达到类似水平。产业链供应链调整的区域化特征十分明显。这主要受美国加征关税因素的影响，新冠肺炎疫情的冲击进一步加剧了这一进程。2020年1—10月，中国对东盟贸易实现增长，占比明显上升。东盟已经成为中国第一大贸易伙伴，美国等区域外市场的重要性有所降低的新变化也印证了这一点。另外，根据WTO在2020年10月6日发布的全球货物贸易展望报告，2020年全球贸易下降9.2%，其中亚洲地区出口、进口可能分别下降4.6%和4.2%，不到全球降幅的一半。这意味着，2020年亚洲出口和进口在全球贸易中占比将分别提升5.1和5.5个百分点。应该看到的是：供应链调整背后推手是企业的跨境投资布局调整。前几年，中国企业对东盟等国家的直接投资实现大幅度增长，中国企业公司内贸易成为中国和东盟双边贸易实现稳定的重要支撑力量。在国际经济环境仍然十分错综复杂、贸易保护主义持续抬头的背景下，这样的趋势可能长期化。2020年1—10月，在中国非金融类对外投资整体仍然下降4%左右的背景下，中国企业对"一带一路"沿线国家投资增长了23.1%，占比达到16.1%，同比上升了3.6个百分点。市场力量推动下的产业链供应链区域化对加强区域合作提出了新要求，也为区域各国政府提供了通过签署贸易投资协定促进区域经济一体化进程产生了巨大推动力。

第二，发达国家将通过贸易协定等手段相互联手，在全球经贸规则重构中发挥主导作用。中国等发展中国家被排除在外和被边缘化的风险加大，东亚区域经济一体化将面临新的压力和挑战。近几年，发达国家之间的双边自贸安排不断增加，成为主导区域一体化合作和经贸规则重构的主要力量。英国脱欧之后，正在谋求与美国、日本、韩国、加拿大等发达经济体签署自贸协定。2020年9月，英国已经和全面与进步跨太平洋伙伴关系协定（CPTPP）的现有11个成员分别进行双边磋商，即将开启正式加入该集团的谈判进程。CPTPP在2020年8月举行的部长级会议上也讨论了所谓向其他国家开放加入申请的问题，但是其中特别强调新加入国家和现有成员要具有相同的价值观，很有可能把地缘政治因素列入其中一个入围标准。正像在过去的美国主导TPP谈判期间看到的那样，发达国家之间的贸易安排实际上具有较强的排他性，尤其是有意将中国等发展中国家排除在外。因此，美国政策新动向和其他发达国家的贸易安排，将会分化和干扰东亚地区各国的贸易政策，成为区域经济一体化面临的新挑战。

第三，东亚区域经济合作要把制度性合作放在突出位置，促进区域内各国相互贸易投资，形成稳定高效的区域生产网络，维护地区产业链供应链的安全稳定。为此，东亚各国一是要加强投资领域合作，在投资促进、投资者权益保护和投资自由化方面形成更多实质性合作成果，通过促进企业扩大跨境投资，推动产业链供应链调整的区域化进程，为市场推动的区域经济一体化提供制度环境和保障。二是加强交通物流设施领域合作，通过港口、铁路、航空、道路等交通基础设施的互联互通，构建安全、高效和畅通的物流大网络，为产业链供应链调整区域化提供有力支撑；同时要促进数字技术与硬件设施联通的相互融合，提升物流网络体系的智能化水平。三是各国要坚持开放政策并不断改善营商环境，扩大投资准入开放领域，为企业投资提供更多投资机会和自由便利政策环境。四是加快自贸协定和投资协定谈判进程，以制度、规则和法律为基础，深化区域经济一体化合作，对冲区域外自贸安排产生的贸易转移效应。

第四，2020年11月15日，中国、日本、韩国、澳大利亚、新西兰和东盟十国共同签署了区域全面经济伙伴关系协定（RCEP）。随着这一全球最大经济伙伴协定正式生效，将会给地区各国带来巨大经济利益，进一步加快东亚区域经济一体化进程，也会对多边合作和经济全球化健康发展产生重大影响。RCEP今后需要在以下几个方面取得新进展。一是坚持高标准自由化方向，不断提升贸易和投资自由化水平，逐步消除区域内市场准入和边境后壁垒。二是坚持开放原则，不断吸收包括发达国家在内的新成员加入，持续拓展区域经济合作贸易投资创造效应和发展空间。三是坚持包容性合作，目前的首要任务是帮助印度尽早解决遗留问题，实现RCEP发起成员大家庭的大团圆；也要为许多欠发达经济体的加入建立灵活和个性化过渡期安排，让区域经济一体化惠及更多国家。四是支持成员之间通过双边和三边等形式进一步建立标准更高的贸易安排，为全面提升自由化水平积累经验。五是要做好和多边规则的相互衔接，合力推动世贸组织改革，为实现更加开放、平衡、包容、普惠、共赢的经济全球化发挥引领和示范作用。

四、东北亚区域合作进程有望进入快车道

产业链调整区域化将为中、日、韩三国带来提升区域内贸易比重、稳定区域生产网络、形成更加紧密区域伙伴关系的重要机遇。从中国与东盟地区经贸关系的实践来看，产业链调整的推手是中国企业面向东南亚的跨境直接投资，这也为通过扩大区域内投资、维护产业链供应链安全稳定提供了有益经验，凸显了中、日、韩三国加强相互投资和在亚洲其他国家的第三方投资合作，促进本国、东北亚地区经济稳定的必要性和重要性。

促进中日韩经济合作需要采取多方面举措。一是加强新型基础设施建设领域规划和战略的对接和合作，分享经验和知识；通过扩大信息基础设施、融合基础设施和研发基础设施建设带动相互商品和服务贸易增长，促进区域经济稳定和可持续发展。二是促进"补链型"相互投资，为巩固和提升以市场导向为目标的产业链供应链优化调整提供有力支撑，加强在东盟等第三方产业合作，构建安全稳定的区域生产网络，增强区域产业整体的国际竞争新优势。三是加强数字产品制造和数字服务领域的新技术、新模式研发创新合作，在巩固已有

国际优势基础上取得关键技术突破，增强东北亚区域数字经济的国际竞争优势，在全球数字技术标准和规则制定中发挥引领作用。四是加强中日韩经济合作新模式的顶层设计。在继续深入推动"一带一路"倡议与日本"亚洲区域合作政策"，韩国"新南方""新北方"政策对接合作，积极推进中日韩自贸协定谈判进程，实现"RCEP+"的更高水平贸易投资自由化，并在取得实质性进展基础上逐步向其他东北亚国家开放和拓展，为区域生产网络安全稳定提供制度保障。五是旗帜鲜明地践行多边主义政策，加强在联合国、世界贸易组织、二十国集团（G20）、亚太经济合作组织（APEC）、东亚峰会等多边平台上的政策沟通、协调和合作，共同推进全球治理改革，推动全球经济朝着更加开放、包容、普惠和共赢的方向发展。

RCEP协定正式签署，使得中、日、韩三国同属一个自由贸易框架内，实现了东北亚区域经济一体化进程的重大突破，为区域内各国带来了巨大获益空间。为了进一步深化三国经济合作关系，中日韩自贸协定必须在更高水平、也就是"RCEP+"的自由化标准上取得更多实质性进展。随着中日韩自贸协定谈判进程提速，预计在一到两年的时间内可能走向正式签署并生效阶段，这将对东北亚主要国家的经济发展产生新的贸易创造、投资扩大和竞争促进效应，并带来普遍的国民福利增长。

五、着力构建更加开放的双循环新发展格局

2020年5月14日，习近平总书记主持召开了中央政治局常委会并发表重要讲话。这次会议上首次提出了要构建国内国际双循环相互促进的新发展格局。在这之后多次重要会议讲话中，习近平总书记进一步阐述了构建双循环新发展格局的重要思想。7月21日，他在企业家座谈会上再次强调，我们必须集中力量办好自己的事，充分发挥国内超大规模市场优势，逐步形成以国内大循环为主体、国内国际双循环相互促进的新发展格局，提升产业链供应链现代化水平，大力推动科技创新，加快关键核心技术攻关，打造未来发展新优势。这为我们深入认识双循环新发展格局的科学内涵和关键着力点指明了方向。

第一，提升国内大循环的主体地位，补齐产业链供应链关键环节。面对全球新冠疫情蔓延和美国"脱钩"政策导致的产业链供应链"断链"风险，促使重要产品和服务生产、分配、流通、消费的全部或关键环节在国内运行，形

成内需主导下长期稳定的产业链供应链的必要性和紧迫性日趋凸显。我国具有的巨大国内市场和齐全产业体系等独特优势,对大多数商品而言存在充分吸收出口转内销以及满足生产配套需求的能力。但是在一些高端产业领域,核心零部件和技术依赖于国外进口的相对比较劣势尚无法迅速改变,大力推动科技创新,加快关键核心技术攻关,这是提升高端产业国内大循环主体地位的根本之策。近年来,我国企业不断加大技术研发创新投入,在部分关键领域已经取得领先全球的技术成果。以 5G 技术为例,根据德国知识产权调查机构 IPLYTICS 发布的报告,截至 2019 年底,全球拥有 5G 专利最多的十大公司中,中国华为以 3147 件名列第一,中国中兴以 2551 件居第三,两家合计占十大公司专利申请总件数的 31.6%,相当于美国两家入榜企业件数总和的 2.6 倍。这应当是中国企业之所以在 5G 技术领域领先全球的最重要原因,充分说明通过加大研发创新投入,中国企业有条件打破发达国家跨国公司技术垄断地位,推进部分高端技术环节国内落地扎根。

第二,充分发挥国际大循环的带动和优化作用,促进国外高端产业向内延伸和跨境融合。改革开放 40 多年来,我国始终坚持对外开放的基本国策,长期实行鼓励外商来华投资制度和政策,大批跨国公司在国内投资兴业,对加快我国工业化进程、促进中国经济和世界经济融合产生了重要影响。国内企业依托自身比较优势参与全球分工,通过对接和嵌入跨国公司生产网络,逐步形成了较强市场开拓和技术创新能力,为构建门类齐全、跨境延伸的中国现代产业体系打下了坚实基础,利用外资在其中作出了突出贡献。我国的一些高技术产品的研发、生产、出口主要由外资企业完成印证了这一点。以计算机、通信和其他电子设备制造业为例,根据 2018 年统计,外商和港澳台投资企业营业收入占该行业全部营业收入比重高达 52.2%,相当于外商和我国港澳台企业是全行业平均水平的 2.2 倍。此外,我国已成为全球最大数字产品出口国,其中七成左右出口是由外资企业完成的。这说明利用外资对培育和提升中国高端制造业发挥了举足轻重的作用。目前,我国在许多产品的核心零部件和装备制造等关键环节严重依赖于进口的局面尚未改变,通过加大研发投入和创新来提升需要经历一定时间,并且可能面临缺乏基础领域研究、高端人才和尖端技术来源支撑等瓶颈制约。因此,在通过自主技术攻关掌握核心技术的同时,必须通过更高水平开放主动参与和融入国际大循环体系,通过双向国际投资和贸易活动，推进跨境产业融合，获得重要资源、技术、人才、资本等战略性资产，为国内大循环不断升级提供有力支撑。在这一过程中，吸引高端制造、高新技术服务和研发领域的跨国公司来华投资落地，尤其具有重大现实意义和长远意义，也将成为高水平双循环新发展格局的一个重要标志。

第三，重视产业链供应链向周边区域延伸调整对于联通国内国际双循环的重要作用。在新冠肺炎疫情的影响下，产业链供应链调整成为各个国家关注的重点。2020年以来，中国面向美国等发达经济体的出口比重下降，而面向发展中国家的出口占比迅速上升，尤其是越南、泰国、马来西亚等"一带一路"沿线国家。部分对美出口将逐步由直接方式向间接方式转变，供应链布局的区域化有利于实现产业链和供应链的长期稳定。

从双循环格局的角度来看，中国要尽量实现重要产品和服务在国内形成完整的产业链供应链，这样的生产和制造过程既能够满足国内就业和国内市场需要，同时也相对安全；巨大的产能国内市场无法完全吸收，要将中下游的一些生产环节，逐步向东南亚、"一带一路"沿线地区逐步转移，这种布局有助于降低供应链风险，也符合双循环格局的建设需要。中资企业通过投资的跨境延伸为产业链供应链的稳定提供了重要支撑。新冠肺炎疫情影响下，中国和东南亚地区之间的双边贸易关系相对稳定，很大程度上是由于中资企业在当地投资形成的公司内贸易发挥了稳定器的作用。

今后中国企业要避免投资过度集中和爆发式增长，坚持绿色、集约和可持续投资模式，实现和当地经济深度融合，充分利用产业园区，降低产业配套和物流成本。构建产业分工体系，将适合当地生产的生产环节在海外布局，为确保供应链安全和技术主导权，关键零部件、设备和研发设计等核心环节仍需放在国内，构成一个长期安全稳定的区域性生产网络，通过这种方式实现两个大循环的有机连接。

六、深化改革和扩大开放为东北振兴注入强大新动能

我国东北三省地处东北亚中心区域，和朝鲜、俄罗斯远东、蒙古国陆地接壤，与日本、韩国隔海相邻，是我国连接东北亚各国的重要通道，地缘优势明显，在打造东北亚区域生产网络和联通国内国际大循环新格局中具有十分重要的战略地位和有利条件，深化市场化改革和扩大开放将为东北振兴注入强大动能。

东北地区建设双循环新发展格局，需要采取以下几个方面的举措。一是深化市场化改革。融入国内大循环，关键在于挖掘和激发国内市场活力，逐步清除区域内生产、分配、流通、消费各环节间存在的"堵点"和"痛点"，破除经济转型发展中面临的结构性、周期性和制度性问题。二是要加快政府职能改革。增强各级政府对开放新前沿建设重要性和必要性的认识，提高公共服务便利化水平，加快简政放权改革进程，加强政务服务信息化建设。三是扩大双向开放。重点在于提高要素资源的市场化程度和对内对外开放水平，促进资本、人才、技术、信息等要素自由便利流动。四是发挥政策引导作用。政府应通过加大对企业尤其是中小企业的政策支持，激发企业的活力，推动供给侧结构性改革，实现供给和需求的"双升级"，倒逼企业谋求优化转型。五是稳定产业链供应链。通过促进创新、吸引高端产业投资和走出去投资获取高端要素资源等相互结合的方式，提升区域产业在全球价值链中的地位。六是增强创新引领作用。进一步完善创新的制度环境和市场环境，激发各类创新主体的活力；鼓励民营企业投资，维护民营企业合法权益；提前布局战略性新兴产业，抓住新基建启动的契机，推进大数据、互联网、人工智能、区块链等新技术与重大基础设施的深度融合。七是保障和改善民生。民生工作是激发内需、构建国内大循环的前提和基础，改善民生是以人民为中心发展理念的重要体现，必须置于经济社会发展的突出位置。

面对东北亚区域经济合作带来的新机遇，东北地区要学习和借鉴沿海开放地区的做法和成功经验，在开放型经济新体制建设上取得新突破。一是要清除各类体制机制障碍，推动人才引进和管理制度创新，扩大外商投资准入开放，加大法治化、国际化和便利化营商环境建设力度。二是积极参与和推动东北亚合作，加强和东北亚等周边地区政府间合作机制建设，鼓励本地企业加强在周边地区的产业布局，加大对日韩企业的招商力度。三是为推动中日韩自贸协定和中韩、中蒙自贸协定谈判建言献策，依托自由贸易试验区等开放平台，设立具有针对性的双边或区域多边产业合作园区，为推进国家之间自由贸易安排积累经验。四是促进区域协同发展，建立东北地区对外开放协同发展机制，强化区域内通关一体化改革，增强投资促进体制协同联动功能。五是加强多式联运交通设施和物流体系建设，利用国内腹地广阔、"一带一路"辐射作用日趋扩大、"中欧班列"、"铁海联运"物流模式等有利条件，发挥东北亚国际大通道作用，增强国际要素资源聚集和流动枢纽功能。

  以上内容是笔者在分析当前全球经济变局下东北亚区域合作新形势和中国新发展格局建设新要求基础上，对东北地区建设开放新前沿的方向和路径等问题形成的初步认识。实际上，从2019年初开始，由笔者牵头、国研智库的10多位同事参与组成的课题组已经围绕东北振兴与扩大开放等主题开展了课题研究，并形成了系列研究成果。这本书就是在该课题研究成果基础上编辑出版的。笔者愿以本文作为这本书的前言，为书中展现的丰富内容做一个铺垫，以帮助读者加深对东北开放研究重要性的认识和理解。在本书正式出版之际，我要特别感谢参与本书各章执笔的各位同事，协调人：国研智库副总裁、博士王燕青，北京信息科技大学经济管理学院讲师、经济学博士朱博恩；成员：中国发展出版社副总编辑兼《中国发展观察》杂志社社长、国研智库董事、博士车海刚，《中国发展观察》杂志社总编辑、博士杨良敏，国研智库副总裁、博士马健瑞，国研智库会议会展部主任刘嘉，国研智库跨国公司与国际业务部主任杜倩倩，国研智库战略研究室主任、博士胡国良，《中国发展观察》杂志社总编室副主任马玉荣，《中国发展观察》杂志社编辑部副主任杜悦英，国研智库会议会展部副主任王媛媛，国研智库会议会展部助理吴悦，国研智库研究咨询业务部研究专员郭婧，国研智库战略研究室研究专员麻鑫鑫，国研智库区域研究室研究专员张继男。本课题研究还得到国务院发展研究中心"一带一路"专项的部分资助，在此一并表示衷心感谢！

国研智库首席经济学家

2020年11月

目 录

总　序　宋晓梧

前　言　1

第一章　对外开放与区域经济发展的相关理论与实践　1
　　第一节　对外开放与区域经济发展的相关理论 / 2
　　第二节　对外开放与区域经济发展的实践探索 / 11

第二章　东北地区经济发展与对外开放现状分析　21
　　第一节　东北地区经济发展现状分析 / 22
　　第二节　东北地区对外开放现状分析 / 38
　　第三节　东北地区对外开放对经济与产业发展的贡献分析 / 57

第三章　东北地区对外开放的国际国内比较　69
　　第一节　东北地区对外贸易的国际国内比较 / 70
　　第二节　东北地区利用外资的比较分析 / 84
　　第三节　东北地区对外投资的比较分析 / 94

第四章 东北地区对外开放的政策演进 105

第一节 东北地区对外开放政策的历史演进 / 106

第二节 新时期东北地区对外开放政策的内涵及调整方向 / 116

第三节 东北地区营商环境建设的进展与成就 / 122

第五章 特殊经济区域发展对东北地区开放的引领作用 129

第一节 口岸 / 132

第二节 保税区等海关特殊监管区 / 141

第三节 自由贸易试验区 / 148

第四节 边境经济合作区 / 158

第六章 东北地区对外开放的主要机遇和挑战 171

第一节 东北地区对外开放的外部影响因素 / 172

第二节 东北地区对外开放的内部影响因素 / 185

第七章 东北振兴与"一带一路"倡议 197

第一节 "一带一路"建设中东北地区的定位 / 198

第二节 东北地区参与"一带一路"建设的优势与阻碍 / 203

第三节 "一带一路"倡议为东北地区带来的新机遇 / 214

第八章 东北振兴与东北亚区域经济合作 223

第一节 东北亚区域经济合作中东北地区的定位 / 224

第二节 东北地区参与东北亚区域经济合作的优势与阻碍 / 233

第三节 东北亚区域经济合作为东北地区带来的新机遇 / 243

第九章 东北振兴与周边国家地区的次区域经济合作 249

第一节 东北地区参与次区域经济合作的现状 / 250

第二节 东北地区参与次区域经济合作的优势与阻碍 / 259

第三节 次区域经济合作为东北地区带来的新机遇 / 269

第十章 新时期以对外开放促东北振兴的政策建议　273
第一节　对东北地区政府转型升级的建议 / 274
第二节　对国际间合作的建议 / 278
第三节　对区域协同发展与对外开放的建议 / 283
第四节　对提升东北地区竞争力优势的建议 / 286
第五节　对优化东北地区对外开放环境的建议 / 290

参考文献　295

后　记　297

第一章

东北振兴中的对外开放新前沿建设

对外开放与区域经济发展的相关理论与实践

随着全球化的深入发展，全球产业链越来越紧密地连接在一起，对外开放对区域经济发展的重要性日益提升。大量的研究表明，开放和贸易在一定程度上可以改变区域经济的增长要素，扩大地区企业的市场范围，提高地区产业生产效率，对区域经济发展有着巨大的促进作用。

第一节　对外开放与区域经济发展的相关理论

一、对外贸易与区域经济发展

（一）进口贸易促进区域经济增长的机制

一是进口贸易能增加要素的供给。通过对某些生产要素的进口能增加一国的要素供给。贸易各国在资源禀赋上有一些差异，生产要素的提高依据要素禀赋原理在许多时候必须通过其他国家来提供。对那些自己稀缺而又很重要的生产要素来说，从国外进口是一个极好的方法，既可以降低成本，又可以提高生产率，从而推动世界的经济增长。在经济起飞的过程中，发达国家的原材料和资源多从欠发达国家进口，可以弥补进口国相关要素的供给不足的缺点，提高国内生产企业的利润率，维持其投资水平，实现资源的有效配置，进而对经济发展有很大的推动作用。在工业化的实现进程中，那些发展中国家所必需的先进机器设备和技术多从发达国家进口获得，因而减少了研发这些设备所需的时间和资源，缩短了其工业化的进程，节约了资金和劳动，对发展中国家的经济发展起到了至关重要的作用。

二是进口贸易能推动产业结构转换。进口贸易可改变进口国的贸易和产业结构，实现进口国经济和贸易结构的优化升级，并改变一国的产业结构。对国家如此，对一国内的区域也如此。进口贸易的这种机制主要通过下面几个途径来实现。首先，进口贸易通过改变需求结构的状况和趋势，影响产业结构。通过输入新产品的"示范"作用，能够实现进口替代型生产，促进该国产业结构的升级，对本国的生产和消费活动可以通过产业结构的调整和升级来促进。其次，通过引入竞争，促进产业结构优化。引入进口贸易，通过进口带来产品的竞争，使得低效率企业加速退出市场，而高效率的企业则能够扩大生产。这样就对本国的市场结构进行了优化，国家竞争力得到提高。最后，通过贸易转型使得产业结构向更高级演进。技术进步对产业结构的演化有重要作用，进口贸易引入了技术，既可以使传统产业改进，同时也促进了新兴产业的产生，使得产业结构演进效率得到根本提高。

三是进口贸易通过引入高质量的人力资本积累来促进经济增长。进口贸易可以引进高质量的人力资本，通过边干边学效应和外溢效应，使得专业化的人力资本积累加速，而且，进口贸易也对国际人才竞争机制进行了引入，改变了企业的人力资本和研发的投入。通过进口贸易，一国的企业可以有更多的技术模仿、学习机会，促进技术人才和管理人才的培养，推动该国企业加速专业化人力资本积累。

四是进口贸易可以增加就业，提高国家竞争力。许多人会说进口会冲击国内产业，使得国内失业增加，但实际的情况是，高效率的产业就业弹性更高，进口贸易引入高效率的产业，可以使就业增加。因为在通常情况下，就业弹性高的产业吸纳就业的能力比就业弹性低的产业更大。在欠发达国家中，加工贸易等进口产业是国家对外贸易的重要产业和贸易形式，这一贸易形式带动的进口无疑对增加就业是很重要的。

五是进口通过推动出口增加促进增长。进口的增加使得外汇需求增加，对本币升值的压力有所缓解，因而能够促进出口增加。同时，进口贸易也能提供出口贸易产业所需要的生产机器设备以及原材料，对出口产品竞争能力提高有促进作用，并促进出口增长。此外，进口增加表示国外出口增加，会使得国外收入增加，这样其对进口国产品的需求也会增加，间接地推动了本国出口增长。

（二）出口贸易促进区域经济增长的机制

一是出口贸易对技术进步产生影响进而促进经济增长。出口需求的扩大在通常情况下能够对技术创新产生刺激信号，国内企业将根据这一信号对技术进行创新，提高了出口产品的数量和质量，进而使国民收入增加。这些新技术会发生技术外溢效应并传播到非出口企业，非进口企业也会提高产品数量和质量，进而整个国民经济的数量和质量均得到了提高。这种机制在发达国家常见，但对那些技术水平较低和资本相对稀缺的发展中国家却是一种挑战。当然，出口贸易的技术溢出机制也受一国的国内人力资本的影响。通常经济欠发达国家，人力资本欠缺，出口贸易的技术外溢在国内部门的吸收、消化也有限。

二是出口贸易通过制度创新来实现经济增长。诺斯从制度经济学上分析了制度创新对经济增长的促进作用。出口贸易通过促进制度创新来推动经济增长，首先出口贸易通过"干中学"和"外溢"效应，使出口国家进行制度创新；其次，出口贸易使市场规模扩大，降低了交易费用；最后，出口贸易提高了出口企业自身的管理和技术效率，使企业产量和数量增加。

三是出口贸易通过规模经济效应来促进经济增长。规模经济国际贸易理论的经济学家克鲁格曼提出了产业内贸易学说，在其理论中认为出口贸易可通过规模经济的实现来达到经济增长的目的，通过规模经济和比较利益的有效结合，贸易能实现对出口国的经济增长。出口贸易能实现经济规模的扩大，在规模报酬递增存在的情况下，出口贸易扩大能使一国产量增加，并在一定程度上降低了成本，因而推动经济增长。

二、外商直接投资与区域经济发展

（一）国际直接投资（FDI）通过资本效应促进区域经济增长

根据外商直接投资理论，直接效应和间接效应是外商直接投资的资本效应的具体表现形式。所谓直接效应，主要是指流入的外资补充了国内经济发展所需要的资本，增加了投资，直接形成了生产能力，促进国内生产总值的增长，是多数国家大力吸引国际直接投资（FDI）的最初目的。

FDI 的间接效应大致可以分为产业链效应与示范模仿效应。一国经济内部的各个部门、产业之间都是相互联系的，一个产业 FDI 的流入会引致相关产业的投资增加，并通过乘数效应使上下游产业的产出数倍于初始投资，这就是 FDI 带来的产业链效应；大量外资的流入会加剧国内的市场竞争，倒逼国内企业学习国外先进的技术和管理经验，引进先进设备，进行技术革新，从而可以带动社会生产效率的提高和国内投资效率的改善，这就是 FDI 带来的示范模仿效应。

（二）FDI 通过技术溢出效应促进区域经济增长

FDI 通过技术溢出效应体现在促进引入国的生产效率、管理能力、技术水平等方面，这些对经济增长均有一定的促进作用。FDI 实现技术溢出主要通过示范、竞争、关联、人力流动等方面来实现。一是 FDI 技术外溢的示范效应。引入国的内、外资企业的初始技术水平是 FDI 技术溢出效果大小的决定因素，差距越大，效果越不好。外资企业将世界上较先进的新设备、新产品、新方法带到引入国，并将产品的销售、管理等非物化的技术也带入到引入国内并形成生产规模，这些外资企业技术、管理优势将比国内的内资企业大很多，因而市场份额和利润空间也比内资企业大。随着时间的推移，FDI 的这种行为将会对引入国的内资企业形成一种技术和管理上的示范效应，引入国的内资企业通过对外资企业销售、管理行为的模仿来提高产品选择和生产管理能力，更进一步提升了企业的竞争力。

二是 FDI 技术外溢的竞争效应。FDI 引入到引入国后，将在引入国内促进产业内的厂商之间形成一种竞争，这就是技术溢出的竞争效应。由于特定的历史因素，在引入国中存在一些垄断性行为，这些行业的进入壁垒、产业集中度均比一般产业要高，因而新企业要进入这些垄断行业是非常难的，这些行业因为垄断的存在、没有潜在的竞争者，而形成整个行业竞争意识不高、技术水平也相对落后的情况。FDI 引入到引入国后，就能激发引入国国内垄断企业的竞争意识，促使其提高管理水平，从而促进经济的发展。FDI 引入时，引入国通过一些优惠政策，促使外资企业进入到国内的那些高壁垒和高垄断的行业，外资企业进入这些行业后，能够凭借其技术、资金上的优势，迅速成为这些行业中的新力量，并打破这些行业原有企业的垄断地位。通过这种途径，引入国内该行业的垄断行为就会受到冲击，该行业就逐渐向市场竞争回归，就能够提高整个行业的生产效率和管理水平，引入国国内的整个福利水平将得到提高。同时，由于市场竞争，引入国原有的垄断企业就会有压力，必然会形成一种追赶意识，并意识到技术投入的重要性，使得技术效率得到提高，FDI技术外溢实现。

三是FDI技术外溢的关联效应。外资企业进入后，必然会建立一些分支机构，这些分支机构将与引入国的供应商和客户产生关联的效应，这种效应也是FDI技术外溢效应。效应的产生有两种，一种是通过产业链中处于外资企业下游的国内生产商为外资企业提供来料加工、维修服务等要求，而使国内企业的技术水平提高；另一种是处于外资企业产业链上游的国内厂商为外资企业提供原材料、零部件，促使上游企业提高技术水平和管理能力。国内企业通过FDI的这种前后向关联效应，实现了技术效率和管理水平的提高，实现了FDI引入技术创新的溢出效应。

四是FDI技术外溢的人力资本效应。FDI引入后，外资企业必然会在引入国招聘人员或者从本国带技术和管理人才到引入国，这样就能够实现人力资本的流动。同时，外资企业在引入国内成立子公司，因为人力资本的缺失，必然将一些在国外接受过培训的技术人员带到引入国，如果这些技术人员流动到国内企业，就能够将技术扩散到引入国的内资企业中，实现FDI技术溢出。此外，外资企业在引入国内发展，必然会引进其国内的先进设备，那么就能够将固化在先进设备中的技术引入到引入国，并因为技术人员的流动而溢出。

（三）FDI通过产业结构升级促进区域经济增长

一是FDI通过资源补缺效应来促进产业结构升级。依照两缺口的观点，在开放经济条件下，储蓄不足和外汇不足是阻碍发展中国家经济增长的两个缺口；而经济学家赫尔希曼则认为提高技术、管理、企业家创新精神是发展中国家产业发展的根本途径，其观点是发展中国家存在技术、管理、企业家三缺口。FDI引入后，随着资本的流入，储蓄和外汇两个缺口就能够得到有效的弥补,并能够通过经济效应和技术外溢效应,对国内产业形成一种示范效应,使得引入国的产业结构升级。从经济效应看,资金流入后,国内资本增加,投资能力就增强了,基础设施建设也加强,提升了国内的交通和公共设施水平,进而提升了整个国家的建设能力。从技术外溢效应看,引入后,国家利用外资大力发展基础设施建设,提供配套设施,为技术孵化和创新提供环境支持,并为其他产业的大力发展创造良好的宏观环境,这些都有效地发挥了其技术外溢效率。

二是 FDI 通过产业关联效应促进产业结构升级。FDI 进入引入国后,通过一段时间的发展,在引入国经济内部将形成一体化的情况,FDI 引入的效应就会对其他非引入的经济部门产生一种关联效应。外资引入后,在其主宰的主导产业群中,代表了世界上先进的产业发展状况。引入国通过与外资企业的密切合作,能够培育一些与外资企业发展相关的产业,充分发挥外资的产业关联效应,实现产业结构高度化的目标。

三是 FDI 通过就业效应促进产业结构升级。就业效应指的是经济发展到一定阶段后,劳动力会逐渐向第二、第三产业转移的情况。引入国需要大量的人员从事外资企业相关配套工作,FDI 就为引入国提供了大量的就业岗位,这些岗位则必须通过培训和学习才能获得,因此也培训了引入国的劳动力。因为外资企业的相对收入较高,国内具有技术能力的人力资本必然向外资流动,一些二、三产业就释放一些岗位,这些岗位为农村剩余劳动力提供机会,这样就促进了劳动力向二、三产业的转移,使得引入国三次产业结构调整,并逐步优化,实现产业升级。

四是 FDI 通过牵引效应促进产业结构升级。FDI 可提高外国资本与引入国相关产业的关联度,称为牵引效应。在 FDI 引入的过程中,随着 FDI 的资金和技术的引进,引入国内现有制造业的一些相关产业必然会随着外资企业的引入做出相应的调整,使产业得到提升和发展,这就是牵引效应。FDI 牵引效应的强弱与产业关联度正相关,在通常情况下,产业关联度越高,牵引效应越强,相关产业的技术水平和产品档次也越高。FDI 的引入,使外国资本对东道国产生了极强的牵引效应,也促进了东道国其他同类企业的产业结构升级,从而对经济增长起到促进作用。

(四)FDI通过推动制度改革促进区域经济增长

一是FDI的引入推动东道国产业规划的调整,形成产业集聚。产业集聚的形成拉动一国的经济增长。在现代国际经济关系中,产业集聚程度是东道国吸引FDI的关键因素,其通过FDI的技术溢出,使东道国形成自主创新的能力,并以此推动东道国的经济增长。同样,FDI对东道国的产业规划也有很大的影响。FDI的引入,促使一国根据外资的形态来进行产业规划,用制度建立的方式来推动一个地区的产业集聚形成,并通过产业集聚效应形成规模经济,推动东道国经济的增长。整个流程是循环往复的。产业集聚在区域经济增长中处于重要的位置,多指的是相关产业的地理集中。产业集聚通过影响区域内企业的竞争、规模和培育等方面对地区经济发生作用,同时产业集聚也能够通过集聚区经济增长对非集聚区的极化作用促进非集聚区经济的增长,进而实现整个区域的经济增长。在全球化背景下,FDI能够促进区域产业集聚的形成,培育区域产业发展优势,将生产网络延伸到全球。

二是FDI的引入通过推动一国制度转型并提高行政效率来拉动经济增长。一方面,引入FDI,在一定程度上能够促进东道国的行政效率,降低寻租成本,减少腐败空间,同时也将发展的动力注入东道国中小企业中。另一方面,FDI的引入将会与东道国的企业在资源上产生矛盾,使得市场竞争加剧,对原有的垄断局面形成压力,从而形成公平竞争的环境。这将对国家行政效率产生影响,最终对经济增长发挥促进作用。

三是FDI的引入能推动政府和企业自主创新机制的形成,并以此促进经济增长。政府和企业政策、法律环境的不断完善是为了吸引外商投资。FDI的引入也推动了政府和企业的政策、制度不断完善,使企业形成对未来稳定的预期,更注重长期行为,并推动政府和企业进行自主创新。首先,FDI通过关联需求产生的规模效应使本土企业建立自主创新的制度。外资企业的引入使引入国的中间投入品的需求加大,这样就给引入国的中间产品厂商提供了学习的机会,从而使国内企业的技术效率和自主创新能力得到提高。其次，就是 FDI 引入后，促进了市场的有效需求规模对创新所产生的成本分摊，外资企业对中间投入品需求的增加将会引致配套企业在空间上的聚集，提高创新效率。最后，FDI 通过技术渠道和非技术渠道促进政府和企业的自主创新机制形成。技术渠道一般采取两种方式：内部化方式和外部化方式，即对其所拥有和控制的子公司实行内部化，对其他公司实行外部化。非技术渠道主要通过影响东道国研发人员的技术素质、研发组织的管理结构和研发计划、影响生产制造水平，进而影响东道国自主创新机制的形成。

三、国际经济合作与区域经济发展

国际经济技术合作，是世界上有关国家政府、经济组织及其企业与自然人之间，基于平等互利的原则，为达到一个共同的目标而在国际之间进行的协作，通过一定的方式以其自身占有优势的生产要素（如资源、土地、资本、劳动力、技术、设备与管理技能等）在生产领域与流通领域内开展较为长期的经济协作活动，并根据协议、章程或合同分担一定的风险，共同分享合作的收益。

国际经济技术合作首先可以分为"广义国际经济技术合作"与"狭义国际经济技术合作"。广义国际经济技术合作指除国际贸易以外的国际经济技术协作活动。狭义国际经济技术合作仅指国际工程承包与劳务合作和对外经济援助。还有人根据内容，将其分为垂直型与水平型。所谓垂直型国际经济技术合作，指的是经济发展水平差异较大的国家之间、科技及装配水平差异较大的厂矿企业之间或商品生产前后阶段企业和产品生产企业之间所进行的经济合作活动。水平型国际经济合作则是指经济发展水平差异不大的国家、科技及装配水平接近的工矿企业或商品生产中处于同一产品阶段的企业之间的合作。

首先，国际投资合作通过国际引入外资弥补了我国国内资金不足的情况。因为，一些投资规模较大、回收周期较长的基础领域和一些科技含量较高的高新科技领域，投资门槛相对较高，中小企业、民营企业受规模及投资渠道的限制短期内难以进入。外资对利益最大化的追求可以在这个时候缓解由于这些投资不足在整个经济中形成的生产延误,弥补这部分资金的不足。此外,引进外资弥补了我国先进技术的不足。我国属于技术缺失的国家,由于工业化进程起步较晚,整体科技水平不高,竞争力也相对较弱,因此借助外资引进先进技术是非常必要的。特别随着我国经济的快速发展,知识产权保护意识以及对引进技术有效性的意识普遍增强,外商投资企业向我国转移先进技术的速度大大加快。因为跨国公司进入我国本土进行生产和销售时,往往吸引大批中小企业聚集在周围为之提供配套的初级产品和服务,进而形成一个以外资企业为核心的企业集群。这样就为内资提供了参与投资的机会,有利于中小企业从外资的外部性和技术扩散中学习先进的技术,提高自身能力。跨国公司是技术转移的主要载体。从跨国公司引进技术主要通过两种渠道:一是跨国公司的技术转移。二是技术自身所带有的外部性。跨国公司常采用内部方式转移技术,一般是指技术在子公司与母公司之间流动。就跨国公司在华技术转移的实际情况来看,外资的技术转移是通过跨国公司在我国的子公司与本地的供应商和客户之间形成的前后向关联来实现的。其中后向联系是外资进行技术扩散的重要渠道。跨国公司通过培训中国员工、产生竞争效应和示范效应、进行研究开发活动等方式,对我国的企业和经济产生积极的影响。

  其次,政府、科技组织、高等院校、研究机构、企业等多种组织参与了国际科技合作。国际科技合作引进先进技术推动了我国的技术改造和设备更新,提高了劳动生产率和经济效益,争取了时间,缩小了我国与发达国家的差距。

第二节 对外开放与区域经济发展的实践探索

一、国外对外开放与区域经济发展的实践经验

（一）日本对外开放与区域经济发展的实践经验

第一，外贸振兴及突进的根基在企业。自20世纪60年代中期后，日本贸易收支开始连年顺差，成为世界上最大的贸易顺差国，这得益于日本企业自身。日本的企业除具有市场经济下企业的一般特征外，还具有许多独特之处，这包括企业法人归属于某些经济团体的团体归属意识、财阀派系的复原和大企业集团的形成、法人之间相互持股率高的独特财产关系、大企业与小企业有机联系的双重结构等，使企业在国际竞争中充满活力，具有更强的开拓性和适应性。

第二，有效的国内竞争和市场秩序。激烈的竞争并未破坏正常的市场秩序，经济团体的作用使企业间的组织协调效率极高，政府对于维护正常的市场竞争秩序和提升企业的国际竞争力也是功不可没，而经济团体和政府的协调作用并未破坏竞争机制和市场机制。

第三，独特的外贸体制和官民协调关系。日本"官辅民营"的外贸体制，保证了较高的外贸效率；以综合商社为特征的有限垄断式商贸企业形态，极大地凝聚了对外经贸活动网络和流通渠道，并保持了其连续性，又节约了国际贸易中的交易成本，防止了因分散化而造成的过度竞争损失；具有自协调机制的"进出口同业公会"对减少市场波动的冲击和稳定进出口起了较大作用；沟通政府与民间的"贸易会议"保证了政府对外贸易政策的效率。

第四，适时推进贸易自由化。包括顺应世界经济"自由化"趋势，适时选择贸易自由化战略；根据本国产业的不同发展水平，采取有限保护和限期开放的差别待遇。

第五，实行投资自由化滞后策略。先实行贸易自由化，待确立了企业的市场竞争优势后，再实施外国投资自由化，为国内企业赢得了时间。而企业间交叉持股，保证了资本来源的稳定性和独立性，外国资本较难进入。

（二）美国对外开放与区域经济发展的实践经验

第一，以实现贸易自由化和经济国际化为目标。美国的开放经济模式在20世纪70年代中期以前和以后有很大变化。20世纪70年代中期以前，美国依仗自身的经济实力，实行自由贸易政策，主张贸易与投资自由化，在对外经济贸易管理上，以多边国际贸易协定和本国法律为主要手段，以实现贸易自由化和经济国际化为目标，以规范贸易和投资主体行为及市场秩序为重点，由市场自发调节。这种开放经济模式促进了美国对外经贸和国民经济的发展，保持了世界头号贸易大国和利用外国投资大国的地位，产业结构和产品结构也不断向高级化发展。

第二，实行有管理的开放经济模式。20世纪70年代中期以后，美国经济实力相对下降，自由的开放经济模式也暴露出不少缺陷：贸易逆差增大，企业与政府间缺乏协调，产品竞争力降低，产业空心化，使政府下决心调整其对外经济管理模式，实行有管理的开放经济模式，即自由贸易转向对等、公平贸易的管理目标，要求对等开放市场，限制非公平竞争的外国企业、产品进入本国市场；加强政府对外贸易的管理权限；以主动地、有针对性地开拓国际市场，促进国内产业结构改善和经济振兴为管理重点；注重政府与企业、经济团体的协调。

（三）韩国对外开放与区域经济发展的实践经验

第一，以出口为导向。韩国在20世纪60年代曾有一段时期以重点发展进口替代产业为主，但很快就转向了"出口第一主义"的外向型经济发展道路，提出"输出是经济自主的活路"，通过"输出立国"，发展出口贸易，改变工业结构和整个国民经济结构，实现工业化，使得民族经济自主,最终完成现代化,进入发达国家行列。为达到这样的目的,韩国建立了若干按"出口第一原则"运转的产业基地,并以此为基础,建立起以出口为中心的整个国民经济体系。

第二,以产业结构调整为基础。以"出口导向"取代"进口替代"战略时,韩国抓住世界经济的机遇,充分利用有利的国际经济环境来扩大出口。战后20世纪60年代、80年代中后期是发达国家经济增长的较好的时期,国际市场资金充足,市场需求增长迅速,国际分工的发展使大量产业向发展中国家转移。韩国正是把握了发达国家经济增长较快、资本外流和产业结构调整的机会,吸收了发达国家转移出来的劳动密集型产业,带动了出口的增长和国民经济成长。随着经济进步,韩国有针对性地调整其产业政策,推进本国重化工业发展,又为外向型经济注入了活力,打下了持久发展的基础。

第三,以外资外技为重要动力。20世纪80年代前,韩国出于对殖民统治的戒心,在引进外资中重借贷、轻直接投资,且高度注重外资的使用方向。80年代后,随着国民经济实力增强,驾驭外资能力提高,转向了重视直接投资,并主要依靠产业政策引导外商投资方向,把利用外商投资与推动技术进步、产业结构升级结合起来。

第四,以大企业集团为骨干。20世纪50—60年代韩国的大企业集团集中在轻纺部门,在出口中居重要地位。在重化工业中,在政府的扶植下,大企业集团又成为重化工业的主力,在外向经济发展中,发挥了主力作用。近年来,大企业为保持出口优势,建立起庞大的海外销售网。目前,韩国的大企业集团开始将家用电器、汽车等产业向海外投资转移,在国内则向高技术和技术密集型产业进军,并力争从出口厂商变为大型跨国公司。

第五,实行"有指导的市场经济体制"和政府主导型的经济发展政策。韩国以市场经济体制为基础,但政府在推进开放经济发展中采取了高度干预姿态。国家不仅制订发展计划,确定投资发展重点产业,由政府提供资金实施产业倾斜政策,而且制订实施了一系列从宏观到微观的经济干预政策,并采取法律的、行政的和间接的经济手段调节经济运行,从而确保了韩国开放经济的顺利发展。

以上五个方面的特征具有很强的内在联系，缺一不可。韩国开放模式创造了经济发展奇迹，但也面临一些问题，特别是政府主导型的经济发展政策过分注重量的增长，忽视质的内涵，片面追求高速增长的结果是通货膨胀带来的后遗症难以消除，民间企业创造力低下，资源分配不均，影响企业竞争力和政府效率。韩国为改善经济增长的质量，开始实施国际化和世界化的开放战略，减少政府干预，确立民间主导型经济秩序，大胆推行促进竞争的开放政策。

二、国内对外开放与区域经济发展的实践经验

（一）广东省对外开放与区域经济发展的经验总结

1. 大胆利用外资，发展以出口为导向的外向型经济

广东所走的路与当时"亚洲四小龙"，包括日本所走的路基本上是一样的，从战略上讲都是出口导向战略，大胆利用外资，发展外向型经济，外向型经济在广东经济体系中占有很大的比重。据统计，广东就业总人数的三成，财政收入的1/3都是涉外企业所创造的。

2. 以加工贸易起步，以外向、轻型工业为主导建立起工业体系

改革之初，广东是一个以农业为主的省份，工业基础薄弱。从20世纪80年代初开始大力承接港澳方面的加工业转移，从"三来一补"开始，发展以轻工业为主的加工贸易。珠江水、广东粮、岭南服、粤家电等，风靡全国。通过轻工业起步，开始形成广东自己的工业体系，从而实现从一个农业省向工业省的跨越。

3. 采取梯度推进的方式，不断拓展对外开放的广度和深度

广东的对外开放从办经济特区开始，根据各地不同的地理位置、投资环境和经济发展水平，采取区域推进的开放战略，从办特区到沿海开放城市，再扩展到珠江三角洲经济开放区，继而向东西两翼和山区拓展，不断拓展对外开放的广度和深度。

4. 善用地缘人缘条件，充分发挥比较优势

广东毗邻港澳，华侨众多，有对外开放的人缘地缘独特优势。40多年来，广东充分利用港澳高效的贸易机构和广泛的国际贸易渠道，发展对外贸易和国际合作，利用港澳雄厚的资金，解决建设资金的不足，学习港澳先进的管理技术和经验。同时，还不断改善投资环境，"筑巢引凤"，创造对外开放的新优势，下大力气搞好交通、能源、通信等基础设施建设，使投资"硬环境"日臻完善。建立和完善各种涉外经济法规和政策，推行"一条龙"的管理和服务，简化审批手续，提高办事效率，努力为外商营造一个符合国际惯例的良好的投资"软环境"。

5. 以开放促改革，不断扫除前进中的各种体制性障碍

改革与开放并举，是广东实行经济改革的典型特点，对内通过改革，解放了束缚生产力发展的僵化的计划经济体制，逐步建立社会主义市场体制，促进了生产力的发展，更有利于与国际经济接轨，有利于吸引外资，发展外向型经济。通过对外开放，在与国际社会的经济交往和活动中，充分吸收和借鉴当今世界包括发达资本主义社会在内的一切反映现代生产规律的先进经营方式、管理方式，进一步发现问题，促进国内的经济体制改革，不断克服各种体制性障碍。

6. 对外开放与对内开放两手抓，确保经济协调稳定发展

坚持对内开放和对外开放，把两种资源、两个市场有机结合起来，实行对内对外全方位开放，充分调动国内资源和国际资源，充分开发国内市场和国际市场，这是推动广东经济高速增长的重要动力。实行对内对外开放，对于加快广东国民经济工业化的原始积累，确保经济协调稳定发展是十分必要的。

（二）浙江省对外开放与区域经济发展的经验总结

1. 坚持深化改革，促进对外开放

经济体制改革是对外开放活力之源。改革开放以来，浙江省各级政府坚持深化改革，为全省扩大对外开放提供了动力源泉。改革开放40多年来，历届浙江省委、省政府始终坚持从实际出发，以经济体制改革为动

力，促进非公有制经济发展，积极引进外资，确立了以公有制为主体、多种所有制并存，相互促进的市场经济体制，在全国较早地获得了体制先发优势，为全省对外开放奠定了基础，使其在全国走在前列。体制改革促进了浙江省外贸发展。目前，民营经济已经成为浙江对外开放中最具特色和活力的部分，使浙江成为全国外贸增速最快的省份之一，成为全国的外贸大省。

2. 坚持政府职能转变和行政管理体制改革，为扩大开放提供保障

改革开放以来，浙江省大力推动政府职能转变和行政管理体制改革，在全国率先推行行政审批制度改革，全省所有市、县都建立行政审批中心，并先后开展三轮审批制度改革。近年来，浙江省还全面推进投资体制改革，率先对政府投资项目管理进行立法，开展"代建制"等试点。同时，在全国率先开展扩大县级政府管理权限改革试点，激发了县域经济发展和对外开放的活力；按照强化公共管理的要求，推进公共财政体制改革，优化财政支出结构；按照提高行政效能的要求，推进科学决策制度建设，初步建立起公共突发事件应急预案体系，全面推行政务公开，推进依法行政，大力开展机关效能建设。我国加入世界贸易组织后，浙江省各级政府较早地开展适应性改革，公共服务型政府建设步伐明显加快，促进了开放高效市场环境的形成。

3. 坚持增强主体，加快对外开放

增强技术创新能力，培育块状特色产业。省政府加大对企业技术创新的扶持力度，各地方政府着力培育块状特色产业。主要措施有：通过技术创新，组织实施国家、省重点技术创新项目、国家重大装备国产化创新项目，提升区域性行业关键共性技术；加强产学研联合，促进中小企业技术创新，初步形成区域性的以企业为主体，政府引导和社会各方参与的技术创新体系，等等。建立以企业为主体的技术创新投入机制、运行机制与激励机制；落实技术入股、科技成果评价激励等多种激励措施，调动创新人才的积极性和创造性，增加项目研发资金。另外，多年来对机电企业技术改造还实行贴息贷款政策，减轻企业负担。

4. 坚持平台建设，推动对外开放

对外开放难以凭空发展。建设对外开放各种平台，是浙江对外开放的重要经验。海关是对外开放的重要门户。省政府成立大通关建设领导小组。政府牵头，相关海关及商检部门统一行动，共同加快省内商品进出口的报关、通关。目前，区域通关协作深入发展，部门通关合作明显加强，通关监管效能显著提高，实行"提前报检报关，实货验放""多点报检报关，实货验放""无纸通关""绿色通道""一港通"等便捷通关措施，简化通关手续，缩短了通关时间。省内"属地申报、口岸验放"区域通关新模式全面推行，电子口岸建设成功拓展，先后建成并开通浙江电子口岸和宁波电子口岸，建成大通关公共信息和协同作业平台，降低成本，加快速度，提高了通关效率。

5. 解决国际化人才短缺难题，为扩大开放提供智力支撑

近年来，浙江省采取多种措施，培训、培养、引进和使用国际化人才。首先，是为企业培训国际化人才。人事厅、外经贸厅等部门先后组织力量，为全省企业举办了数百场WTO知识讲座，宣传和介绍WTO以及国际经济贸易知识，培训国际经贸人才，鼓励民营企业家开拓国际市场。其次，是高校增设国际贸易相关专业。近年来，已先后有数万人毕业，充实各级政府部门和外经贸企事业单位。在通过进修、委托培养等渠道培养外经贸人才的同时，浙江省还积极引进国外智力，较快地扩大了浙江省国际化人才队伍。省外经贸厅还每年举办专场的外经贸人才招聘会，并组织企业分别赴国内各大城市招聘外经贸人才，为企业排忧解难。通过多年努力，近年来全省适时稳妥地解决了国际化人才短缺的难题。

6. 解决国际贸易纠纷增多的难题，建立公平贸易应对机制

近年来，随着浙江省外贸出口快速扩大，企业遭遇反倾销、反补贴以及特别保障措施的贸易摩擦以及各种贸易壁垒急剧增多。近年全球对华反倾销案中，浙江省就占一半以上。主要集中于五矿、轻工、机电等浙江省具有出口竞争优势的产品。分散而单个的外贸企业很难应对这些挑战。而如果不应诉，就势必被裁决要缴纳高额关税，给企业造成重大损失。为

此，省政府加强了公平贸易工作，帮助企业解决贸易摩擦与贸易壁垒增多的难题。一是建立公平贸易工作体系。二是加大专业人才培养力度，建立省内较完备的WTO人才库。三是推进立法工作。对各级政府、行业组织、企业在应对出口反倾销过程中的职责明确分工，强化了分工协调、统一防范和有效应对。

（三）部分自贸区对外开放与区域经济发展的经验总结

自由贸易区建设是我国现阶段对外开放战略的最新发展，是新形势下，我国为了适应国际贸易和投资新规所做的有效尝试。自2013年上海自贸区挂牌运行以来，我国已经形成了包括上海在内的天津、福建、广东四大自贸区体系。截至目前，各自贸区改革试验任务相继落地，重点领域、关键环节的改革势如破竹。上海自贸区率先实施负面清单投资管理制度，并在其他地区迅速推广；福建创新实施"一表申报、一日受理、一照一码"制度；广东自贸区建成全国首个市场采购出口商品口岸检管区、粤港澳青年创业基地等创新成果有望向全省复制推广；天津自贸区的"双创特区"在加强科研服务平台建设等方面提出了10项具体措施，受到了广泛关注。同时，各大自贸区新政新规的出台和实施，明显加快了各地经济的增长。以上海为例，自2013年以来，上海自贸区两年创造的生产总值占上海浦东地区的3/4，新设企业共3.3万家，占浦东地区两年新设企业总数的1/5。其中，2015年共办结境外投资项目636个，实际投资额约占全国的7%。2014年，上海自贸区经营总收入达1.6亿元，比上年增长11%，商品销售额达1.38万亿元，比上年增长11.5%，新增注册企业数达1.144万家，是2013年的1.6倍。四大自贸区的建设各有所长、各具深意。不同的地理位置和经济基础，形成了四大自贸区不同的功能定位和主攻方向。其中，上海自贸区将全面对接国家战略；福建自贸区最为迫切的任务是促进两岸经贸活动的自由化和便利化；天津自贸区无疑是着眼京津冀的协同发展；广东自贸区将更加突出同香港、澳门的合作。具体如下：

1. 上海自贸区：全面对接国家战略

作为我国的金融中心和经济发展的龙头，上海把对接"一带一路"和长江经济带国家战略作为自贸区改革的主要任务。主要措施有：依托亚太电子口岸建设，推动长江流域和沿海区域对外开放口岸的联动发展；率先建立与国际通行规则相衔接、符合中国实际的制度创新体系，以扩大开放倒逼深层次改革；把"走出去"和"请进来"相结合，建设开放度最高的自由贸易园区；利用国内外资本、人才、技术等要素集聚优势，主动向"一带一路"和长江经济带辐射。

2. 广东自贸区：推动内地与港澳经济深度合作

广东自贸区的战略定位是，依托港澳、服务内地、面向世界，将自贸区建设成为粤港澳深度合作示范区、21世纪海上丝绸之路重要枢纽和全国新一轮改革开放先行地。广东地区毗邻港澳，区位优势明显，加强粤港澳地区的合作主要有三方面重点：一是探索对港澳的深度开放；二是强化粤港澳国际经济贸易和航运功能的作用；三是深入推进粤港澳服务贸易自由化，促进与服务有关的要素能够在自由贸易区流动。

3. 天津自贸区：加快实施京津冀协同发展战略

天津自贸区的战略定位是，以制度创新为核心任务，以可复制可推动为基本要求，努力成为京津冀协同发展高水平对外开放平台、全面改革开放先行区和制度创新实验田、面向世界的高水平自由贸易园区。天津自贸区虽腹地广阔，但是一体化程度不高，与东南沿海等发达地区相比，经济发展程度也稍逊一筹。因此，如何通过自贸区的开发开放来促进京津冀地区的协同发展，打造区域协同发展高水平对外开放平台，成为天津自贸区的试验重点。

4. 福建自贸区：深化两岸经济合作

在福建自贸区的战略定位中，把充分发挥对台优势，加快推进与台湾地区投资贸易自由化进程，建设两岸经济合作示范区作为改革的重点。福建省与我国台湾隔海相望，早在2011年，国务院就已批准建设旨在加强两岸经济合作的海峡西岸经济区。四年来，海西经济区的发展逐步推进，与台湾地区经贸往来频繁，为福建自贸区的启动奠定了良好的基础。

第二章

东北振兴中的对外开放新前沿建设

东北地区经济发展与对外开放现状分析

东北地区是我国重要的老工业基地，为我国独立的、完善的工业体系和国民经济体系形成发挥了重大作用。但是随着改革开放的不断深入以及国内经济社会的高速发展，东北地区原有体制性、结构性矛盾日益凸显。近年来经济发展持续陷入低速增长期，通过对其宏观经济运行总体情况、产业发展情况、开放型经济建设情况进行分析，既能够找出东北地区发展差距主要症结点，又能为东北振兴及对外开放提供思路和明确方向。

第一节 东北地区经济发展现状分析

东北三省内辽宁省经济发展普遍优于黑龙江、吉林两省，但区域经济下行压力持续存在，经济发展水平普遍低于全国平均水平，与国内发达省份差距巨大，产业结构矛盾、省际间发展得不均衡性矛盾严重制约着区域经济的转型发展。

一、东北地区宏观经济发展现状

宏观经济指标变化情况与变动趋势是快速了解区域经济发展的水平的重要参考，2009年以来，东北地区财政收入、消费、投资、就业等多项宏观经济指标企稳向好，但囿于长期以来的低速发展，仍存在巨大提升空间。

（一）经济增速持续低于全国平均水平，区域经济差距有拉大趋势

第一，东北三省经济总量较低。2018年，三省经济总量为56751.59亿元，只占全国经济总量6.3%，其中黑龙江省占1.8%，吉林省占1.7%，辽宁省占2.8%。且三省整体经济总量远远低于国内发达省份单个省份经济总量，以广东省及江苏省为例，2018年广东省GDP为97277.77亿元，占

全国 GDP 总量 10.8%，江苏省 GDP 为 92595.40 亿元，占全国 GDP 总量 10.3%，可见三省经济发展整体水平落后过多。

第二，2010 年，东北三省 GDP 增速开始出现下降趋势，2013 年后 GDP 增速持续低于全国水平。其中黑龙江省 GDP 总量由 2009 年 8587 亿元上升至 2018 年 16361.62 亿元，十年间总体增长 7774.62 亿元，增速由 11.4% 下降至 4.7%，由高于全国平均水平 2.9 个百分点降至低于全国平均水平 1.6 个百分点；吉林省 GDP 总量由 2009 年 7278.75 亿元增长至 2018 年 15074.62 亿元，十年间总体增长 7795.87 亿元，增速由 13.6% 下降至 4.5%，由高于全国平均水平 5.1 个百分点下降至低于全国平均水平 1.8 个百分点；辽宁省 GDP 总量由 2009 年 15212.49 亿元增长至 2019 年 25315.35 亿元，十年间总体增长 10102.86 亿元，增速由 13.1% 下降至 5.7%，由高于全国平均水平 4.6 个百分点到低于全国平均水平 0.6 个百分点，其间在 2016 年出现负增长，GDP 总量只有 22246.9 亿元，下降 2.5 个百分点，但近两年表现出较快回升趋势。

第三，东北三省之间经济总量差距有拉大趋势。一直以来，辽宁省经济总量远高于黑龙江省与吉林省。2018 年辽宁省 GDP 增速为 5.7%，且呈现出上升趋势，而黑龙江省增速为 4.7%，吉林省增速为 4.5%，依旧呈下降趋势，三省区域间经济发展水平差距存在拉大预期。

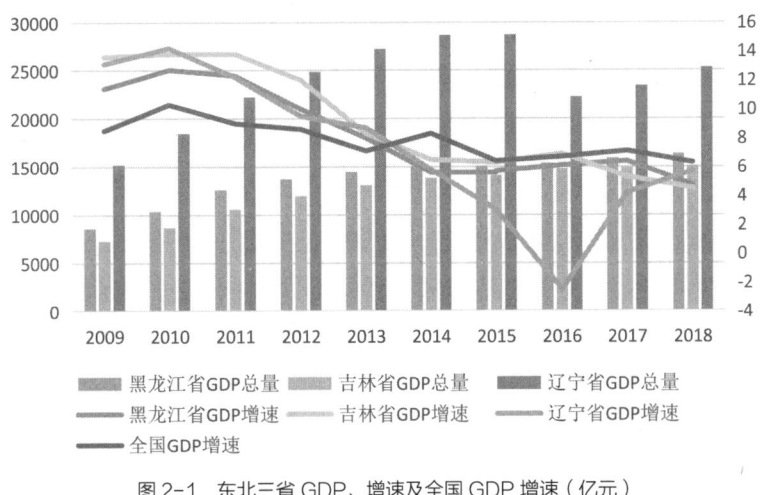

图 2-1　东北三省 GDP、增速及全国 GDP 增速（亿元）

数据来源：国家统计局

（二）财政收入增速有所提升，结构良好

第一，财政一般预算收入增速经历4年下滑后，开始有所回升。东北三省财政一般预算收入增速于2012年开始出现下滑，2015年下滑至最低点，2016年开始逐步回升，但吉林省存在小幅度波动风险。2018年，黑龙江省全省实现财政一般预算收入1282.52亿元，比上年增长3.2%。全省财

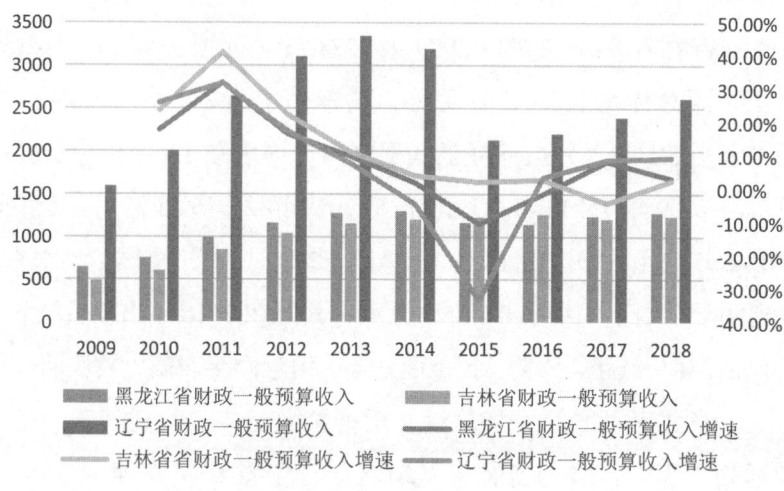

图2-2　东北三省财政一般预算收入与增速（亿元）

数据来源：国家统计局

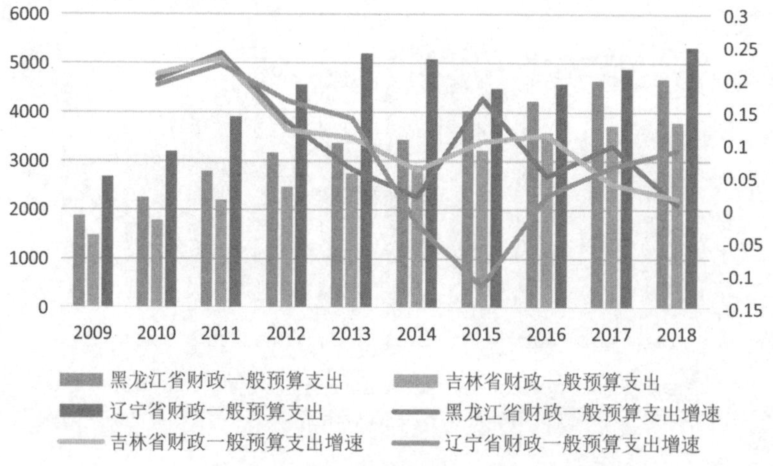

图2-3　东北三省财政一般预算支出与增速（亿元）

数据来源：国家统计局

政一般支出完成 4675.7 亿元，比上年增长 0.8%；吉林省财政一般预算收入 1240.84 亿元，比上年增长 2.5%。全年完成财政一般支出 3789.59 亿元，增长 1.7%；辽宁省全省实现财政一般预算收入 2615.96 亿元，比上年增长 9.3%。一般财政预算支出 5323.65 亿元，增长 9.1%。但其中，2015 年辽宁省财政收入总额及增速出现大幅度下滑。

第二，税收收入占比整体较高，财政收入结构良好但波动较大。2017 年，黑龙江省税收收入 901.91 亿元，增长 8.9%，占一般财政收入 72.5%，比 2016 年提高 0.4 个百分点；吉林省税收收入 854.03 亿元，下降 2.2%，占一般财政收入 70.5%，比 2016 年提高 1.4 个百分点；辽宁省税收收入 1812.42 亿元，增长 7.4%，占一般财政收入 75.7%，比 2016 年下降 1 个百分点。但与 2017 年广东省税收收入 78.4% 占比相比，财政收入结构仍有继续优化空间。

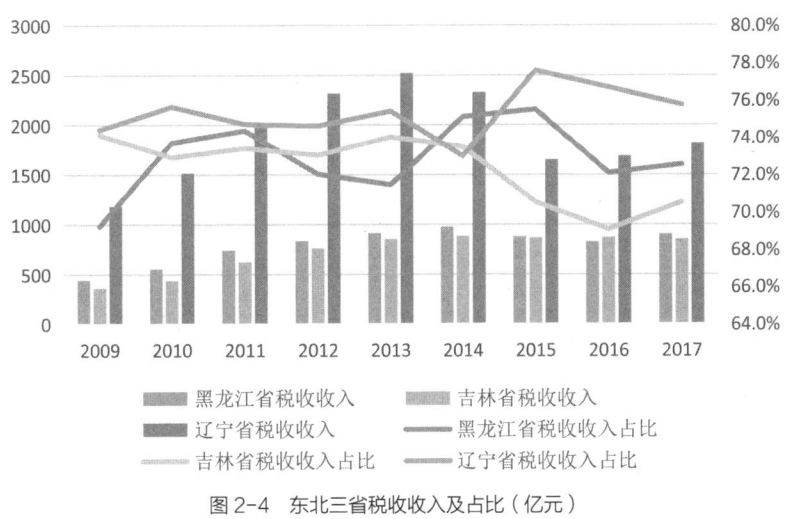

图 2-4　东北三省税收收入及占比（亿元）

数据来源：国家统计局

第三，财政收入与发达省份差距较大，依旧处于全国较低水平。如下页图所示，2018 年东北地区地方财政预算仍处于全国较低水平。2018 年，广东省财政一般预算收入 12102.9 亿元，比上年增长 6.9%。黑龙江省、吉林省、辽宁省财政一般预算收入分别低于广东省 10820.38 亿元、10862.06 亿元、9486.94亿元；黑龙江省、吉林省财政一般预算收入增速分别低于广东省3.7、4.4个百分点，但辽宁省财政一般预算收入增速高于广东省2.4个百分点。

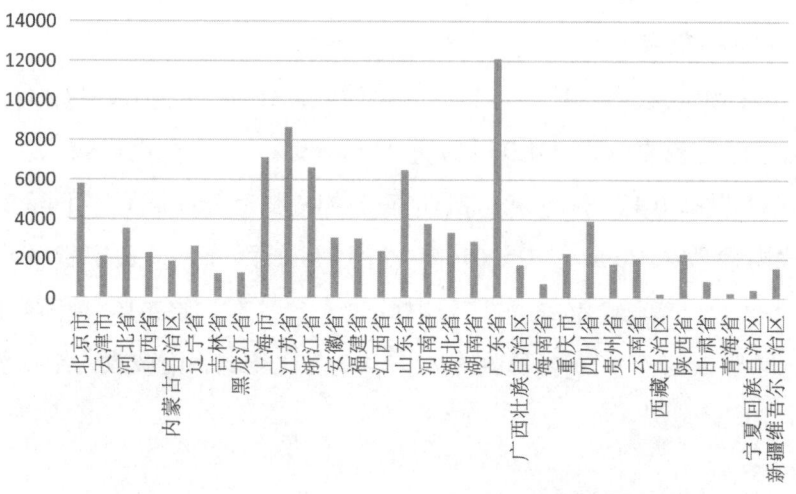

图2-5 全国各省市2018年地方财政一般预算收入（亿元）

数据来源：国家统计局

（三）社会消费品零售总额稳步提升，增速逐渐放缓

十年间，东北三省社会消费品零售总额稳步提升，由2009年12171.7亿元增长至2018年30980.6亿元，总体提升155%。其中黑龙江省社会消费品零售总额由3401.8亿元增长至9317.4亿元，总体提升174%；吉林省社会消费品零售总额由2957.3亿元增长至7520.4亿元，总体提升154%；辽宁省社会消费品零售总额由5812.6亿元提升至14142.8亿元，总体提升143%。

但三省社会消费品零售总额增速2010年后呈逐年下降趋势。2018年，黑龙江省社会消费品零售总额增速为2.4%，相比2009年下降13.8个百分点，比2010年下降16.3个百分点；吉林省社会消费品零售总额增速为-4.3%，相比于2009年下降20.3个百分点，相比于2010年下降22.8个百分点；辽宁省社会消费品零售总额增速为2.4%，相比于2009年下降13.1个百分点，相比于2010年下降16.1个百分点。

社会消费品零售总额是指企业（单位）通过交易售给个人、社会集团,非生产、非经营用的实物商品金额,以及提供餐饮服务所取得的收入金额。社会消费品零售总额包括实物商品网上零售额,但不包括非实物商品网上零售额。随着经济结构转型和人口结构的变化,消费增速必然会出现调整。从消费阶段看,过去是解决温饱的消费,很多消费产品从无到有,例如彩电、冰箱、汽车等,都经历过快速增长期。当前,我国已经进入消费升级阶段,大部分产品的拥有比率已经较高,过去消费增长快的领域增速自然会逐渐放缓,消费升级需要一个相对较长的过程,因此整体消费增速放缓是经济社会发展下的可预见趋势,消费依旧是拉动国民经济增长的重要动力。

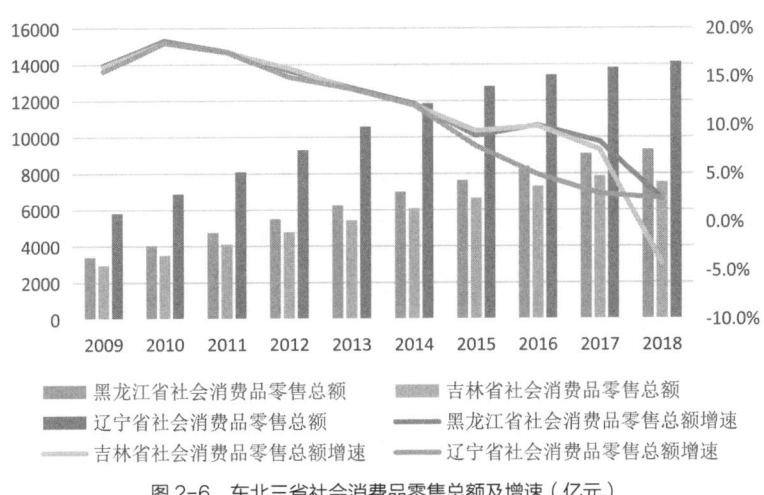

图 2-6 东北三省社会消费品零售总额及增速(亿元)

数据来源:国家统计局

(四)房地产投资增速明显,区域固定资产投资总额有回升趋势

第一,东北三省第一产业投资有所下降,房地产开发投资增速明显。2018年,黑龙江省全年固定资产投资(不含农户)比上年下降4.7%。第一产业完成投资下降27.6%;第二产业投资增长9.4%,其中工业投资增长9.3%;第三产业投资下降9.4%。民间投资增长10.5%。房地产开发投资944.4亿元,比上年增长15.8%。吉林省全年固定资产投资(不含农户)增长1.6%。第一产业投资比上年下降12.5%;第二产业投资下降4.6%,其中工业投资下降3.8%;第三产业投资增长5.4%。民间投资下降1.0%。房地

产开发投资 1175.88 亿元，比上年增长 29.2%。辽宁省全年固定资产投资比上年增长 15.3%。第一产业投资下降 8.0%，第二产业投资增长 1.0%，第三产业投资增长 19.5%。民间投资增长 18.2%。全年房地产开发投资 996.7 亿元，比上年增长 22.4%。

第二，东北三省全社会固定资产投资增速逐步回升，辽宁省固定资产投资对东北地区影响重大。三省全社会固定资产投资总额 2014 年开始下滑，2015 年出现大幅度下滑，由 2013 年 45899.41 亿元降至 2017 年 31252.61 亿元，总体下降 14646.8 亿元。其重要原因在于辽宁省固定资产投资的大幅下滑，五年间，辽宁省全社会固定资产投资由 2013 年 25107.66 亿元降至 2017 年 6676.74 亿元，总体下降 18430.92 亿元；黑龙江省全社会固定资产总额由 11453.08 亿元下降至 2017 年 11291.98 亿元，总体下降 161.1 亿元；吉林省全社会固定资产投资总额由 2013 年 9979.26 亿元上升至 2017 年 13283.89 亿元，可见东北地区经济受辽宁省影响重大。此外，近年来三省全社会固定资产投资总额增速正逐步有所回升。

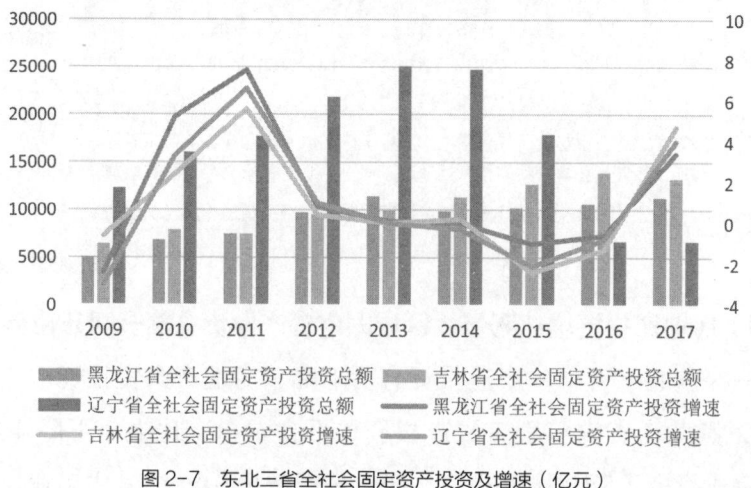

图 2-7　东北三省全社会固定资产投资及增速（亿元）

数据来源：国家统计局

第三，东北三省房地产开发投资在全国范围内依旧处于落后水平。2018 年，黑龙江省房地产开发投资 944.4 亿元，吉林省房地产开发投资 1175.88 亿元，辽宁省房地产开发投资 2599.27 亿元，三省房地产开发投资总额,依旧处于全国较低水平,仅高于内蒙古、西藏、宁夏、青海、新疆等地。2018年,东北地区房地产投资总额4033.18亿元,与广东省相差10379.01亿元。由上述分析可知,房地产开发投资是东北地区固定资产投资较为重要的组成部分,同时也是增速较快部分,仍旧与发达省份相差巨大,东北地区投资对经济发展的拉动作用仍须提升。

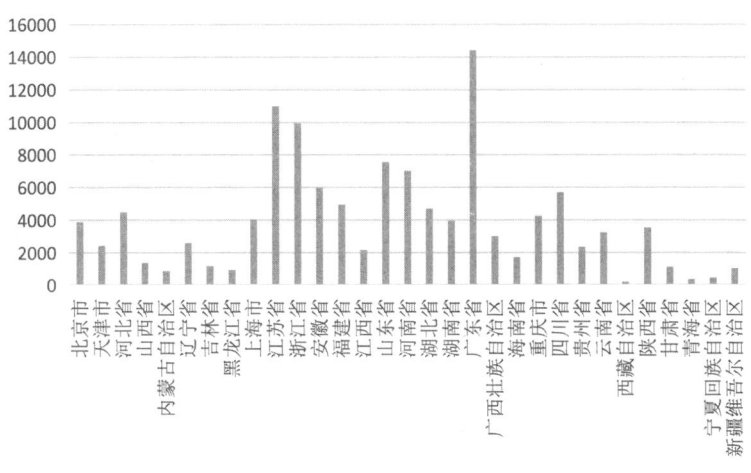

图2-8 2018年全国各省市房地产开发投资(亿元)

数据来源:国家统计局

(五)人均GDP降至低于全国平均水平,省际间差距不容忽视

人均GDP是衡量宏观经济发展水平的重要参考指标,根据2009—2018年东北三省及全国平均水平数据,东北地区人均GDP水平呈现出以下特征与趋势:

第一,东北地区人均GDP由高于全国平均水平(黑龙江省除外)下降至低于全国平均水平,吉林省人均GDP总体增长幅度最大。十年间,黑龙江省人均GDP由22447元/人增长至43274元/人,总体增加20827元/人,增长92.8个百分点;吉林省人均GDP由26595元/人增长至55611元/人,总体增加29016元/人,增长109个百分点;辽宁省人均GDP由35149元/人增长至58008元/人,总体增加22859元/人,增长65个百分点,其间,2015年人均GDP达到最大值65354元/人,比2009年增加30205元/人,增长86个百分点,2016年开始下降,近年来开始稳步回升。

第二，东北地区人均GDP差距较大，区域内不平衡现象明显。如下图所示，辽宁省人均GDP一直以来始终高于黑、吉两省，2018年高于黑龙江省14734元/人、高于吉林省2397元/人，且历年来黑龙江省人均GDP持续低于吉、辽两省，省际间经济发展平均水平差距较大。

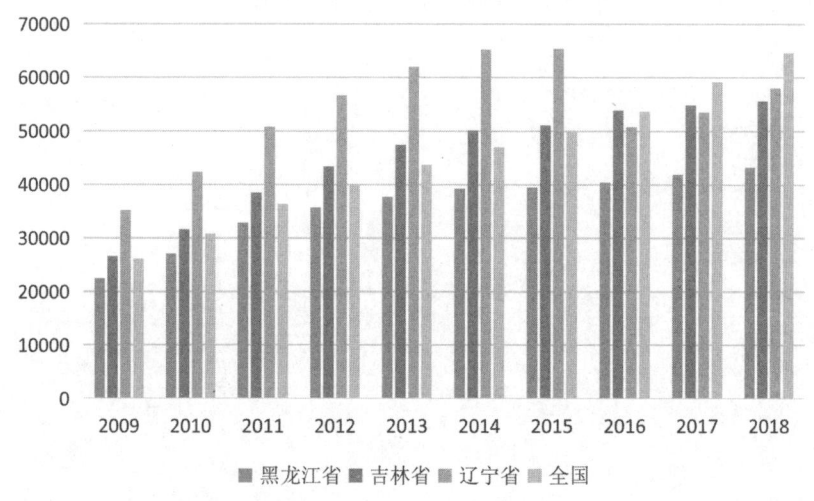

图2-9　东北三省及全国人均GDP（元/人）

数据来源：国家统计局

第三，东北地区人均GDP与全国平均水平差距逐渐拉大。东北地区人均GDP自2017年开始整体均逐步低于全国平均水平，2017年黑龙江省人均GDP低于全国平均水平17285元/人，吉林省人均GDP低于全国平均水平4363元/人，辽宁省人均GDP低于全国平均水平5674元/人；2018年三省数值分别增加至21370元/人、9003元/人、6636元/人，差距迅速拉大。

（六）就业人口及失业率

第一，城镇单位就业人员平均货币工资指数波动较大，黑龙江省下滑较大。2008—2017年，东北三省城镇单位就业人员平均货币工资指数整体呈下滑趋势，2013年后出现大幅度下滑，并于2014年低于全国平均水平。十年间，黑龙江省城镇单位就业人员平均货币工资指数由117.8下降至106.8，整体下降11个百分点，下滑幅度高于吉林省6.2个百分点，高于辽宁省1.4个百分点，2017年低于全国平均水平3.1个百分点；吉林省城镇单位就业人员平均货币工资指数由 114.3 下降至 109.5，整体下降 4.8 个百分点，2017 年低于全国平均水平 0.5 个百分点；辽宁省城镇单位就业人员平均货币工资指数由 118.8 下降至 109.2，整体下降 9.6 个百分点，2017 年低于全国平均水平 0.8 个百分点。工资水平整体呈上升趋势，但增速逐渐降低，说明近年来，东北三省经济发展存在一定下滑压力。

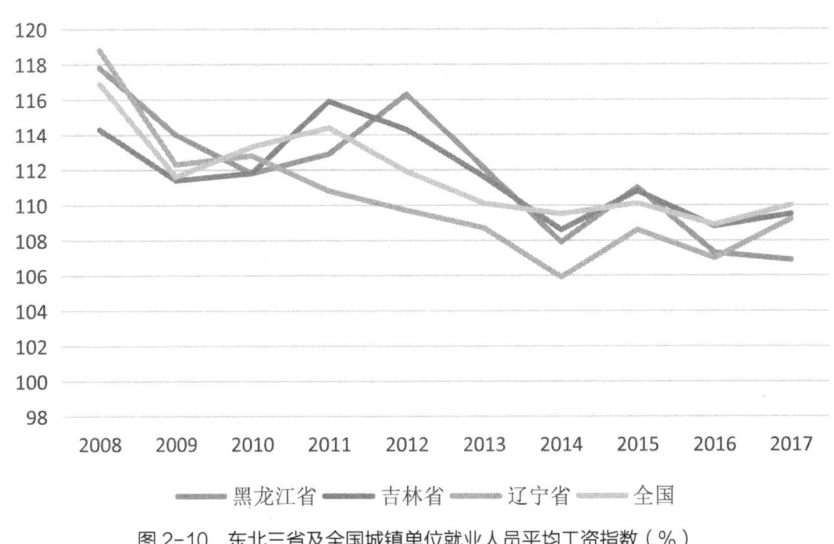

图 2-10　东北三省及全国城镇单位就业人员平均工资指数（%）

数据来源：国家统计局

第二，工资增长格局较为优化，科学研究与技术服务行业平均工资居于较高水平。2017 年，黑龙江省科学研究、技术服务和地质勘查业城镇私营单位就业人员平均工资 38214 元，居于各行业平均工资首位，高于最低行业平均工资 11389 元；吉林省科学研究、技术服务和地质勘查业城镇私营单位就业人员平均工资 42253 元，居于各行业首位，高于最低行业平均工资 18993 元；辽宁省科学研究、技术服务和地质勘查业城镇私营单位就业人员平均工资 39109 元，仅次于信息传输、计算机服务和软件业位于第二位，低于最高行业平均工资 2355 元，高于最低行业平均工资 9881 元。

此外，从另一方面来看，东北三省尤其是黑、吉两省最高行业与最低行业平均工资相差额度均高于 1 万元，各行业收入差距较大，各行业发展水平及社会公平度须引起高度重视。

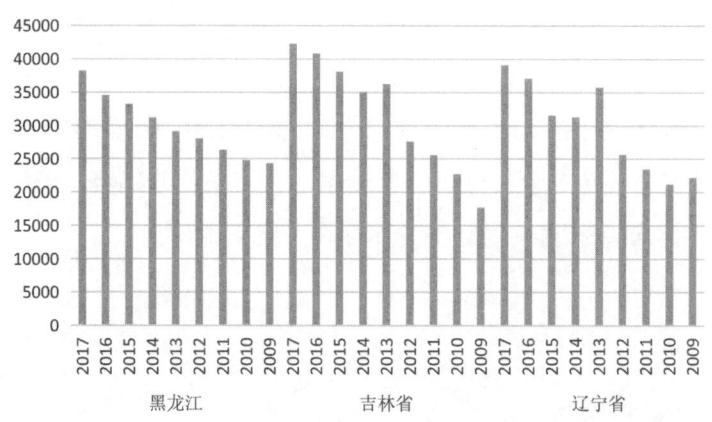

图2-11　东北三省科学研究、技术服务和地质勘查业城镇私营单位就业人员平均工资（元）

数据来源：国家统计局

第三，失业率与失业人数总体平稳，总体失业人数总额较大。从失业率角度来看，十年来东北地区失业率总体平稳，其中黑龙江省十年平均失业率为4.29%，2017年失业率为4.2%，与全国平均失业水平持平；吉林省十年平均失业率为3.68%，2017年失业率为3.5%，低于全国平均水平0.7个百分点；辽宁省十年平均失业率为3.65%，2017年失业率为3.8%，低于全国平均水平0.5个百分点。从失业人数角度来看，2017年东北地区失业人数总额为103.1万人，占全国失业总人数10.6%，占比较高。

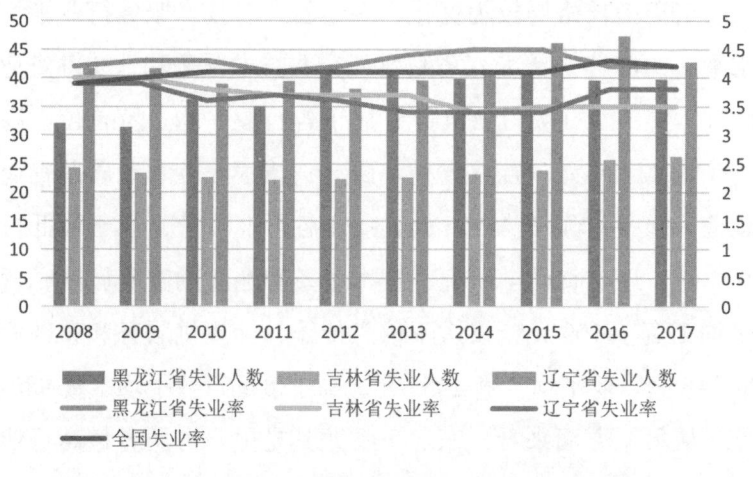

图2-12　东北三省及全国城镇登记失业率（%）及失业人数（万人）

数据来源：国家统计局

二、东北地区产业结构发展现状

产业结构与经济增长具有高度关联性,产业结构演进会促进经济总量的增长,经济总量的增长同样会促进产业结构的加速演进。产业结构问题是东北振兴面临的重大问题,东北地区一直以来重工业占比较大,而新的发展时期,国家对基础设施、大型工业等投资有重点有控制,原有产业优势变成新时期转型发展的沉重包袱。新的发展阶段,立足东北三省现有产业结构及产业发展情况,有序推进东北地区产业结构演进是实现东北振兴的关键环节。

(一)第三产业占比有所提高,产业结构逐步优化

一直以来东北地区第二产业占绝对主导地位,2015年后总体第三产业占比增加,第二产业占比迅速下降,产业结构调整为"三、二、一"。十年间,第一产业增加值由3549.8亿元增加至6195.01亿元,总体提升2345.21亿元,占比由11.4%降低为10.9%,总体下降0.5个百分点。其中黑龙江省第一产业增加值1154.33亿元增长至3000.96亿元,总体提升1846.63亿元,占比由3.44%提升至18.34%,总体提升14.9个百分点,由于地理位置及土地因素,农业在黑龙江省发展过程中地位依旧很重要;吉林省第一产业增加值由980.57亿元增长至1160.75亿元,总体增长180.18亿元,占比由13.47%降低至7.7%,总体下降5.77个百分点;辽宁省第一产业增加值由1414.9亿元增长至2033.3亿元,总体增加618.4亿元,占比由9.3%降至8.03%,总体下降1.27个百分点。

第二产业增加值由15509亿元增长至30090亿元,整体增加14581亿元,占比由49.9%降至36.1%,总体下降13.8个百分点。其中黑龙江省第二产业增加值由4060.72亿元下降至4030.9亿元,总体下降29.82亿元,占比由47.3%下降至24.6%,总体下降22.7个百分点;吉林省第二产业增加值由3541.9亿元增长至6410.9亿元,总体提升2869亿元,占比由48.7%下降至42.5%,总体下降6.2个百分点;辽宁省第二产业增加值由7906.3亿元增长至10025.01亿元,总体提升2118.71亿元,占比由52%下降至40%,总体下降12个百分点。总体来看,只有黑龙江省第二产业增加值有

所下降，吉林省总体增量最大，辽宁省占比下降幅度最大。

第三产业增加值由 12019 亿元增长至 30090 亿元，总体增加 18071 亿元，占比由 38.7% 增加至 53%，总体提升 14.3 个百分点。其中黑龙江省第三产业增加值由 3372 亿元增长至 9329.7 亿元，总体提升 5957.7 亿元，占比由 39.3% 增加至 57%，总体提升 17.7 个百分点；吉林省第三产业增加值由 2756.3 亿元增加至 7503 亿元，总体提升 4746.7 亿元，占比由 37.9% 提升至 49.8%，总体提升 1.9 个百分点；辽宁省第三产业增加值由 5891.3 亿元增加至25315.4亿元，占比由 38.7% 提升至 52.4%，总体提升 13.7 个百分点。

综上所述，黑龙江省第一产业、第三产业增加值占比提升较快，第三产业占比总体增幅高于吉林省 15.8 个百分点；辽宁省第三产业经济总量较高，增幅处于中间地位，低于黑龙江省 4 个百分点，高于吉林省 11.8 个百分点。

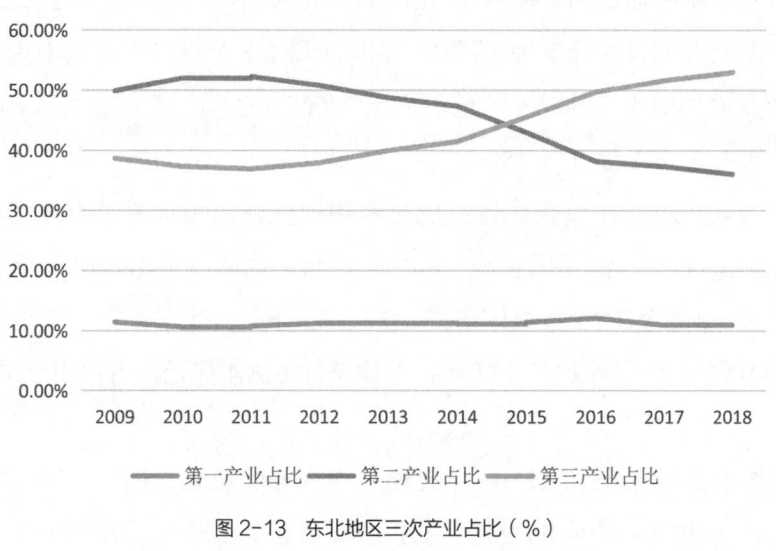

图 2-13　东北地区三次产业占比（%）

数据来源：国家统计局

（二）三次产业总量稳步提升，增速存在大幅度波动风险

第一，黑龙江省三次产业增速总体呈下降趋势，其中第一产业增速由 2010 年 12.9% 降至 2018 年 1.2%，总体下降 11.8 个百分点；第二产业增速由 23.8% 降至 -0.7%，总体下降 24.5 个百分点；第三产业增速由 19.8% 降至 5.1%，总体下降 14.7 个百分点。其中第二产业增速 2015 年降至最低

点 –13.46%，近三年略有回升。

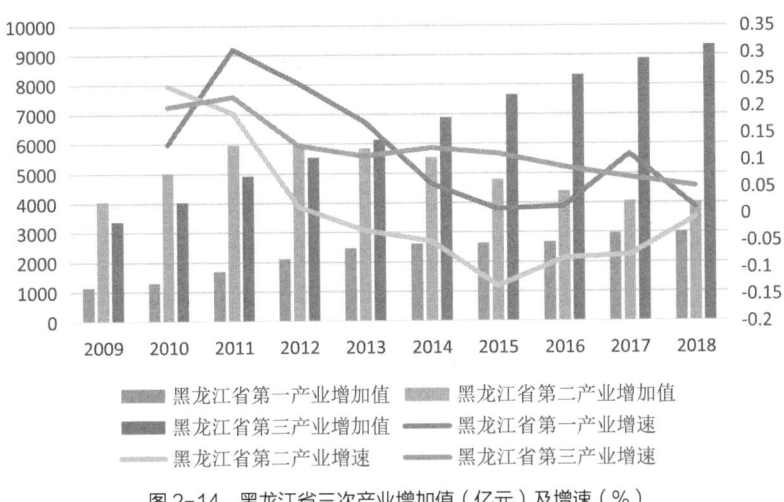

图 2-14 黑龙江省三次产业增加值（亿元）及增速（%）

数据来源：国家统计局

第二，吉林省第二产业出现负增长，第一产业增速波动较大。2010—2018 年，吉林省第一产业增速由 7.1% 降至 6%，总体下降 1.1 个百分点，其中 2017 年出现严重负增长，总量降为 1095.36 亿元，增速降为 –27%；第二产业增速由 27.2% 降为 –8.4%，总体下降 36.6 个百分点；第三产业增速由 12.9% 降至 9.5%，总体下降 3.4 个百分点，总体增速基本平稳。

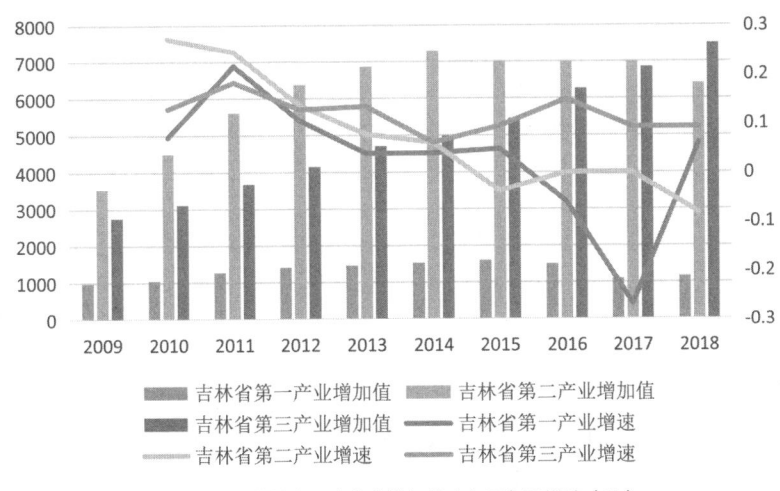

图 2-15 吉林省三次产业增加值（亿元）及增速（%）

数据来源：国家统计局

第三,辽宁省三次产业增速经历大幅下滑后有所回升。2010—2018年,辽宁省第一产业增速由15.3%降至6.9%,总体下降8.4个百分点;第二产业增速由26.2%降至9%,总体下降17.2个百分点,其中2016年出现严重负增长,增速由2015年10.8%降至-13.4%,近年来逐步回升;第三产业增速由16.3%降至8%,总体下降8.3个百分点。

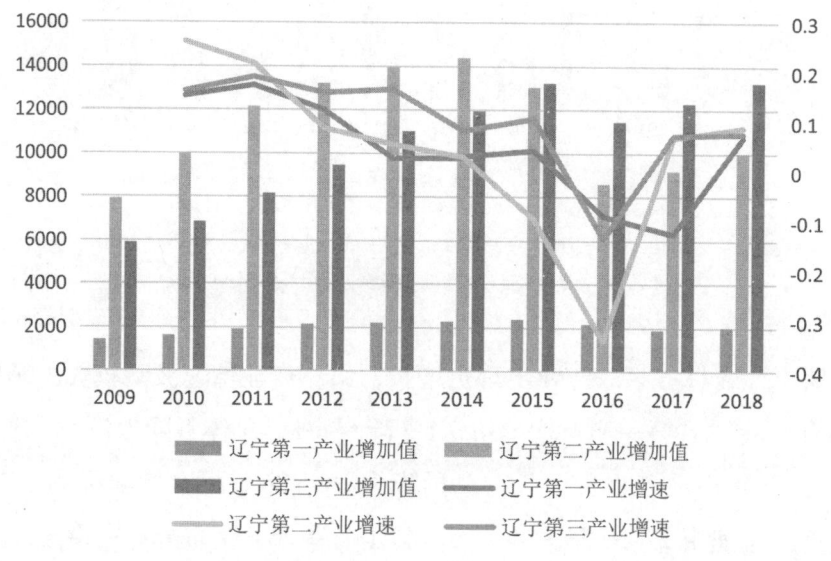

图2-16 辽宁省三次产业增加值(亿元)及增速(%)

数据来源:国家统计局

(三)省际间产业发展各有侧重

当前东北地区在三次产业发展中各有侧重。从直观占比来看,2018年,黑龙江省第一产业增加值占比最高达48%,高于吉林省29个百分点、高于辽宁省15个百分点。辽宁省第二产业、第三产业增加值占比最高,其中第二产业占比为49%,高于吉林省18个百分点、高于黑龙江省29个百分点;第三产业占比为44%,高于吉林省21个百分点、高于黑龙江省13个百分点。

从三省自身比较优势角度来看,2018年黑龙江省三次产业占东三省整体比重分别为48%、20%、31%,第一产业具有相对优势;吉林省三次产业占东三省整体比重分别为19%、31%、25%,第二产业具有相对优势;辽宁省三次产业占东三省整体比重分别为33%、49%、44%,第二产业具有相对

第二章 东北地区经济发展与对外开放现状分析

优势。东北三省各省内部第三产业尚未形成比较优势，产业结构调整任务依然艰巨。

黑龙江省作为我国粮食大省，且第一产业相对优势逐渐显现，可针对性推进新一代信息技术与第一产业的有机融合，提高产品附加值，优化产业结构同时，进一步提升整体比较优势进而实现经济转型发展。吉、辽两省可加快电子信息、智能制造、高档数控机床、智能网联汽车等数字化、智能化工业、制造业发展及相关领域核心技术研发，新材料、新能源等战略性新兴产业发展充分利用老工业基地的技术、资源基础，加快形成新时代下新的竞争优势。

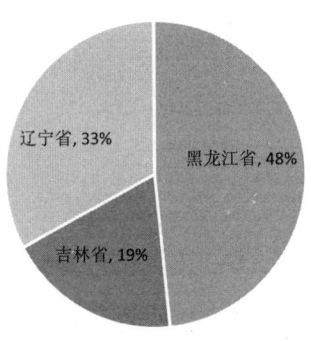

图 2-17　2018 年东北地区第一产业增加值各省占比（%）

数据来源：国家统计局

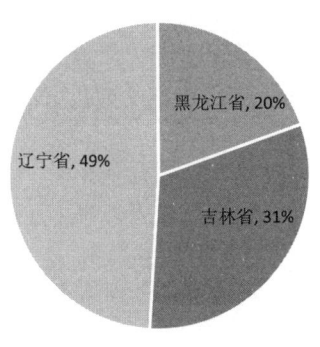

图 2-18　2018 年东北地区第二产业增加值各省占比（%）

数据来源：国家统计局

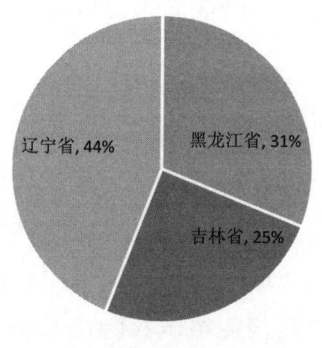

图 2-19 2018年东北地区第三产业增加值各省占比(%)

数据来源:国家统计局

第二节 东北地区对外开放现状分析

全面开放是实现国家繁荣富强、民族伟大复兴的根本出路。在博鳌亚洲论坛2018年年会开幕式上,习近平总书记明确指出,中国开放的大门不会关闭,只会越开越大,为中国的对外开放明确方向。东北地区是中国重要的老工业基地,在中国对外开放战略中具有重要的地位。当前,国际国内形势复杂多变,外部不确定性明显上升,东北地区必须清醒认识地区对外开放的发展现状,立足自身优势劣势,在新一轮高水平对外开放中抓住机遇,实现高水平、深层次的开放态势,为东北地区经济高质量发展提供动力。

一、东北地区对外贸易发展现状

东北地区位于中国东北部,包括辽宁省、吉林省和黑龙江省。积极发展东北地区的对外贸易，既是东北振兴战略的重要组成部分，也是实现东北振兴的重要途径。当前，世界经济进入大调整大发展大变革时期，国际经济合作和竞争格局发生深刻变化，全球范围内开始新一轮的生产要素重组和价值链整合，对东北地区对外贸易发展产生重大影响。国内经济进入转型攻坚期，要求继续优化经济结构，推动新旧动能转换，同样对东北地区对外贸易提出了新要求。因此，新时期，深入研究东北地区对外贸易发展现状，对于加快东北地区经济转型、应对对外贸易未知风险具有重要意义。

（一）东北地区进出口贸易总体情况

1. 进出口贸易在全国占比过低，贸易逆差额逐步扩大

东北地区进出口占全国比重较低。2017年，东北地区进出口占全国比重为3.3%，而同期广东省、江苏省、浙江省和山东省进出口占全国比重分别为24.5%、14.4%、9.6%和6.4%。从时间趋势上来看，东北地区进出口贸易占全国比重呈现逐年下降的趋势，从2008年的4.2%下降至2017年的3.3%。

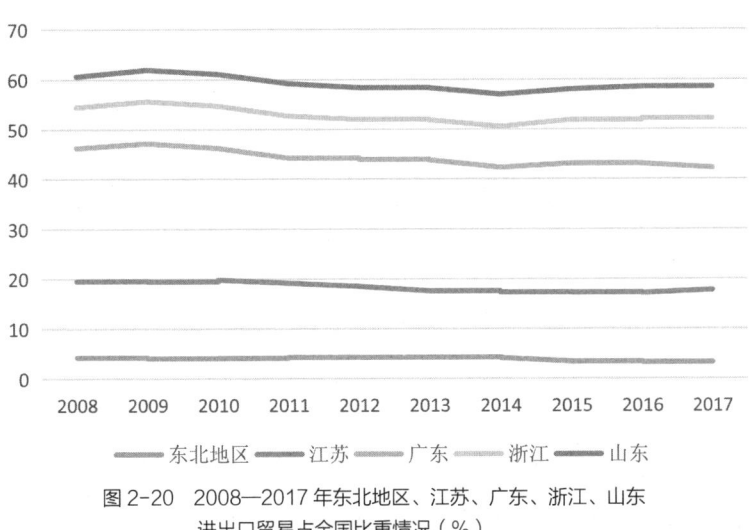

图2-20 2008—2017年东北地区、江苏、广东、浙江、山东
进出口贸易占全国比重情况（%）

数据来源：辽宁省、吉林省和黑龙江省统计年鉴、国家统计年鉴

从出口与进口的差额来看，总体呈现逆差额逐步扩大的趋势。2008—

2010年，东北地区进出口贸易呈现顺差状态，但顺差额逐步减小，从2008年的181.2亿美元减少至2010年的47.4亿美元。2011—2017年，进出口贸易呈现逆差状态，且2015—2017年逆差额有逐步扩大趋势，从2015年的89.7亿美元扩大至2017年的277.6亿美元。

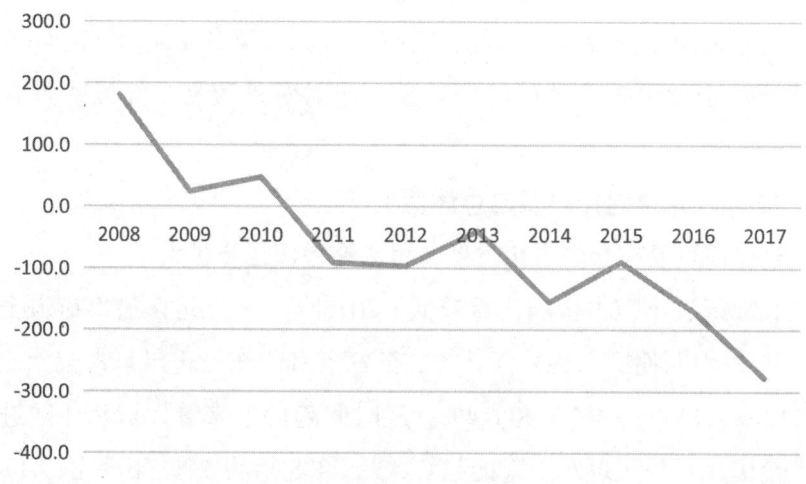

图2-21　2008—2017年东北地区货物差额情况（亿美元）

数据来源：辽宁省、吉林省和黑龙江省统计年鉴

2. 进出口贸易增速波动幅度较大

近十年来，相较于全国而言，东北地区货物进出口贸易增速波动幅度较大，对外部市场和全国大环境变化较为敏感，难以形成对东北地区经济发展的稳定支撑。从2008—2017年进出口贸易增速来看，受2008年国际金融危机及国外需求不振影响，2009年东北地区货物进出口贸易出现了负增长，增速为-16.4%，低于全国2.5个百分点。2010年、2011年出现强劲反弹，增幅分别为35.4%、27.2%，分别高于全国0.6、4.8个百分点。之后，东北地区货物进出口增速连续三年呈现出个位数增长态势，分别为6.3%、7.6%、0.1%。而2015年、2016年连续两年又出现了负增长，分别为-24.1%、-10.7%，分别低于全国16.0、3.9个百分点。2017年增速又转负为正，达到12.7%，高于全国1.2个百分点。

图 2-22 2009—2017 年全国及东北地区进出口贸易增速情况（%）

数据来源：辽宁省、吉林省和黑龙江省统计年鉴

3. 进出口贸易不均衡问题持续加剧

东北三省经济发展差异较大，受此影响，三省在进出口贸易方面也呈现出极为不平衡的发展态势。分省来看，辽宁省进出口贸易总额占东北地区比重最高，其次是黑龙江省，最后是吉林省。2017年，辽宁省、黑龙江省、吉林省的进出口贸易总额分别为994.2亿美元、189.4亿美元、185.3亿美元，占比分别为72.6%、13.8%、13.5%。

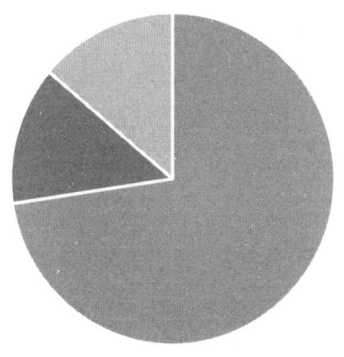

图 2-23 2017 年辽宁省、吉林省和黑龙江省进出口贸易占比情况（%）

数据来源：辽宁省、吉林省和黑龙江省统计年鉴

从时间趋势来看，吉林省进出口贸易占比较为稳定，2008—2017 年间基本维持在 12%—15%。辽宁省进出口贸易占比在 2011—2017 年间基本呈现增加态势，从 2011 年的 61.4% 增加至 2017 年的 72.6%。黑龙江省进出口贸易占比呈现下降趋势，从 2011 年的 24.6% 下降至 2017 年的 13.8%，充分表明东北三省的区域进出口分布不平衡有进一步加剧的趋势。

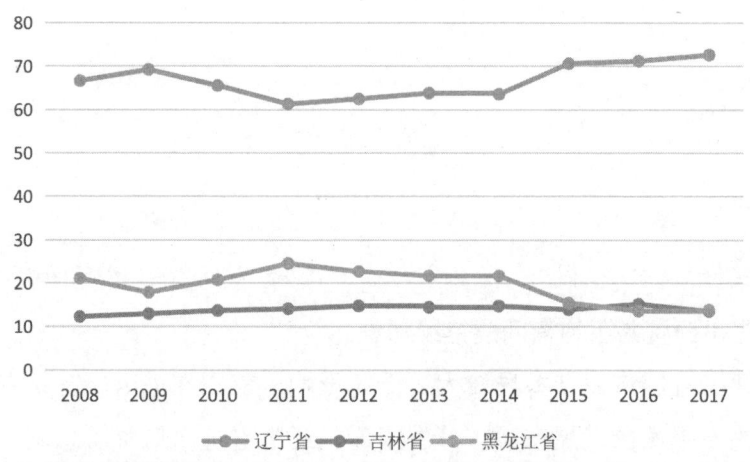

图 2-24　2008—2017 年辽宁省、吉林省和黑龙江省货物进出口情况（%）

数据来源：辽宁省、吉林省和黑龙江省统计年鉴

（二）东北地区按贸易方式划分的对外贸易结构情况

1. 一般贸易占比尽管稳步扩大，但贸易方式仍有优化空间

加工贸易和一般贸易是国内货物贸易最主要的两种贸易方式，本部分加工贸易主要指来料加工装配贸易和进料加工贸易。对比一般贸易和加工贸易，东北地区一般贸易进出口规模显著高于加工贸易进出口规模，这种按照贸易方式划分的贸易结构契合近十年来东三省经济发展阶段的贸易发展条件，体现了东北地区货物贸易转型升级已经取得一定的积极成果。2017 年，东北地区一般贸易进出口额为 824.9 亿美元，同比增长 13.2%，占贸易进出口总额比重为 60.2%；加工贸易进出口额为 304.1 亿美元，同比增长 2.9%，占贸易进出口总额比重为 22.2%。其中，一般贸易出口额为 293.2 亿美元，同比增长 8.0%，占一般贸易总额比重为 35.5%；一般贸易进口额为 531.7 亿美元，同比增长 16.3%，占一般贸易总额比重为 64.5%。

与此同时,加工贸易出口额为198.0亿美元,同比增长2.4%,占加工贸易总额比重为65.1%;加工贸易进口额为106.1亿美元,同比增长3.9%,占加工贸易总额比重为34.9%。

从时间趋势来看,从2009年开始,一般贸易进出口逐年稳步增加,并在2013年达到最大值,为1159.2亿美元。2014—2016年快速下降,并在2016达到最小值,为728.5亿美元,降幅达423.5亿美元。2017年一般贸易进出口额有所回升,达到824.9亿美元。一般贸易占进出口额的比重也从2008年的57.3%增加至2017年的60.2%。加工贸易从2014年的393.7亿美元持续下降到2016年的295.5亿美元,在2017年有所增加,增量为8.6亿美元,占进出口额的比重从2008年的28.5%降低至2017年的22.2%。

尽管东北地区贸易产品结构近年来改善明显,一般贸易占比超过50%,且有继续扩大的趋势,但与一般贸易占比高达80%的浙江相比,依然存在较大差距,东北地区贸易方式还须进一步完善,贸易产品附加值及产业链建设还须继续优化。

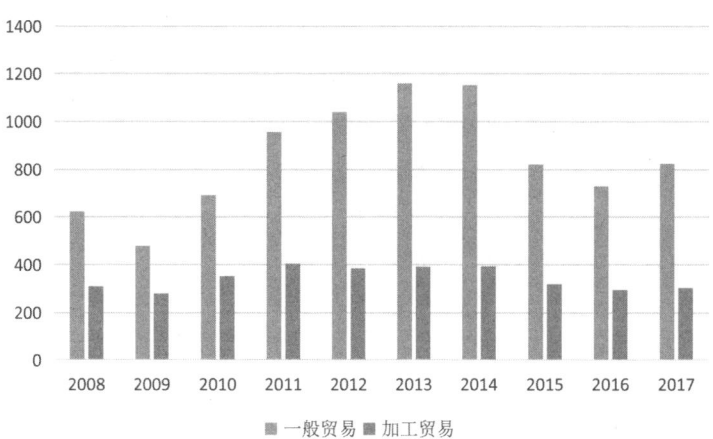

图2-25　2008—2017年东北地区一般贸易和加工贸易进出口情况(亿美元)

数据来源:辽宁省、吉林省和黑龙江省统计年鉴

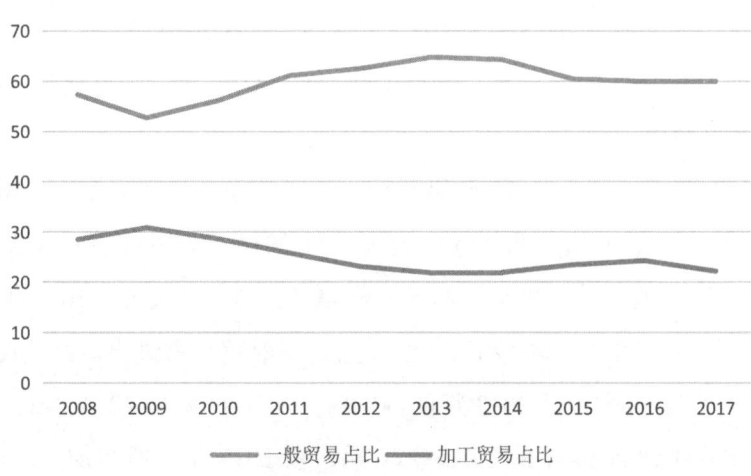

图 2-26 2008—2017 年东北地区一般贸易和加工贸易占比情况（%）

数据来源：辽宁省、吉林省和黑龙江省统计年鉴

2. 一般贸易不均衡呈现扩大态势，加工贸易不均衡性有所改善

进一步对比东北三省数据发现，无论是一般贸易还是加工贸易，辽宁省均显著高于吉林省和黑龙江省。2017 年，辽宁省一般贸易进出口额分别是吉林省、黑龙江省的 3.5 倍、4.3 倍，加工贸易进出口额分别是吉林省、黑龙江省的 16.7 倍、11.8 倍。

从时间趋势来看，在一般贸易进出口方面，辽宁省占比经历了先下降后上升的趋势，从 2008 年的 58.9% 降至 2011 年的 49.2%，又上升至 2017 年的 65.6%，而黑龙江省则经历了先上升后下降的趋势，从 2008 年的 24.0% 升至 2011 年的 30.9%，又降至 2017 年的 15.4%。吉林省占比则基本维持在 20% 左右。东北三省在一般贸易进出口方面的不均衡情况有进一步扩大的趋势。在加工贸易进出口方面，辽宁省占比基本呈现逐年下降的趋势，从 2008 年的 94.4% 降至 2017 年的 87.4%，吉林省和黑龙江省占比基本呈现逐年增加的趋势，分别从 2008 年的 3.0%、2.6% 增加至 2017 年的 5.2%、7.4%。东北三省在加工贸易进出口方面的不均衡情况稍有改善。

第二章 东北地区经济发展与对外开放现状分析

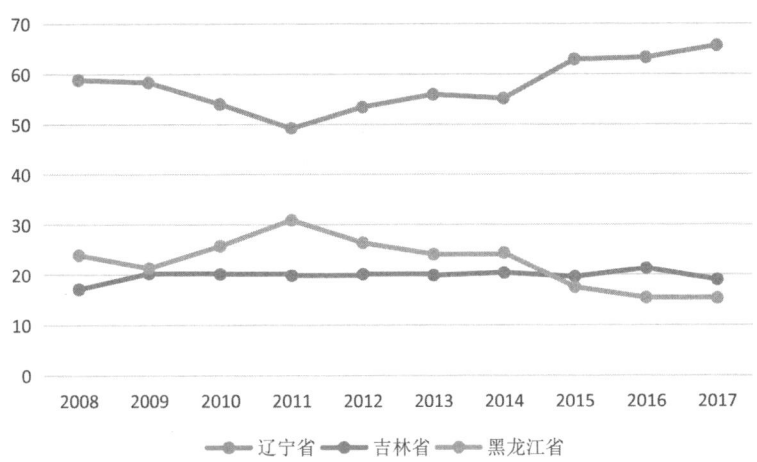

图 2-27　2008—2017 年辽宁省、吉林省和黑龙江省一般贸易进出口占比情况（%）

数据来源：辽宁省、吉林省和黑龙江省统计年鉴

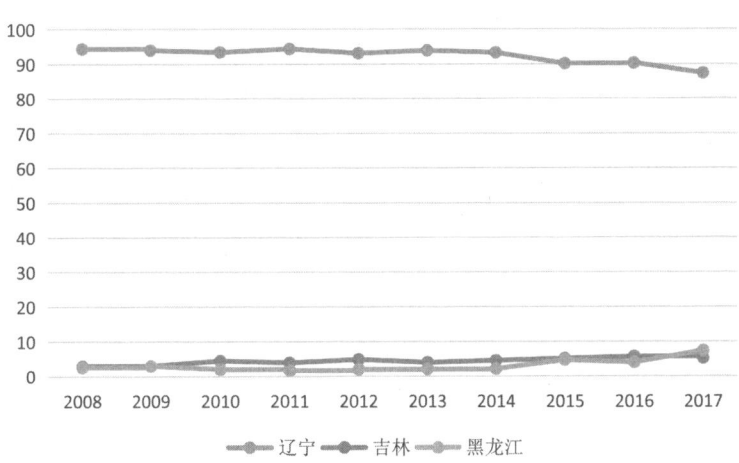

图 2-28　2008—2017 年辽宁省、吉林省和黑龙江省加工贸易进出口情况（亿美元）

数据来源：辽宁省、吉林省和黑龙江省统计年鉴

（三）东北地区按贸易伙伴划分的对外贸易结构情况

1. 东北地区贸易伙伴更加多元，贸易量分布更加均衡

日本、韩国、德国、美国和俄罗斯是东北地区最主要的贸易伙伴。与以上五国的进出口贸易基本占到了东北地区进出口总额中的半壁江山。但随着多元化市场的进一步开拓，东北地区与其他各国的贸易往来日益频繁，与以上五国的贸易往来占比逐年下滑，从 2008 年的 52.4% 降至 2017 年

· 45 ·

的48.5%。从与以上五国贸易均衡性上来看，2008—2017年贸易均衡性有所提升。2008年与日本和俄罗斯的贸易占比达到28.0%，高于其他三国约3.5个百分点，但到2017年时日本和俄罗斯的贸易占比要低于其他三国1.1个百分点。

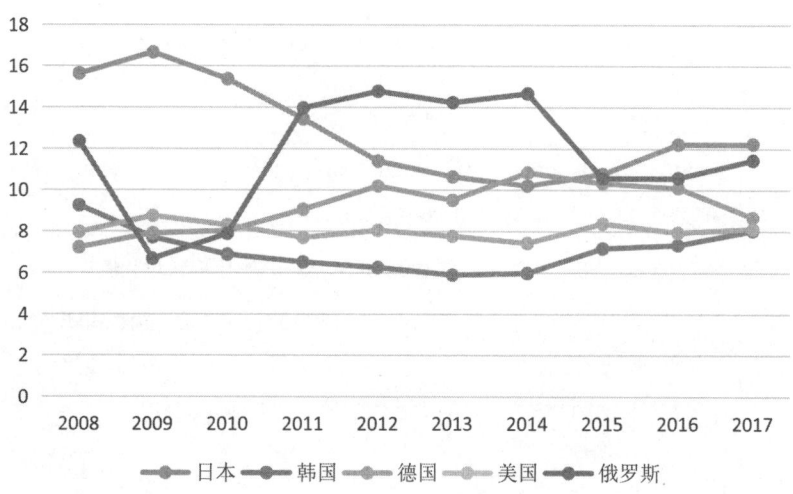

图2-29 2008—2017年东北地区与主要国家进出口贸易情况（亿美元）

数据来源：辽宁省、吉林省和黑龙江省统计年鉴

2.辽宁省贸易伙伴分布相对均衡，吉林省和黑龙江省对单一国家依赖性较强

分省来看，辽宁省与以上五国贸易量分布相对均匀，吉林和黑龙江省的对外贸易显著依赖于单个国家。具体而言，辽宁省与日本、韩国和德国贸易往来较为频繁，且2017年与三国贸易占比分别为14.6%、10.1%、9.1%。吉林省与德国和日本贸易往来较为密切，2017年分别占比为32.3%、9.6%。黑龙江省对外贸易往来主要依赖于俄罗斯，2017年占比达到58%。

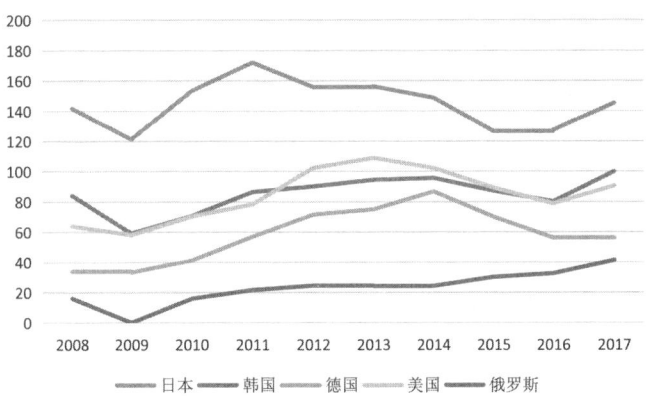

图 2-30 2008—2017 年辽宁省与主要国家进出口贸易情况（千万美元）

数据来源：辽宁省统计年鉴

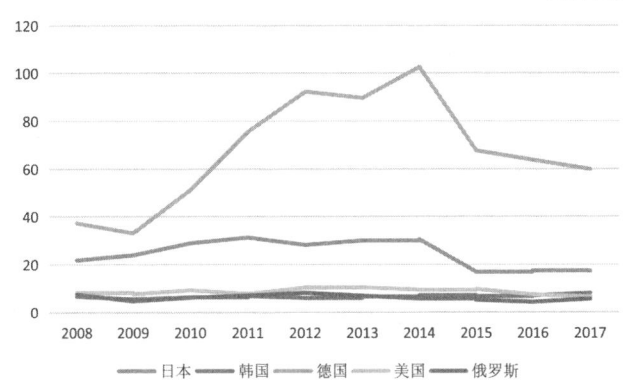

图 2-31 2008—2017 年吉林省与主要国家进出口贸易情况（千万美元）

数据来源：吉林省统计年鉴

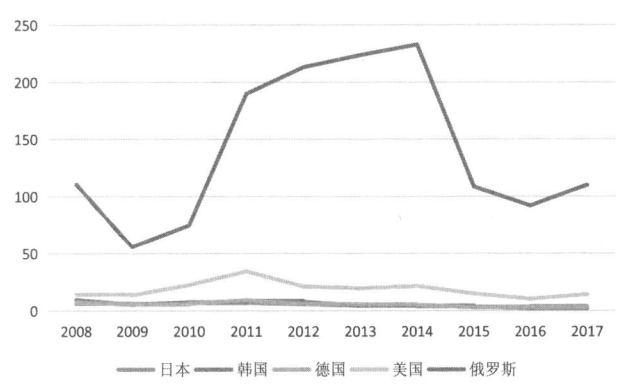

图 2-32 2008—2017 年黑龙江省与主要国家进出口贸易情况（千万美元）

数据来源：黑龙江省统计年鉴

二、东北地区吸引外商投资现状

利用外资拉动东北地区经济增长是振兴东北经济的重要举措之一。由于利用外资起步较晚,体制机制存在较多制约因素,导致东北地区多年来利用外资的表现与东南沿海地区有很大的差距。新时期,为进一步优化东北地区利用外资结构、提升利用外资效率、推动创新与开放融合发展,需要对东北地区利用外资发展现状进行深入研究,保持优势,补足短板,明确方向,从而为东北地区经济高质量发展提供动力。

(一)东北地区整体外资规模仍有较大发展空间

随着振兴东北老工业基地战略的深入推进,东北地区进入了利用外资的快车道,但从全国范围内来看,占比仍不高。2008—2013年,东三省利用外资规模总体呈现逐年增加的趋势,从2008年的176.8亿美元增加至2013年的404.5亿美元,年均增速达31.76%,占全国比重从18.6%增加至34.1%。但从下图中可以发现,2014—2015年东北地区利用外资情况出现明显的"断崖式下跌",占全国比重也从2013年的34.1%下降至2017年的15.6%。这一"断崖式下跌"主要是由于辽宁省利用外资的大幅度下跌所致。2015年,辽宁省利用外资水平急转直下是由多方面原因所造成的,包括如世界经济复苏遇阻、国内外有效需求不足、国内产业结构调整等。对比以上两段时期数据发现,东北地区利用外资仍有较大发展空间。

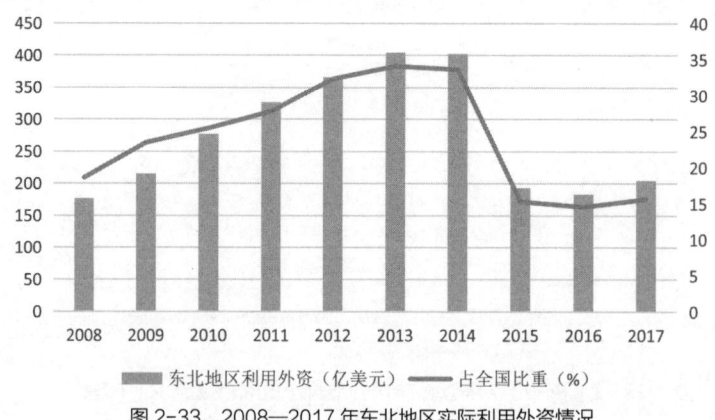

图2-33 2008—2017年东北地区实际利用外资情况

数据来源:辽宁省、吉林省、黑龙江省统计年鉴,吉林省2017年数据来源于2018吉林金融运行报告

(二)东北地区各省份的利用外资分布更趋平衡

分省来看,2008—2015年辽宁省利用外资总额在东北地区一马当先,其次是吉林省,黑龙江省位于第三。辽宁省利用外资比吉林省和黑龙江省总和还高,占比超过60%。随着辽宁省2015年利用外资的"断崖式下跌"以及吉林省和黑龙江省利用外资的逐渐增加,辽宁省利用外资占比明显下降,吉林省和黑龙江利用外资占比明显上升,2015—2017年,辽宁省利用外资占比排在吉林省和黑龙江省之后,位列第三。从东北三省利用外资的平衡性上来看,2008年辽宁省、吉林省和黑龙江省利用外资比为1∶0.25∶0.22,2017年三省利用外资比变为1∶1.73∶1.10,三省利用外资占比更趋平衡。

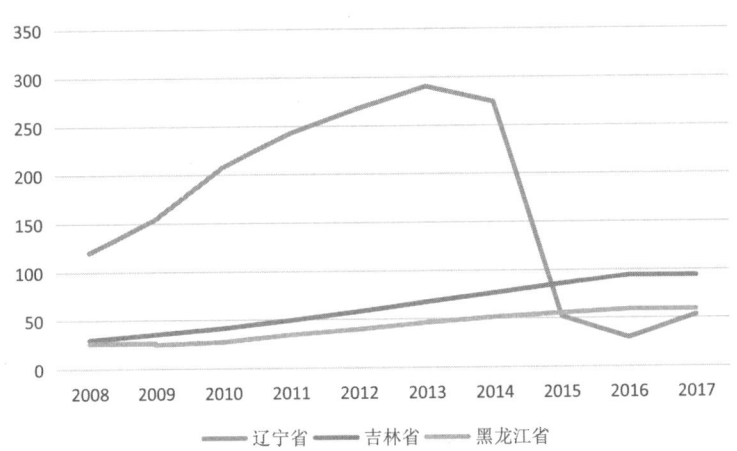

图2-34 2008—2017年辽宁省、吉林省、黑龙江省实际利用外资情况(亿美元)

数据来源:辽宁省、吉林省、黑龙江省统计年鉴,吉林省2017年数据来源于2018吉林金融运行报告

(三)东北地区各省份利用外资结构均过于集中

第一,从各地区实际利用外商投资额来看,东北三省均呈现出过于依赖单一地市的特征。从2017年数据来看,辽宁省利用外资主要依赖于大连市和沈阳市,两市占比分别为60.9%、19.0%。黑龙江省利用外资主要依赖于哈尔滨市,占比超过50%。从吉林省2016年数据来看,利用外资主要依赖于长春市和吉林市,长春市利用外资占比超过50%,吉林市占比约为12.1%。

东北振兴中的对外开放新前沿建设

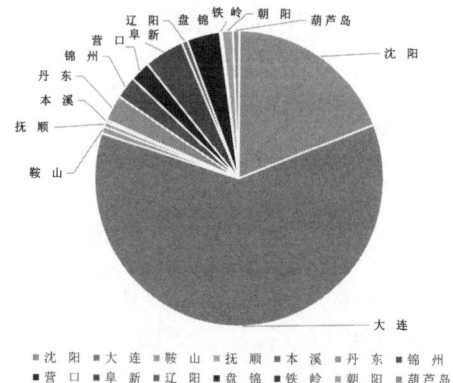

图 2-35 2017 年辽宁省各地区实际利用外资情况（亿美元）

数据来源：辽宁省统计年鉴

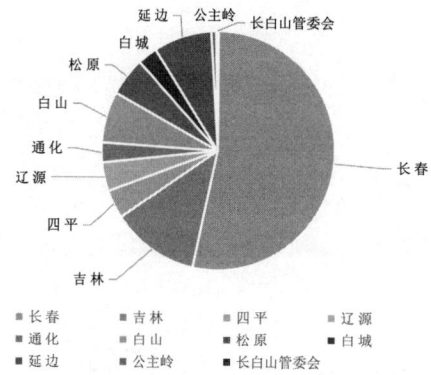

图 2-36 2017 年吉林省各地区实际利用外资情况（亿美元）

数据来源：吉林省统计年鉴

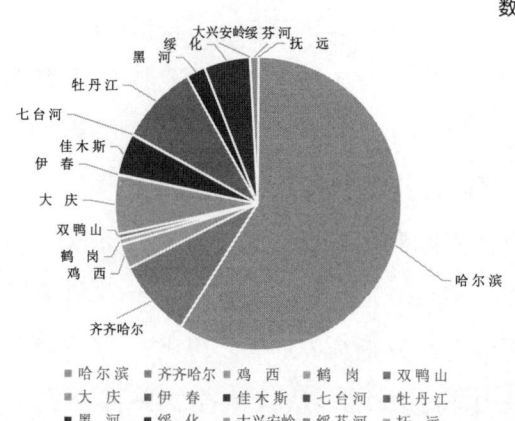

图 2-37 2017 年黑龙江省各地区实际利用外资情况（亿美元）

数据来源：黑龙江省统计年鉴

· 50 ·

第二，从实际利用外资的产业结构来看，东北三省均呈现出过于集中于第二产业的特征。从2017年数据来看，辽宁省是工业大省，第二产业利用外资占比最大，制造业最为突出，占比高达54.2%。其中，以劳动密集型为主的加工工业是辽宁省外商投资重点，诸如信息技术、生物工程和新材料等领域的高新科技产业等资金和技术密集产业占比偏低。黑龙江省第一产业、第二产业利用外资占比分别为4.4%、48.3%，制造业占比为40.6%，作为东北地区的农业大省，第一产业利用外资占比仅约为制造业的十分之一，充分表明黑龙江省利用外资的产业分布与产业发展特色不相匹配，未来利用外资的产业分布仍须完善。从2018年数据来看，吉林省外商投资产业多分布于第二产业，且主要投入铁路船舶等运输设备制造业、石油和天然气开采业等行业，占全省外商直接投资总额的58.3%。由于吉林省是全国农业大省之一，占比相对较低的农业引资表明吉林省利用外资的产业结构分布与产业特征并不相称，仍须进一步优化。

第三，从实际利用外资的来源地来看，均呈现出主要集中在香港特别行政区的特征。从2017年数据来看，辽宁省、黑龙江省占外商投资比重最大的来源地都是香港特别行政区，占比分别为42.2%、76.8%，投资金额远超过其他国家及地区，香港特别行政区对辽宁省投资占比高于排名第二的日本36.8个百分点，对黑龙江省投资占比高于排名第二的美国63.7个百分点。就吉林省而言，2017年外商投资额占比最大（53.4%）的长春市，其主要外资来源地为香港特别行政区和德国，其中香港特别行政区对长春市直接投资为9.3亿美元，占全市直接利用外资额比重超过60%。

三、东北地区对外投资发展现状

相对于利用外资而言，东北地区对外投资的发展相对滞后，不仅对外投资规模较小，而且分布极为不平衡。新时期，为进一步优化东北地区对外投资结构、推动各企业加快走出去步伐，增强国际资源整合能力，需要对东北地区对外投资发展现状进行深入研究，从而为下一步对外投资的政策制定提供支撑。

（一）东北地区对外投资规模持续递增，但占全国比重持续下跌

近些年，东北地区对外投资规模总体保持增长态势，对外非金融类直接投资规模从2009年的32.62亿美元增加至2017年的213.09亿美元，约增长6.5倍，外向型经济在对外投资领域保持了基本良好势头。但就全国而言，东北地区对外投资规模占比相对较小，且呈现持续下跌趋势，从2009年的8.2%下跌至2017年的2.9%。而2017年广东省对外投资规模为1897.1亿美元，占全国比重为26.1%，足足高于东北地区23个百分点。在总体持续增长和占比持续下跌的背后，区域结构、产品结构等诸多结构性矛盾在东北地区对外投资领域均表现得较为突出，是未来东北地区进一步对外开放面临的长期重要问题。

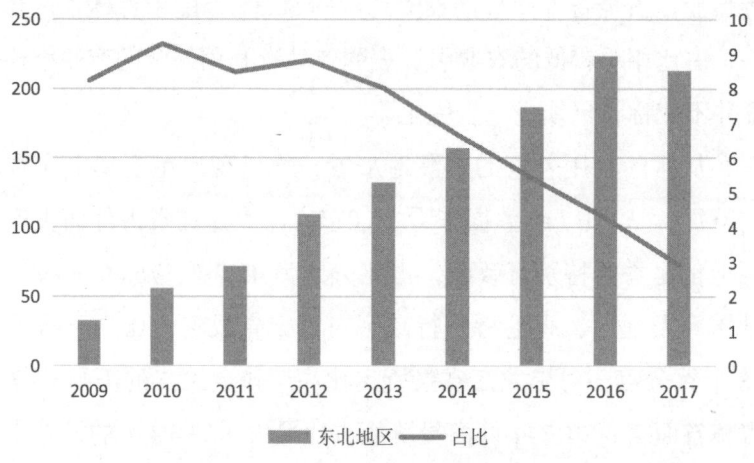

图2-38　2009—2017年东北地区对外非金融类直接投资存量（亿美元）及其占比情况

数据来源：2017年中国对外直接投资统计公报

（二）东北地区对外投资不均衡问题十分突出

随着东北亚经济的快速发展，在东北地区一系列沿边开放战略的推动下，东北三省对周边国家的投资步伐明显加快，且三省对外投资规模均呈现持续扩大趋势。但受历史因素、区位条件、资源禀赋以及改革推进步伐不一致等多重影响，东北三省对外经济发展程度并不一致，对外投资发展不均衡问题十分突出。辽宁省对外投资规模要显著高于吉林省和黑龙江省。2017年，辽宁省对外投资规模为132.51亿美元，占东北地区对外投资总额

比例达到 62%，高于吉林省 43.5 个百分点，高于黑龙江省 43.1 个百分点。

从纵向比较来看，2009 年辽宁省、吉林省和黑龙江省对外非金融类直接投资规模比为 1∶0.47∶0.71，辽宁省超过吉林省两倍，对外投资不平衡问题有所显现。经过近十年的发展，东北三省对外投资规模比变为 1∶0.30∶0.31，辽宁省明显超过吉林省与黑龙江省之和，不平衡问题显著加剧。从绝对差异看，辽宁省与吉林省、黑龙江省的对外投资规模差额分别

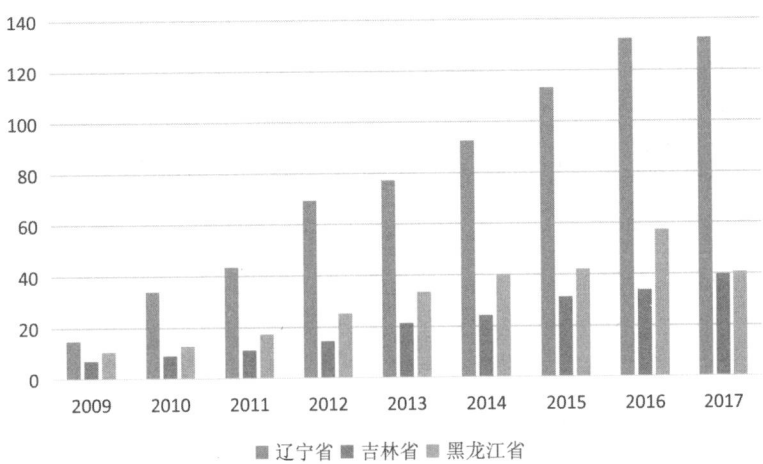

图 2-39　2009—2017 年东北三省对外非金融类直接投资存量（亿美元）

数据来源：2017 年中国对外直接投资统计公报

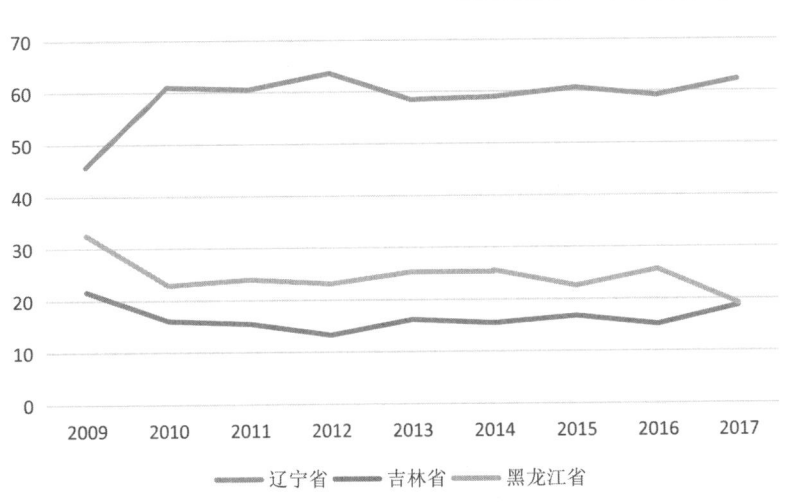

图 2-40　2009—2017 年东北三省对外非金融类直接投资存量占比情况（%）

数据来源：2017 年中国对外直接投资统计公报

从2009年的7.8亿美元、4.3亿美元扩大至2017年的92.6亿美元、91.8亿美元,九年间差距分别扩大11.8倍、21.3倍。

(三)辽宁省对外投资增长乏力,单一地区依赖性较强

辽宁省对外投资起步晚,经历了发展较为迅速的阶段后,又面临增长乏力的困境。2009年,辽宁省对外非金融类直接投资规模为14.9亿美元,2014年增加至92.6亿美元,增长了近6.2倍,高于同期中国地方政府整体5.9倍的对外投资增长幅度。此后,辽宁省对外投资规模增速明显下滑,2015年、2016年和2017年增速分别为22.3%、16.7%、0.2%,而同期中国地方政府对外投资增速分别为46.3%、52.1%、38.8%。从各地市来看,辽宁省对外投资明显依赖于大连市,大连市2009年、2017年的对外投资规模占辽宁省比重分别为55.7%、52.8%。尽管占比有所下滑,但仍超过50%,单一地区依赖性较强,不利于辽宁省对外投资的健康持续发展。

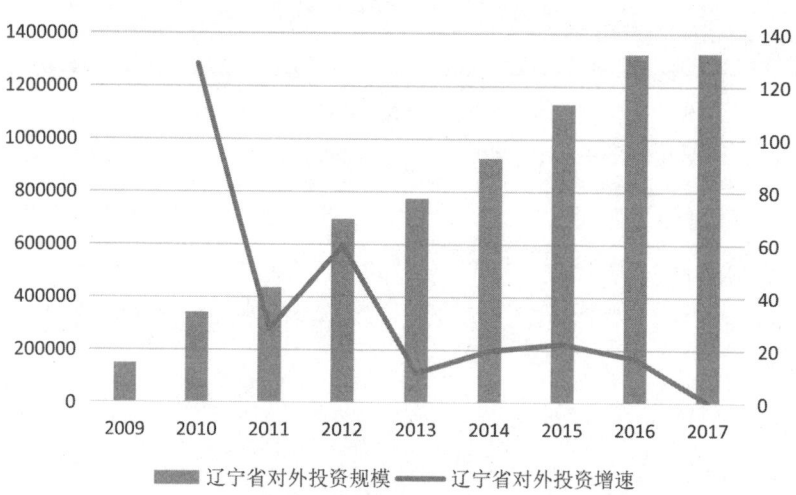

图2-41 2009—2017年辽宁省对外非金融类直接投资规模(亿美元)及增速情况(%)

数据来源:2017年中国对外直接投资统计公报

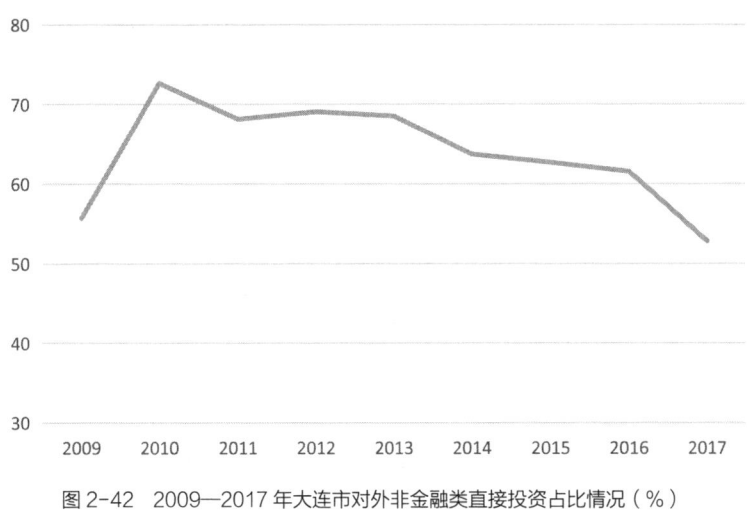

图 2-42　2009—2017 年大连市对外非金融类直接投资占比情况（%）

数据来源：2017 年中国对外直接投资统计公报

（四）吉林省对外投资规模较少，产业结构亟待优化

受政治因素、经济因素、企业实力、起步较晚等多方面因素的影响，吉林省对外投资尽管已经取得了显著的进步，但在东北地区和全国范围来讲，仍属于发展落后的省份之一。2017 年，吉林省对外投资规模为 39.9 亿美元，比 2009 年增长了 5.6 倍，但占东北地区比重为 18.7%，占全国地方政府对外投资比重仅为 0.5%。从对外投资的产业结构来说，吉林省对外投资主要集

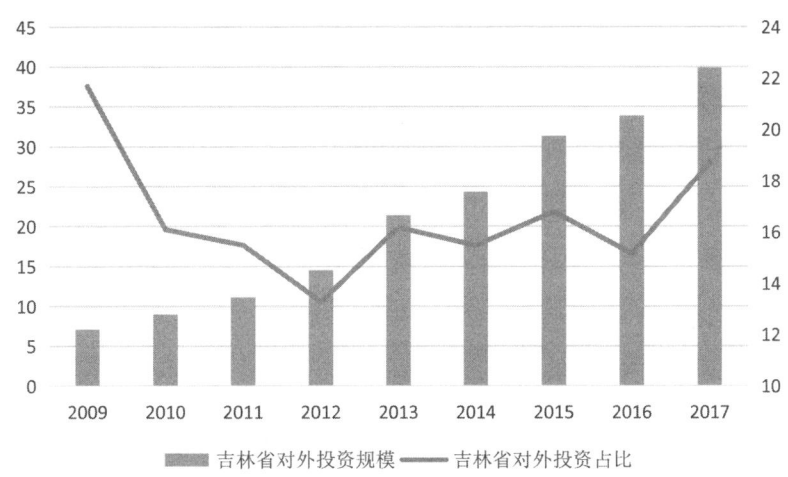

图 2-43　2009—2017 年吉林省对外非金融类直接投资规模（亿美元）及占比情况（%）

数据来源：2017 年中国对外直接投资统计公报

中于农牧业种养殖、有色金属加工、木材加工等制造业领域，对外投资产业结构过于集中在一、二产业方面，随着产业升级的逐步推进，对外投资产业结构需要进一步优化。

（五）黑龙江省对外投资动力不足，投资结构需要调整

近年来，随着黑龙江省经济的不断发展，对外投资也取得了一定的成绩，但增长速度较为缓慢。2009年、2017年，黑龙江省对外投资规模分别为10.6亿美元、40.7亿美元，年均增速为21.1%，明显低于同期东北地区的30.7%。从对外投资主体来看，黑龙江省以民营企业对外投资为主，2015年137家对外投资主体中有125家民营企业，占91.24%，备案金额为67.9亿美元，占比98.4%。而国有企业仅有12家，备案金额仅为1.1亿美元，占比1.6%。从投资目的地来看，主要以俄罗斯为主，2009—2014年间，黑龙江对俄直接投资额占对外投资的2/3以上，2015年、2016年，尽管有所回落，但占比仍超过1/2以上。从投资主体和投资目的地来看，黑龙江对单一类型主体或单一国家的投资过于集中，由此带来的风险无法分散，将不利于黑龙江对外投资的长远发展。

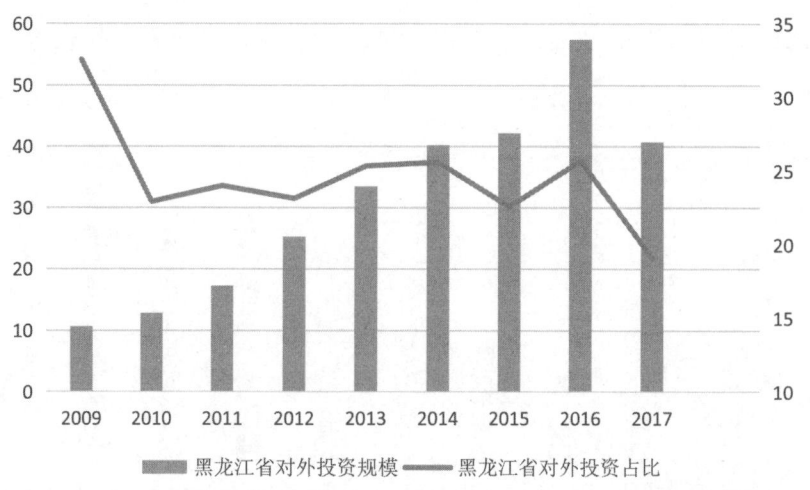

图2-44　2009—2017年黑龙江省对外非金融类直接投资规模（亿美元）及占比情况（%）

数据来源：2017年中国对外直接投资统计公报

第三节 东北地区对外开放对经济与产业发展的贡献分析

随着经济全球化和区域经济一体化的不断深化,对外开放对地区经济发展的影响越发显著。中共十一届三中全会以来,我国改革开放取得了巨大的成就,这充分证明了对外开放是推动我国经济社会发展的重要动力。习近平总书记指出,随着我国经济总量跃居世界第二,随着我国经济发展进入新常态,我们要保持经济持续健康发展,就必须树立全球视野,全面谋划全方位对外开放战略大局、大战略。

东北地区作为全国工业建设标杆,在新中国成立初期,依托自身丰富的资源水平,为我国经济发展做出了重要的贡献。近年来,东北地区一方面存在着经济增长乏力、民营经济发展不足、市场化程度不高等问题,另一方面,东北地区也存在着进出口总额占比与区域国民生产总值占比不匹配的现象。这不仅显示了东北地区市场活力和增长动力的不足,也暴露了东北地区对外开放程度还有待提升,表明了东北地区在对外开放方面还没有完全发挥出沿海沿边的区位优势和经济规模优势。

为了让东北地区更好地适应经济全球化发展的大环境,更好地适应国家供给侧结构性改革和经济新常态发展的脚步,恢复区域经济发展的活力,中共中央、国务院围绕东北振兴出台了一系列重要政策和举措,通过深化改革,将东北地区加快打造成东北亚区域合作的衔接带。东北地区多效并举推进对外开放,将有利于促进生产要素在更大范围内的流动,有利于推动资源配置效率的提高和生产力的发展,为区域经济、产业、国际化等各方面的发展提供更加广阔的空间。

一、对地区经济和就业增长的贡献

改革开放以后，以矿产资源开采、加工为主导东北地区的经济实力和比重，在全国范围比较中呈现出迅速下降和停滞态势。虽然近年来东北地区在产业转型方面与过去相比有所起色，但由于资源的急剧消耗和工业化程度不断加深，产业发展的后续能力严重不足，投资动力深度陡降，经济下行压力与产业转型难度持续增大。根据相关数据显示，1990年东北三省国民生产总值占全国国民生产总值的比重为11.7%，2004年比重下降至9%，2017年比重下降至6.7%，2018年比重再次下降至6.2%。

在经济全球化时代，对外开放水平的高低决定着经济发展水平。随着各国各地区之间贸易交流愈加频繁，一个地区的对外开放程度对该地区的经济增长有着重要影响。东北亚地区是继欧盟、北美之后的全球第三大经济体，我国东北地区是东北亚地区的核心，与日本、韩国为邻，与俄罗斯、蒙古、朝鲜接壤，且与各国贸易需求互补，具有良好的地缘优势。发挥东北地区地缘优势，提升东北地区对外开放水平，凭借进出口贸易推动东北地区生产总值的增加，以外商投资提升区域产业规模效益，促进人口就业，提升城镇化水平，实现产业技术与管理模式的提升，对东北地区经济和就业增长将产生显著积极影响。

（一）拓展东北地区经济发展空间

推进东北地区的对外开放水平，将有助于各省区域经济一体化全方位加速开展实质性合作，实现区域资源的整合，拓展东北区域经济发展空间。通过统筹运用经济杠杆，在区域内，以基础设施、能源、环境与生态等跨区域的合作为开端，形成资金、商品、技术、人才和信息等要素的自由聚集与扩散，将原来各自竞相出台的区域规划上升为国家战略，以此改变区域规划碎片化和盲目攀比现象，使东北地区进行整体性的区域资源优化配置逐渐成为趋势。随着区域内资源和产业配置的不断优化，在优化资源配置的基础上，充分吸收和引进国际经济和新技术的积极因素，加强区域内的经济联系和合作，实现劳动力转移、资本流动、技术流转等要素的跨区域配置，促进产业之间的跨区域合作与重组，不但可以带来巨大的集聚效益和巨大的商业机会，加强东北区域经济的综合平衡和治理，使生产要素达到最佳组合，增加区域内部的经济收入，拓展东北区域内部经济发展空间，也有利于加强该区域的整体经济对外竞争力。

（二）推动东北地区对外营商环境的改善

尽管东北地区存在对外开放时间相对较晚、经济总量小、产业结构单一、市场机制缺乏灵活性等历史遗留问题，但在东北振兴的助推下，在"一带一路"倡议的指引下，东北地区凭借对外开放，实现对外贸易规模的持续扩大。自国家实施振兴东北老工业基地计划以来，东北三省进出口总额由2003年的380.62亿美元增长至2017年的9266亿美元。2017年，东北三省外贸增速为15.6%，超过全国增速1.4个百分点。同时，东北地区在体制机制创新、政策创新等方面加大力度鼓励对外开放，大力引进外资企业，吸引国内外资本、技术和人才，区域营商环境得到不断改善。如辽宁省在2016年底出台了优化营商环境地方性法规《辽宁省优化营商环境条例》，吉林省在2017年上半年出台《关于促进民营经济加快发展若干措施》，黑龙江省2015年出台《关于进一步优化全省发展环境的意见》。

（三）实现区域就业环境的改善

东北地区原有的重工业化经济结构在一定时期内保证了资源能源的充足供应，但长期的重工业化对区域经济发展形成一定的负面影响。长期的重工业化体制，使得东北地区就业增长乏力，不仅影响了农村劳动力进城，更使得城镇劳动力就业需求得不到满足，因而只能向外流动。相关数据显示，2018年末辽宁省常住人口为4359.3万人，而2017年末的人口为4368.9万人，同比减少了9.6万人；2018年末黑龙江省常住人口为3773.1万人，2017年末人口为3788.7万人，同比减少了15.6万人；2018年末吉林省常住人口为2704.06万人，2017年末人口为2717.43万人，同比减少了13.3万人。所以，2018年东北三省共流失了38.5万常住人口。从人均GDP来看，辽宁2018年人均GDP为5.8万元，吉林人均GDP为5.5万元，黑龙江人均GDP为4.3万元，三省GDP总和为5.66万亿元，常住人口总和为1.08

亿人，人均 GDP 接近 8000 美元，低于同期全国人均 GDP 水平。

社会经济的发展历程表明，科技创新是经济和产业发展的核心动力，而人才又是科技创新的根本。近些年东北地区人才资源大量流失，高端管理人才和高级技工严重短缺，原有经济体系已然不适应新时代发展的新要求。通过扩大东北地区的对外开放水平，推动东北地区与周边国家的合作，不仅有助于实现东北经济驱动力的创新发展，助推原有区域工业由吸纳就业较低的重工业向吸纳就业较高的轻工业及服务业转型，而且有助于打破人口流出与就业环境持续恶化的恶性循环，为区域发展提供更多的就业岗位，构建并不断完善人才培养体制机制，形成区域经济可持续发展的智力保证。此外，随着东北地区对外开放水平的提升，将会对区域人民收入渠道进行扩展，促进居民增收和消费水平的提升，进而拉动区域经济的增长。

二、对产业发展和结构调整的作用

东北地区的产业结构多以资源型产业为主，固化的产业结构对原有发展路径有很大的依赖性，寻找经济新引擎成为改善东北经济环境的重中之重。自 2003 年国家实施东北振兴战略以来，产业经济总体上保持较快增长，但面对"三期叠加"外部环境的刚性约束以及自然资源的过度消耗，经济下行压力陡然加大，东北地区的结构性、体制性、机制性等矛盾日益凸显，主要产业经济指标增幅回落幅度较大甚至出现负增长迹象。目前，东北地区 GDP 和工业增加值由改革开放初期的 15% 和 20% 下降到 6.2% 以下，远远落后于相对发达的省份和地区。东北地区的经济主要以重工业、农业和旅游业为主，其经济发展对东北振兴乃至整个东北亚经济的发展起着举足轻重的作用。由于东北对外开放程度低、外资规模小，故而外资推动城镇化的作用有限，唯有积极引进外资，努力推进市场化，才有可能根本改变重工业化主导的产业结构，实现东北地区各产业的创新发展。

（一）实现产业结构的转型升级

地区的产业结构是与经济发展水平相适应的，区域的产业结构合理化程度和高级化程度是导致区域经济差异形成的重要原因之一。合理的产业结构是地区经济发展的重要基础，会促进经济向更高水平发展，一方面，产业结构的合理配置会使得地方发挥其区域优势，提高区域产业的经济效益，提升区域整体的经济实力；另一方面，有利于满足区域增长和社会发展更高层次的需求。

作为中国的老工业基地，东北经济发展一度引领了全国，无论是从工业化还是从城镇化的水平来说都是如此。但改革开放以来，沿海地区实行对外开放，充分利用外资发展外向型经济，工业化和城市化都得到快速增长，东北地区经济发展优势也逐渐丧失。而东北地区与沿海地区经济发展最大的区别在于市场化进程和工业化结构的显著不同，而这种不同，既与历史有关，也与地理位置密切相关。沿海地区因其近海的区位特征，在改革开放以前的较长一段时期内都没有发展重工业，因而其经济结构以轻工业为主，也因其近海优势以及相对发达的轻工业基础，在改革开放初期就吸引了大量的外资进入，轻工业既能够充分带动就业，解决剩余劳动力问题，更因其短平快的特征成为吸引外资的重要原因。相比之下，东北地区重工业主导的工业化结构逐渐形成国有垄断，大幅度提高门槛，民营和外资难以进入，资源配置效率低，因而经济的增长相对缓慢。东北长期受计划经济影响，市场化程度低，加上地缘政治的影响，难以广泛融入国际市场，参与国际分工。

提升东北地区对外开放水平，拓展区域多层次的进口渠道，引进更多的先进装备和技术，从全球视角放开东北地区经济发展的思路，以进口—生产—出口为导向，引进国外先进技术和优质资源，通过引进资金、技术、资源来拉动产业结构升级转型，增添经济发展新动能。与此同时，东北地区应鼓励技术和产品走出去，通过"一带一路"倡议融合区域产业链以此形成区域内多层次的产业协作，化解过剩产能、淘汰落后产能，并积极发挥产业转移中协作机制的作用。此外，通过不断优化进出口产品结构，使分工与协作更加合理、有序打造出口产品的国际比较优势，找准沿线国家需求，支持传统产业、优势产业、过剩产业出口，将部分产业向沿线国家进行转移。根据东北地区资源分布特征，构建开放、双向、跨区域、连接内外的产业园区大平台，为东北地区对外开放提供载体、拓展对外贸易空间、创新合作机制。以中德制造业园区为平台，发展多种产业相融合的创新产业园区合作机制；建立东北亚服务业合作园区，特别是推动中韩自贸园区的建立，促进东北地区金融、物流、研发与制造业的深度融合；推进跨境经济合作园区的发展，探索其管理体制、运营模式以及多层次跨境协调机制；以国际产能合作为重点建立境外的合作园区，使有条件、有意愿的企业抱团儿走出去，在境外形成产业合作的集聚区。

（二）提升产业投资效率和技术水平

中国与东北亚各国在要素禀赋结构上具有突出的互补性，主要体现在技术、资本、能源和劳动力等方面。中国东北老工业基地的产业结构转型需要先进的科学技术水平的支持，而东北亚地区的日本和韩国有着较为先进的技术和较多的对外投资资本；东北老工业基地在产业结构转型中还面临着严重的资源瓶颈，而朝鲜、蒙古和俄罗斯等远东地区则具有丰富的自然资源。东北地区单纯依靠自身力量发展是不够的，需要向日本、韩国等产业结构较为合理的国家学习，增强与这些地区的技术合作。另外，东北老工业基地的工业基础比较雄厚，制造业相对发达，因此可以加大对朝鲜、蒙古和俄罗斯等远东地区的投资力度，将一些加工产业向上述地区转移。

推进东北地区对外开放，通过技术溢出效应与示范效应实现区域产业投资效率的提升。东北地区对外开放，将合作国家的先进技术以通过直接投资内部化的方式实现技术转移，为东北地区带来外部经济效应，即技术溢出。技术溢出具有正外部性，它所带来的利益是针对整个外部社会而非国家间经济活动或是活动涉及的产品，整个外部社会可以获得技术进步的直接利益。加强对外开放程度可促进本土企业的学习，促进自主创新能力的不断提高。所投资区域产业要素的密集度也将由劳动密集型产业、资本密集型产业向技术密集型产业过渡。同时，通过对外开放，将倒逼东北地区对优秀技术的吸收能力，完善东北地区技术创新体系，提升东北地区自主研发能力，促进与高技术水平的国外研发机构合作，促进区域技术水平的不断提高。因此，对外开放有利于利用外资、促进贸易规模扩大。对外贸易规模的扩大不仅有助于引进先进的技术设备，获取技术外溢效应，促进本地企业成长，还有助于区域经济规模报酬递增，产业进行专业化生产，促进产业技术进步和区域产业升级。外商直接投资则可为本地企业带来稀缺的资金、先进的技术和管理经验等无形资产，而且外商直接投资还有利于东北地区资本存量的增加，其技术外溢效应还可以极大地促进东北地区技术进步和劳动生产率提高，从而加快该地区的产业升级。

（三）助力原有产业要素的优化配置和国际化发展

东北地区融入周边国际区域经济的主要途径，就是产业转移、产业互补、产业开拓，并以此来优化全区域的产业结构。通过对外开放，实现东北地区资金、知识、技术等生产要素在国际区域范围内的加速流动，会使东北区域产业结构调整升级和经济资源的优化配置。

从区域发展角度来看，对外开放和产业升级是分不开的，二者之间存在相互促进的关系。东北亚区域经济合作将为东北制造业转型升级提供新动力。东北地区拥有良好的装备制造业基础，是我国冶金矿山、数控机床、重型机械、轨道交通、汽车及零部件等重大装备的产业基地，但由于转型升级较为滞后，制造业的优势尚未完全发挥出来。客观地看，生产性服务业发展滞后是东北制造业转型升级的一个突出短板。目前，东北三省生产性服务业占服务业的比重远低于全国平均水平。而同在东北亚地区的日本和韩国，其生产性服务业占服务业的比重都在70%左右。如果未来中日韩自贸区进程能在以生产性服务业为重点的服务贸易上取得突破，将为东北制造业的转型升级注入新动力。

通过推动东北地区对外开放，全方位地扩大开放的范围、层次和力度，全面拓展市场经济条件下对外开放的体制内涵和结构意义，大力加强多层次、多渠道的东北地区与世界各国制造业技术交流与合作，充分利用国内外制造业技术资源，加强重点领域和重点产业的技术引进、消化、吸收与创新工作，采取切实的措施鼓励市场研发机构同国内外研发机构开展多种形式的合作与交流。最终实现东北先进装备制造业基地的国际化资源配置、国际化的研究与发展、国际化的企业技术创新和国际化的智力交流。

（四）缓解产业转型发展的成本壁垒

东北地区产业转型涉及大量传统制造业，这些产业的前期投入十分巨大，并且拥有相对完整的产业链和销售渠道。由于专用生产设备和原材料成为最重要的资产，当这些专用生产设备和原材料一旦从原有产业退出，就基本丧失了投资收益，形成庞大的沉没成本。所以，作为产业基本组成单位的企业在面临产业转型决策时，不仅会考虑过去已经发生的沉没成本，以及对产业转型新增成本的实际承受能力，而且还要进行沉没成本与预期收益的比较。由此说来，沉没成本是东北地区产业转型的一大障碍。

推动东北地区对外开放，将有利于东北地区依托国际市场不断提高产业自主创新能力和集约化程度，实现区域优势向产业发展优势的转化，并改善部分社会大众长期受计划体制影响的观念、意识和思维习惯。我国东南沿海地区由于较早实行对外开放政策，成功依托国际市场不断提高产业自主创新能力和集约化程度，并将区域优势转化成了产业发展优势。通过对外开放，大力发展外向型、技术密集型、非资源型产业作为东北地区经济发展重点，将有助于实现区域传统产业向现代产业的转变，实现产业链由单纯的产品制造向设计研发拓展，实现生产性服务业制造业互动融合发展。

三、对提升地区经济国际化水平的影响

随着全球化趋势日益明显，区域国际化目前已成为衡量一个区域国际影响力和竞争力的重要标志，国际化发展被看成区域发展的高级形式，不少国家或地区均将区域的国际化或全球化作为其全球化发展的目标和重点内容。因此，在经济全球化的背景下，提升区域经济的国际化水平是东北地区实现新阶段发展目标的必然选择。推动东北地区对外开放，将有助于优化地区经济结构，并且加速工业化进程。同时，对外开放可以吸收国内外先进科学技术，在促进东北地区整体经济发展中拥有不可替代的地位。

此外，在推进东北地区对外开放过程中，由于相关贸易所需要的基础设施条件较为广泛，如港口、口岸、仓库、便利的交通运输条件等，不能只依托于单一城市，更多时候注重城市之间的联动运作，这样也间接推动东北地区各省市经济在空间地理形成集聚趋势。

（一）实现优势产业集群式国际化发展

东北地区装备制造业基础良好，其中还拥有一批关系到国家安全和经济命脉的军工产业。东北地区高校众多，科研能力较强。这些年以来，东北地区结合国家的重大项目工程取得了很多装备制造自主化成果，具备比较优势的产业包括汽车制造、铁路船舶、航天航空设备等。其中，黑龙江省在食品加工、农用机械制造等方面拥有相对优势；吉林省在化工、交通设备、光学精密仪器、材料试验等方面有很好的建设条件；而辽宁省则在整体上具备较强的自主研发、设计和制造的能力，所涉及的领域主要是汽车、船舶、轴承等设备。这些国家重点投资的企业直到目前依旧在国内同行业中占据支柱性地位，其研发和生产能力是其他地区所无法比拟的。通过对外开放，推动东北地区传统优势产业集群式一体化发展，可以加快东北地区经济模式的变革，优化经济分布格局与效率。

（二）有助于提升区域间合作的凝聚力

当前，东北地区已经具备一批国际化的重要城市，并以城市辐射、带动各区域国际化发展。大连作为第一等级城市且作为东北地区最大港口城市，是东北地区国际化交流中资源和信息的"源头"；沈阳从整个网络中的位置来看，是东北整体经济联系网的枢纽地区，是经济活动最核心的参与者；长春处在局部中心位置，是局域网的中心，其通达性和经济等级相对较高，起到承接作用；哈尔滨处于哈大齐城市组群与其他两个城市组群"桥点"，突显出其作为省会城市的优势。

在对外开放过程中，加强区域经济合作已成为东北地区各级政府的共识。通过推进东北地区对外开放，充分挖掘、发挥东北地区区域经济合作的优势，利用经济合作带来的产业融合、分工与专业化和错位发展，不断创新思维和行动，进而推动东北区域经济的发展、东北地区的城市化进程，缩小东北地域经济发展的差距，全面推动东北老工业基地的振兴。东北地区空间地域相连，经济结构相近，对俄、蒙、朝、日、韩等经贸活动各有优势，在对外开放过程中，可以互为平台、互相借鉴、开展合作，可以互通有无、优势互补来协力打造区域的国际化发展，提升区域的国际竞争力。

（三）推进区域外向型经济发展，加深国际化水平

推进东北地区的对外开放，积极参与国际贸易分工与东北亚区域合作，形成共同对外、合作开放的战略格局。深化东北地区与东北亚国家全方位务实合作，为促进地区经济互利共赢发展创造有利条件。东北地区立足于全方位、高品质的定位，着眼于东北亚国家的共同利益，统筹兼顾，在政治上和谐共处，在经济上互利合作、文化上取长补短，促进共同发展与繁荣，为东北亚区域合作创造一个和平稳定、平等互信、合作共赢的地区环境。深化双边和多边合作，进一步促进东北亚地区要素有序流动、资源高效配置、市场深度融合，加快培育我国对东北亚地区经济合作竞争新优势，不断创造更多的利益契合点和合作增长点，有助于将东北地区发展外向型经济推到一个新的高度。

当前，全球已经进入到以密集创新为代表的新时代，东北地区加快对外开放步伐，将有助于实现区域创新发展，助推东北地区经济及产业向"全球价值链"顶端攀升，通过创新带动产业发展，倒逼产业结构转型升级。结合东北地区产业发展的比较优势，处理好传统产业与新兴产业的发展关系，构建符合东北地区产业发展需要的区域自主创新体系，实现对创新型产业和经济体系的培育，激发区域经济发展的内生动力，实现地区经济国际化发展。

（四）有效利用区域禀赋优势，探索构建对外开放新模式

东北地区沿边地区资源禀赋较好，城镇化水平较高，具有在区域中率先全面建成小康社会的能力和潜力。对外开放不仅会对东北地区产品的供需产生影响，也会增加外部先进技术流入的可能性，进而在一定程度上提升东北区域的经济竞争力。对外开放将有助于倒逼东北地区在开放外商投资领域、提高外资利用水平、净化外商投资环境等方面实现新的图谱，为培育开放型经济新优势，有效承接发达国家产业转移并完成资金、技术的引进，形成重要途径和生态环境，最终提升东北地区经济国际化水平。通过对外开放，吸纳全球优质资源，不断形成以质量、技术、服务、品牌为核心竞争力的产品，实现产品与国际化接轨，迎合国际多元化发展的趋势。在此基础上，统筹东北地区的优势资源，创新发展信息化、高端化、互联网+、大数据化等相融合的开放模式，建立互动共享的对外开放发展新模式。

第三章

东北振兴中的对外开放新前沿建设

东北地区对外开放的国际国内比较

第一节 东北地区对外贸易的国际国内比较

一、对外贸易依存度的比较

对外贸易依存度指的是一个国家或地区的进出口总额除以同期的GDP总额，一般用以衡量一个国家或地区对于外贸的依赖程度以及参与国际经济的程度。对外贸易依存度越高一般说明该国或地区的开放水平也相对越高，参与国际分工的范围和广度也就越大。

（一）东北三省贸易依存度

从东北地区整体的对外贸易依存度来看，2008—2018年东北地区对外贸易依存度基本呈现下降的态势。2008—2009年，东北地区对外贸易依存度出现了大幅度下滑，一年之内下降了约6.6%，表明这一时期东北地区受到外需变化冲击较大，对外贸易发生了较大幅度的下滑。2008年次贷危机爆发，中国包括东北地区的外需都受到了严重冲击，国际贸易遭受较大程度打击，对外贸易额均出现了大幅度下降，使得对外贸易依存度也出现明显波动。

2009年之后，东北地区对外贸易从次贷危机的影响中开始复苏，出现了短期回调，对外贸易依存度相对于2009年有了明显上涨，但仍然没有恢复到2008年之前的水平。受次贷危机影响，全球经济增长动力不足，发达国家对发展中国家的需求受到明显抑制，加之国内经济结构不平衡的问题在危机后逐渐凸显，依靠出口拉动经济增长的发展路径在次贷危机后难以为继。从2011年开始，东北地区对外贸易依存度开始进入下降通道，表明对外贸易增长开始慢于GDP增长，内需的重要性逐步上升。

到2015年，东北地区对外贸易依存度达到了研究区间内的最低点，仅

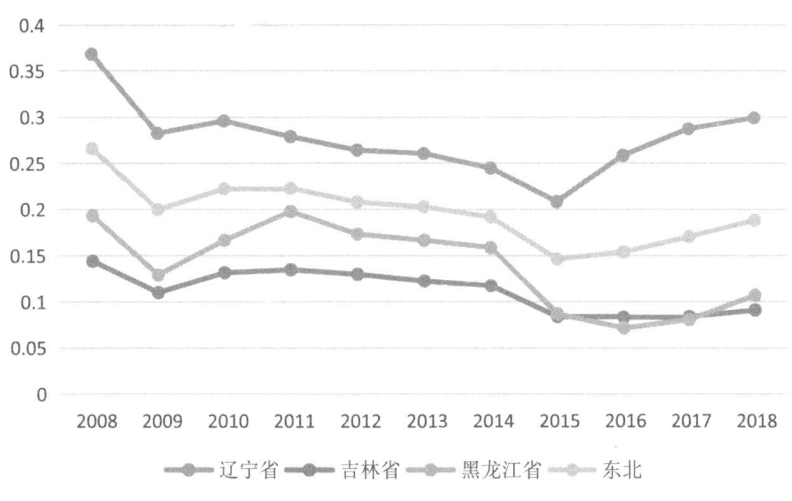

图 3-1 东北三省对外贸易依存度

数据来源：国家统计局

为 14.6%，对外贸易对东北地区经济增长的作用较低，东北地区对国内市场的依赖性达到最高。但在 2015 年之后，东北地区对外贸易依存度出现了明显上涨，表明东北地区对外贸易开始恢复并超过经济增长。这一变化反映出东北地区对外开放环境的逐渐好转，参与世界经济的程度越来越深。

从东北三省的数据来看，首先，三省的对外贸易依存度变化均呈现出与整体数据较为一致的变化趋势，即出现了三个阶段的明显变化；其次，辽宁对外贸易依存度高于东北整体，而吉林与黑龙江的对外贸易依存度均低于东北整体，表明三省中辽宁对外贸易发展程度相对较好，对外开放程度相对较高；再者，辽宁的对外贸易依存度波动幅度要大于另外两省，特别是 2015 年后辽宁对外贸易依存度大幅上升拉高了东北地区整体的对外贸易依存度水平，是导致东北地区对外贸易依存度上升的主要原因，而另外两省的数据则相对平稳。其中的原因在于辽宁作为东北地区的对外贸易大省（其对外贸易额远超另外两省的总和）更加容易受到外部环境的影响，面对外需冲击时往往容易表现出大起大伏，这也是导致辽宁经济增长率波动幅度较大的一个重要原因。

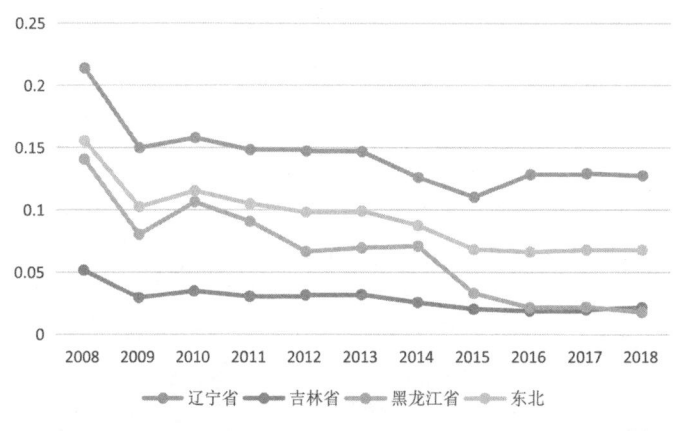

图 3-2 东北三省出口依存度

数据来源：国家统计局

从出口依存度来看，东北三省均呈现持续下降的态势。其中，吉林出口依存度最小而且变化也相对平缓，表明吉林整体的出口受到冲击较小；黑龙江的出口依存度变化幅度最为剧烈，从 2008 年的 14% 下降到 2018 年的 1.8%，并且已经降到吉林之下，表明黑龙江的出口在 2008 年之后受到冲击较大，外需下降非常明显；辽宁的出口依存度大于东北整体水平，并且经历了两个时期的下降过程（2008—2009 年和 2013—2015 年），当前其出口依存度仍然在东北地区保持最高，是外需拉动经济贡献率最大的省份。

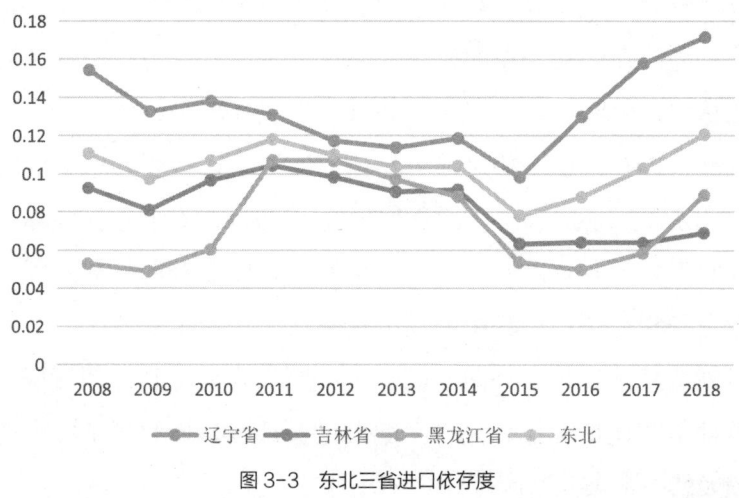

图 3-3 东北三省进口依存度

数据来源：国家统计局

从进口依存度来看，东北地区及三个省份均表现出明显的几个阶段的上下波动。2008—2009 年受到短期冲击后，进口依存度出现了小幅下降，但 2009 年之后出口依存度均大幅上涨，超过了 2008 年的水平，超过了对外贸易依存度和出口依存度的波动幅度。此后，进口依存度出现了缓慢的下降过程，这一趋势持续到 2015 年。2015 年之后，东北地区的进口依存度出现较为明显的上升，特别是辽宁的进口依存度在 2018 年达到了研究区间的最高点。进口依存度的波动受到进口和 GDP 增长率波动的双重影响，东北地区近几年 GDP 增长率出现明显波动，而进口波动则相对较小，这是导致东北地区进口依存度波动幅度较大的原因。这反映出，东北地区的出口相对于进口更加容易受到冲击，说明东北地区的出口商品结构与进口商品结构有着明显不同，进口商品更加倾向于中间产品进口，替代性较弱，不容易出现大幅度波动，而出口商品更多的是最终产品或技术水平较低的中间产品，替代性较强，容易遭受外部环境变化的冲击。

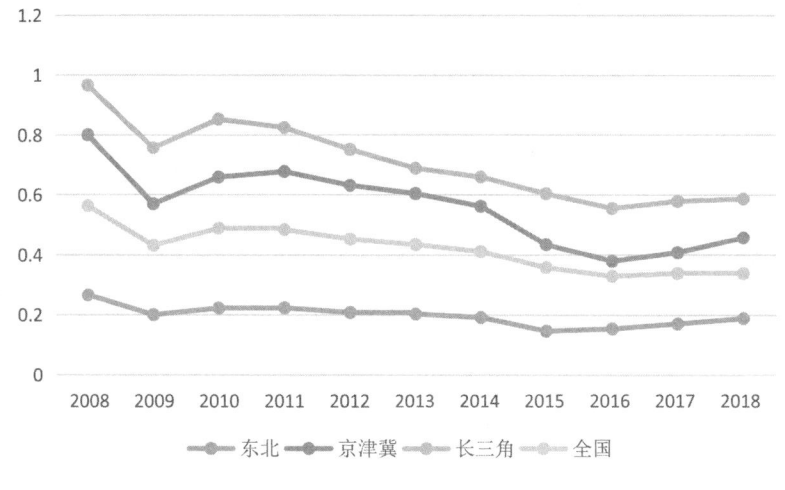

图 3-4　东北与全国及其他区域的对外贸易依存度

数据来源：国家统计局

（二）东北地区与京津冀和长三角地区的对外贸易依存度对比

进一步对比东北地区与全国及其他区域的对外贸易依存度可以发现，东北地区对外贸易依存度相对较低（平均 19.8%），不仅远低于京津冀（平均56.3%）和长三角（71.2%），而且低于全国整体水平（平均42.1%）。这说明东北地区相对于全国其他地区开放水平较低，对外贸易额远小于长三角和京津冀地区，更加依赖于国内市场来发展经济。这也从另一个方面说明，东北地区参与国际产业分工的程度较低，引进技术的能力较弱，难以有效利用外部市场和技术，导致东北地区过于集中发展资源型产业和重化工业，这也是导致东北地区在近几年面临经济结构调整难以适应从而出现经济增长率显著下滑的主要原因之一。

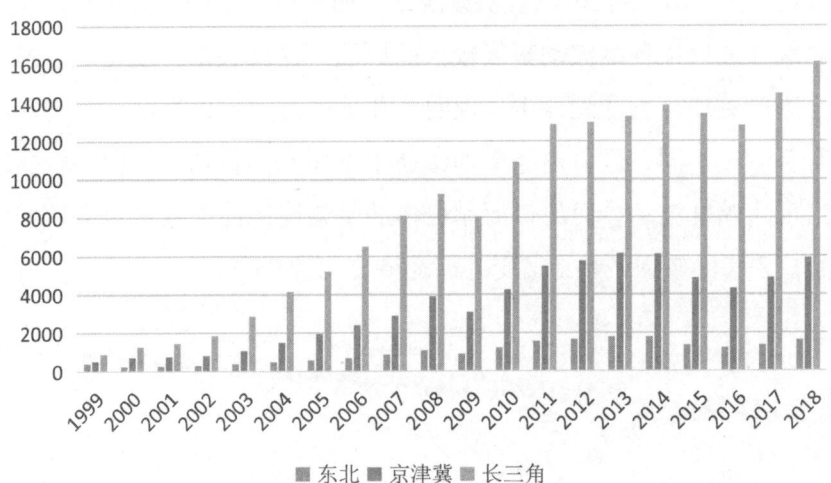

图3-5 东北、京津冀和长三角的对外贸易总额（亿美元）

数据来源：国家统计局

从变化趋势来看，全国和各个区域的对外贸易依存度变化基本都保持一致：2008—2009年期间受到次贷危机影响均出现了大幅度下滑，此后两年内出现一定程度的恢复，但很快便快速下降；到2016年左右，对外贸易出现好转，增长率开始超过GDP增长率，对外贸易依存度也开始保持平稳或缓慢上涨。

从变化幅度来看，东北地区对外贸易依存度波动幅度明显小于全国及京津冀和长三角地区，这说明相对于其他地区，东北地区受到外需变化冲击的直接影响较小，这也与东北地区对外贸易额相对较小有关。

总的来看，东北地区对外贸易发展相对滞后，经济的外向型程度不高，对外开放的水平有待进一步提升。由于东北地区相对于其他区域开放条件和环境均处于相对劣势，使得东北地区对于国外市场的开拓程度不足，吸引外资和对外贸易难以得到有效发展，技术进步速度逐渐被沿海开放地区超越，从而导致东北地区经济结构调整相对缓慢，难以适应国内外经济环境的变化。

二、对外贸易商品结构的比较

对外贸易商品结构反映的是一个国家或地区参与国际分工的层次和水平，其对外贸易中高端产品占比越高则表明该国家或地区的产业层次越高，特别是出口中高端产品的占比更能体现产业发展水平。

（一）东北三省进出口商品结构分析

从东北三省各自的进出口商品结构来看，吉林对外贸易的主要商品与汽车相关，汽车和汽车零配件是吉林最主要的进出口商品，这与吉林汽车产业的发展相关。但对比进出口，吉林对于汽车和汽车零配件的进口远大于出口，其中2018年吉林出口汽车为15.08亿元，但进口则高达176.43亿元，二者相差10倍多，汽车零配件的进出口差额则更加显著。这充分说明吉林汽车产业在国际上竞争力不足，不仅相关产品难以打开国外市场，而且还非常依赖国外提供关键零配件。另外，出口中除汽车、汽车零配件和医药品之外，其他产品主要是建筑材料、农产品与纺织产品，说明吉林除汽车外的其他制造业发展较为不足。在进口中，吉林其他进口产品主要是机电产品和高新技术产品，其次是农产品和矿物原材料，说明吉林对于国外高端中间产品的依赖性较强，仍然处于国际分工中较为低端的位置。

表3-1 2018年吉林主要进出口商品（单位：亿元）

出口商品	出口金额	进口商品	进口金额
胶合板及类似多层板	23.50	汽车零配件	344.29
汽车零配件	15.75	汽车	176.43
汽车	15.08	计量检测分析自控仪器及器具	58.61
医药品	13.28	通断保护电路装置及零件	43.27

续表

出口商品	出口金额	进口商品	进口金额
纺织纱线、织物及制品	12.39	电视、收音机及无线电讯装置的零附件	29.32
鲜、干水果及坚果	10.65	粮食	24.58
服装及衣着附件	10.31	水海产品	20.14
水海产品	8.35	铜矿砂及其精矿	18.93
粮食	6.64	煤	14.85
通断保护电路装置及零件	5.22	铁矿砂及其精矿	14.43

数据来源：长春海关

表 3-2　2018 年辽宁主要进出口商品（单位：亿元）

出口商品	出口金额	进口商品	进口金额
钢材	384.74	原油	1129.17
服装及衣着附件	223.17	天然气	304.12
集成电路	220.17	汽车零配件	295.39
水海产品	201.76	二甲苯	292.48
船舶	131.29	铁矿砂及其精矿	247.61
汽车零配件	86.93	水海产品	133.31
陶瓷产品	70.96	制造半导体器件或集成电路用的机器及装置	131.44
黏土及其他耐火矿物	52.17	煤及褐煤	90.52
纺织纱线、织物及制品	49.66	粮食	72.12
原油	44.32	通断保护电路装置及零件	68.29

数据来源：沈阳海关

表 3-3　2018 年黑龙江主要进出口商品（单位：亿元）

出口商品	出口金额	进口商品	进口金额
汽车	28.44	原油	1050.12
鞋类	14.53	原木	52.84

续表

出口商品	出口金额	进口商品	进口金额
蔬菜	13.86	锯材	48.74
纺织纱线、织物及制品	13.66	煤及褐煤	46.24
钢材	11.00	粮食	40.28
鲜、干水果及坚果	9.60	肉及杂碎	28.74
家具及其零件	9.01	纸浆	23.13
蓄电池	8.30	汽车零配件	22.30
服装及衣着附件	7.47	铁矿砂及其精矿	19.87
肥料	6.37	电流	9.16

数据来源：哈尔滨海关

相比于吉林而言，辽宁的外贸商品结构更加偏高端。在出口商品中，钢材和服装是主要的出口产品，集成电路、船舶、汽车零配件等产品也是主要出口产品，可以看出辽宁出口产品较吉林技术含量更高，多个制造业领域具有一定的国际竞争力。而在进口中，辽宁对于原油、天然气、铁矿砂、煤等原材料的需求最为庞大，汽车零配件和二甲苯同样是辽宁的主要进口商品，反映出辽宁的产业结构以重化工业为主。

黑龙江的汽车出口金额最大，其他主要的出口产品以农产品和低端制造业产品为主，说明黑龙江产业发展水平不高，出口产品的附加值较低。而进口商品中，原油、原木、煤、铁矿砂等原材料占比较大，其他商品主要是农产品和低端中间品，反映出黑龙江的整体产业层次偏低，主要以原材料加工和低端制造为主。

总的来看，东北地区的整体外贸商品结构都偏低端，以原材料、农产品和低端中间品为主，反映出东北地区整体产业层次不高，产品技术水平和国际竞争力较弱。

（二）东北地区与京津冀和长三角地区的外贸商品结构对比

高新技术产品和机电产品是对外贸易中相对高端的部分，这两部分在外贸中的比重能够反映出一个地区对外贸易的整体水平。进一步考察东北地区与京津冀和长三角在高新技术产品和机电产品方面的进出口情况,东北三省的对外贸易产品中高新技术产品和机电产品占比都相对较低。与京津冀和长三角地区相比,2017年东北三省的高新技术产品在外贸中的占比均小于1%,远远低于其他地区,而同期长三角地区的江苏省对外贸易中高新技术产品占比高达18.6%,最低的浙江也高于辽宁两倍多,仅河北的数据低于辽宁。从机电产品贸易来看,东北三省的机电产品贸易同样占比非常低。2017年,辽宁机电产品贸易占比仅为1.5%,仅高于河北,远低于江苏的17.3%。同时,从增长率来看,东北三省的高新技术产品外贸增速低于长三角,但高于京津冀,而机电产品的外贸增速相对较低(仅黑龙江增速较高)。

表3-4 2017年各地区高新技术产品贸易情况(单位:亿美元)

地区	进出口	增长(%)	占比(%)	出口	增长(%)	占比(%)	进口	增长(%)	占比(%)
江苏省	2330.1	19.2	18.6	1380.1	18.2	20.7	950.0	20.8	16.3
上海市	1686.3	7.6	13.5	841.7	6.5	12.6	844.6	8.7	14.5
天津市	444.5	14.4	3.6	162.3	5.8	2.4	282.2	20.0	4.8
北京市	377.8	2.6	3.0	112.8	−0.3	1.7	264.9	3.9	4.5
浙江省	288.6	16.2	2.3	186.6	10.7	2.8	102.0	27.7	1.8
辽宁省	110.3	14.6	0.9	55.6	15.6	0.8	54.7	13.5	0.9
河北省	32.1	8.0	0.3	21.9	15.5	0.3	10.2	−5.1	0.2
吉林省	24.4	17.8	0.2	2.9	−0.4	0.0	21.5	20.8	0.4
黑龙江省	6.4	6.3	0.1	1.7	−11.7	0.03	4.7	14.8	0.1

数据来源:商务部

表 3-5　2017 年各地区机电产品贸易情况（单位：亿美元）

地区	进出口			出口			进口		
	进出口	增长（%）	占比（%）	出口	增长（%）	占比（%）	进口	增长（%）	占比（%）
江苏省	3713.6	15.3	17.3	2370.3	14.1	18.0	1343.3	17.5	16.1
上海市	2731.4	8.3	12.7	1366.2	6.0	10.4	1365.2	10.8	16.4
浙江省	1398.7	10.6	6.5	1241.1	9.3	9.4	157.6	22.2	1.9
北京市	937.3	1.0	4.4	279.9	2.6	2.1	657.3	0.3	7.9
天津市	735.7	10.3	3.4	302.1	−0.7	2.3	433.6	19.5	5.2
辽宁省	318.0	3.6	1.5	179.2	2.5	1.4	138.8	5.1	1.7
吉林省	130.2	1.6	0.6	14.2	11.6	0.1	116.0	0.5	1.4
河北省	125.3	11.5	0.6	95.8	15.8	0.7	29.5	−0.6	0.4
黑龙江省	38.0	38.2	0.2	22.9	36.4	0.2	15.1	41.0	0.2

数据来源：商务部

通过对比发现，东北地区对外贸易结构相对低端，对外贸易产品的技术含量较低，对于资源型产品贸易的依赖性较强，出口附加值不高、竞争力不强的问题仍然非常突出，从侧面反映出东北地区整体产业结构低端化倾向较为严重，经济转型仍然比较迫切。

三、对外贸易市场结构的比较

对外贸易市场结构反映的是一个国家或地区与国外其他地区的贸易联系，能够体现对外开放和经济合作的重点方向。

（一）东北三省的外贸市场结构分析

表 3-6　2018 年东北三省的对外贸易市场结构（单位：亿美元）

贸易地区	吉林			辽宁			黑龙江		
	进出口总值	出口总额	进口总额	进出口总值	出口总额	进口总额	进出口总值	出口总额	进口总额
亚洲	50.39	23.25	27.14	563.69	290.96	272.72	34.64	15.51	19.13
非洲	2.82	1.91	0.90	35.45	9.74	25.71	2.82	0.89	1.93

续表

贸易地区	吉林			辽宁			黑龙江		
	进出口总值	出口总额	进口总额	进出口总值	出口总额	进口总额	进出口总值	出口总额	进口总额
欧洲	122.48	11.81	110.67	252.6	81.68	170.99	198.91	19.99	178.92
拉丁美洲	11.50	2.72	8.79	96.13	30.65	65.48	6.37	1.56	4.81
北美洲	9.29	5.62	3.67	126.96	65.39	61.58	9.07	4.52	4.54
大洋洲	5.40	2.95	2.45	69.38	9.55	59.823	7.05	1.06	5.98

数据来源：长春海关、沈阳海关、哈尔滨海关

从东北三省的对外贸易市场结构来看，各省之间出现较大的差异性，同时每个省份内部的进口与出口之间也存在较大差异。

吉林对外贸易的主要地区为欧洲，2018年贸易总额达到122.48亿美元，其次是亚洲地区，贸易总额达到50.39亿美元，吉林与两个地区的贸易总额占比达到了85.6%。在出口方面，吉林往亚洲地区的出口较高，其次是欧洲，二者的总和占到了总出口的72.6%。而在进口方面，吉林进口最大的地区是欧洲，其次是亚洲，二者的进口总额占比达到89.7%，而仅欧洲的进口占比就达到了72%。总的来看，吉林对外贸易的主要方向是亚洲和欧洲地区，其中亚洲是主要的出口地区，而欧洲是主要的进口地区。

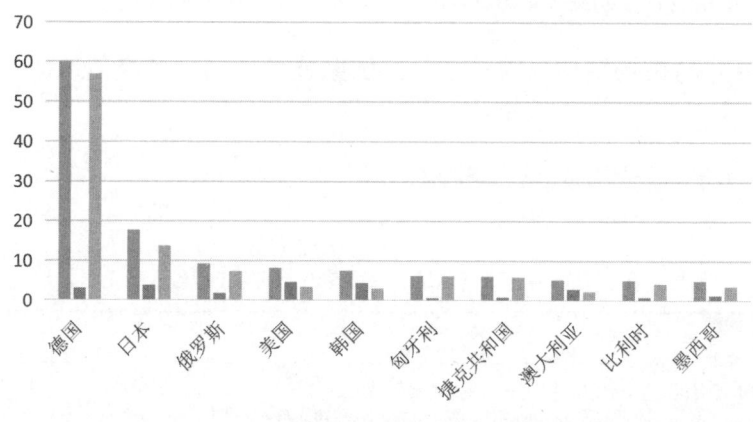

图3-6 2018年吉林对外贸易的主要地区和国家（单位：亿美元）

数据来源：长春海关

再从具体的贸易对象来看，吉林对外贸易的主要对象是德国，2018年双方的贸易总额达到了60.11亿美元，远高于其他国家。同时，二者的贸易主要是吉林从德国进口，其进口额在2018年达到了56.98亿美元，而出口额只有3.13亿美元。排名第二的贸易对象是日本，2017年吉林与日本的总贸易额达到17.68亿美元，其中进口是主要部分，达到了13.81亿美元，出口则有3.9亿美元。吉林与其他国家的贸易额均小于10亿美元，大幅小于与德国和日本的贸易额。而且对比各个国家与吉林的出口与进口，可以发现吉林与主要贸易国家的往来大多数是逆差（韩国、美国除外），即吉林从主要贸易对象的进口大于对其的出口。进一步分析可以发现，由于汽车产业是吉林省的支柱产业之一，吉林与德国、日本的贸易主要是以进口汽车及汽车零部件为主，同时这也反映出吉林汽车产业竞争力相对于德日仍然较弱，对于德日的汽车产业链依赖较强。

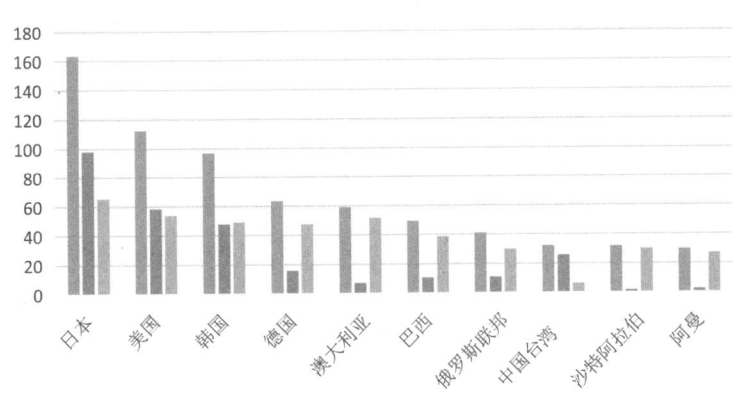

图3-7 2018年辽宁对外贸易的主要地区和国家（单位：亿美元）

数据来源：沈阳海关

辽宁对外贸易的主要地区是亚洲，2018年总的贸易额达到563.69亿美元，其次是欧洲（252.6亿美元）和北美洲（126.96亿美元）。进口和出口分开来看，辽宁对亚洲的出口额大于进口额，2018年前者达到290.96亿美元，后者达到272.72亿美元，贸易顺差有18.24亿美元，是辽宁出口的主要地区。而在欧洲，辽宁的进口额大于出口额，二者相差89.31亿美元，是辽宁逆差最大的贸易地区。在北美洲,辽宁同样保持顺差,净出口达到3.81亿美元。

在贸易对象上,辽宁的主要贸易对象是日本、美国和韩国,同时这三个贸易对象均是辽宁主要的出口地区,其中辽宁对日本的顺差较大,2018年达到了32.78亿美元。日本一直以来都是辽宁的主要贸易地区,辽宁对日主要出口产品包括机电产品、服装产品、水产品、仪器、数字化视频光盘等;对日主要进口商品包括机器、音像设备及其零配件、化学工业及其相关工业产品。另一方面,近年来辽宁的贸易对象逐渐更加分散,贸易市场也更加广阔,与美洲与欧洲之间的贸易增长较快。

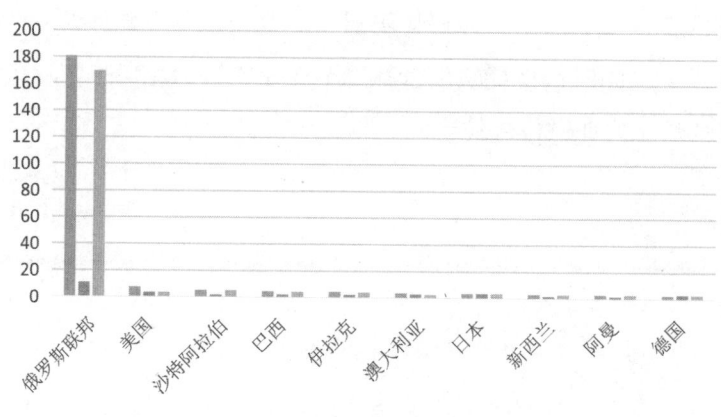

图3-8　2018年黑龙江对外贸易的主要地区和国家(单位:亿美元)

数据来源:哈尔滨海关

黑龙江的贸易对象主要是欧洲,2018年双方的贸易额达到了198.91亿美元,占比达到了黑龙江对外贸易总额的76.8%,其中进口额为178.92亿美元,出口额为19.99亿美元。可以看出,黑龙江的对外贸易高度依赖欧洲,贸易市场较为单一,而且黑龙江对外逆差的主要来源也是欧洲。

进一步从具体的贸易对象来看,黑龙江与俄罗斯之间的贸易往来远远超出其他国家,2017年双方贸易总额达到了180.78亿美元,占比超过了69.8%,其中从俄罗斯进口达到了169.74亿美元,占比为78.8%,出口为11.04亿美元,占比为25.4%。因此,黑龙江的对外贸易极度依赖俄罗斯,二者的贸易往来超过了黑龙江与其他地区的总和。出现这一现象的原因在于黑龙江毗邻俄罗斯远东地区，历史上交往较多，形成了比较紧密的经济联系，二者已经互相成为远东最重要贸易伙伴。在贸易商品上，黑龙江与俄罗斯之间主要是原油贸易，黑龙江是俄罗斯对华原油供应的重要通道。另一方面，如果抛开俄罗斯来看，黑龙江的其他贸易对象主要是美国、巴西、日本等国，但总体上贸易量较小，对黑龙江整体发展影响有限。

（二）东北地区与京津冀和长三角的外贸市场结构对比

表3-7　2018年京津冀地区的对外贸易市场结构（单位：亿美元）

贸易地区	东北			京津冀			长三角		
	进出口总值	出口总额	进口总额	进出口总值	出口总额	进口总额	进出口总值	出口总额	进口总额
亚洲	648.72	329.72	318.99	2834.43	1048.17	1786.25	7522.78	3764.12	3758.66
非洲	41.09	12.54	28.54	590.44	157.41	433.02	522.82	387.64	135.18
欧洲	573.99	113.48	460.58	1408.34	349.33	1059.01	3459.76	2050.40	1409.36
拉丁美洲	114.00	34.93	79.08	558.60	162.49	396.10	1011.02	600.79	410.23
北美洲	145.32	75.53	69.79	812.13	265.40	546.74	2738.85	2147.89	590.95
大洋洲	81.83	13.56	68.25	411.51	59.56	351.95	645.17	251.02	394.15

数据来源：各地区海关

对比东北地区与京津冀、长三角的对外贸易市场结构，可以发现：第一，亚洲都是三个地区的主要贸易市场，亚洲贸易总额占比均达到40%以上，但京津冀和长三角与亚洲的贸易占比相对更高，这主要是因为黑龙江过度依赖与俄罗斯的贸易。第二，在亚洲，日韩都是各地区的主要贸易对象，但亚洲不是各地区贸易顺差的主要来源，其中京津冀地区在亚洲是逆差（主要由北京的逆差导致），其他两个地区基本保持进出口平衡。第三，京津冀地区对各地区均为逆差，特别是对亚洲和欧洲地区的逆差数额较大，而长三角总体对外保持顺差，其顺差的主要来源是欧洲和北美洲，东北地区对外贸易也以逆差为主，逆差的主要来源是欧洲，主要原因在于东北地区产业结构偏向于重工业，对欧洲的工业原材料和中间产品依赖较大。第四，东北地区对外贸易的对象主要是发达国家，与发展中国家的贸易相对较少，而且与发展中国家的贸易往来主要是能源产品，而京津冀和长三角与发展中国家贸易相对密切。

总的来看，东北地区对外贸易发展落后于京津冀和长三角地区，仅辽宁对外开放程度相对较高，其他两省对外贸易发展相对滞后，而且东北地区贸易对象较为集中，未来应寻求更加广泛的开放市场，特别是加强与发展中国家及"一带一路"沿线国家的贸易往来。

第二节 东北地区利用外资的比较分析

一、实际利用外商直接投资的总量比较

外商直接投资，指外国企业和经济组织或个人（包括华侨、港澳台胞以及我国在境外注册的企业）按我国有关政策、法规，用现汇、实物、技术等在我国境内开办外商独资企业、与我国境内的企业或经济组织共同举办中外合资经营企业、合作经营企业或合作开发资源的投资（包括外商投资收益的再投资），以及经政府有关部门批准的项目投资总额内企业从境外借入的资金。

实际利用外商直接投资是实际利用外资减去外商间接投资的部分，和外商间接投资相比，外商直接投资除了能够弥补建设资金的不足之外，还有利于引进先进技术和管理经验、提高劳动生产率，能够带动东道国相关产业的发展，促进东道国国际竞争力的提升。

（一）东北三省实际利用外商直接投资额

由于东北地区利用外资起步较晚，在实际利用外商直接投资方面与前

文关于实际利用外资的分析相似,东北地区同样与东部沿海地区的表现存在较大差距,并且东北地区实际利用外商直接投资在全国范围的占比也较低。

2008—2017 年,东北三省实际利用外商直接投资额的整体走势同前文中图 2-33 中实际利用外资的整体走势基本一致,2008—2013 年东北三省实际利用外商直接投资额从 155.6 亿美元增加至 354.7 亿美元,之后在 2014—2015 年同样由于辽宁省外商直接投资的大幅度下跌造成了东北三省整体外商直接投资的"断崖式下跌",从 344.8 亿美元下降至 127.6 亿美元,这一下降趋势止于 2016 年,并于 2017 年开始企稳回升,从 110.9 亿美元增加至 134 亿美元。

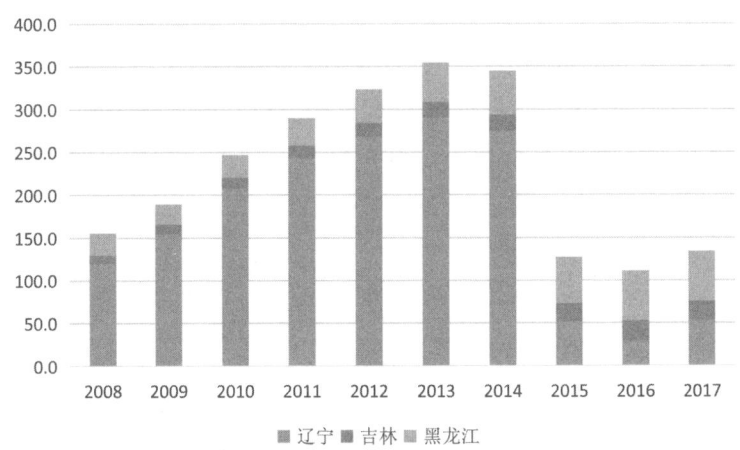

图 3-9　2008—2017 年东北三省实际利用外商直接投资额(单位:亿美元)

资料来源:各省市历年统计年鉴,其中吉林省 2017 年数据缺失,该年数据仅为 2017 年 1—11 月数据,数据来源为吉林省统计信息网。

从分省数据来看,2008—2014 年辽宁省是东北三省中实际利用外商直接投资的绝对主力,年均占比高达 80% 左右,其次是黑龙江省,第三是吉林省。然而随着 2015 年辽宁省实际利用外商直接投资额的急转直下,2015—2017 年黑龙江省成为东北三省中实际利用外商直接投资额的第一位,其次是辽宁省,第三是吉林省。2017 年,黑龙江省、辽宁省和吉林省在东北三省中的比重变为 44%、40% 和 17%,东北三省在实际利用外商直接投资的分布变得更为均衡。此外，对于2015年辽宁省实际利用外商直接投资额的大幅下跌，其原因如前文所述是多方面因素造成的，包括世界经济复苏遇阻、国内外有效需求不足、国内产业结构调整，等等。

（二）东北地区与京津冀和长三角地区实际利用外商直接投资额对比

东北地区与京津冀和长三角地区近十年实际利用外商直接投资额如表3-8所示。总的来看，三个地区中长三角地区实际利用外商直接投资额稳居第一，其次是京津冀地区，最后是东北地区。长三角地区实际利用外商直接投资明显起步较早，2008年就已经达到了452.8亿美元，同年京津冀地区和东北地区分别为169.2亿美元和155.6亿美元，可以看出，此时东北地区在外商直接投资方面尽管位居最后，但与京津冀地区差距较小。然而到了2017年，长三角地区以600.5亿美元仍稳居首位，京津冀地区和东北地区之间的差距却已明显拉开，分别为434.3亿美元和134亿美元，一方面是由于东北地区2015年实际利用外商直接投资额的大幅下降，另一方面还因为京津冀地区是三个地区中实际利用外商直接投资年均增速最快的。

表3-8 东北地区与京津冀、长三角地区实际利用外商直接投资额（单位：亿美元）

	东三省	辽宁	吉林	黑龙江	京津冀	北京	天津	河北	长三角	上海	江苏	浙江
2008	155.6	120.2	9.9	25.5	169.2	60.8	74.2	34.2	452.8	100.8	251.2	100.7
2009	189.5	154.4	11.4	23.6	187.4	61.2	90.2	36.0	458.0	105.4	253.2	99.4
2010	246.9	207.5	12.8	26.6	210.4	63.6	108.5	38.3	506.2	111.2	285.0	110.0
2011	290.0	242.7	14.8	32.5	247.9	70.5	130.6	46.8	564.0	126.0	321.3	116.7
2012	323.4	267.9	16.5	39.0	288.6	80.4	150.2	58.0	640.1	151.9	357.6	130.7
2013	354.7	290.4	18.2	46.1	318.0	85.2	168.3	64.5	642.0	167.8	332.6	141.6
2014	344.8	274.2	19.7	50.9	342.8	90.4	188.7	63.7	621.4	181.7	281.7	158.0
2015	127.6	51.9	21.3	54.5	403.1	130.0	211.3	61.8	596.9	184.6	242.7	169.6
2016	110.9	30.0	22.7	58.2	304.8	130.3	101.0	73.5	606.3	185.1	245.4	175.8
2017	134.0	53.4	22.3*	58.4	434.3	243.3	106.1	84.9	600.5	170.1	251.4	179.0

资料来源：各省市历年统计年鉴，其中吉林省2017年数据缺失，该年数据仅为2017年1—11月数据，数据来源为吉林省统计信息网。

从变化趋势来看，近十年三个地区实际利用外商直接投资额都呈现出稳步增长和平稳波动两个阶段。近几年受内外部环境因素影响，三个地区都出现了不同程度的下降表现，其中东北地区实际利用外商直接投资额如前文所述于2015年出现大幅下降；京津冀地区实际利用外商直接投资额总体呈上升趋势，只有2016这一年是下降的，然而很快在2017年又回到了之前的上升趋势之中，2017年的434.4亿美元已超过下跌之前2015年的403.1亿美元；长三角地区实际利用外商直接投资额则是从2013年开始达到642亿美元的峰值后小幅回落并呈现出稳定波动的特征，基本稳定在600亿美元左右。

从三个地区分省市对比来看，2008年这9个省市中实际利用外商直接投资额中江苏省以251.2亿美元位居首位，辽宁省以120.2亿美元位居第二，上海市和浙江省分别以100.8亿美元和100.7亿美元并列第三。可见当时辽宁省在实际利用外商直接投资方面在国内处于领先地位，从这9个省市来看仅次于江苏省，远高于同年的北京市、天津市和河北省。到了2017年，江苏省仍以251.4亿美元位居首位，北京市以243.3亿美元位居第二，浙江省和上海市分别以179亿美元和170.1亿美元仍大致并列第三。就这十年间的增速而言，北京市增长速度最快，2017年实际利用外商直接投资额已达到十年前的4倍；其次是河北省、吉林省和黑龙江省，这三个省份实现了翻倍增长；接下来是浙江省、上海市和天津市，也实现了一定程度的增长；最后是江苏省和辽宁省，尽管同样是明显的先升后降，但江苏省只是最终未能实现增长，而辽宁省则是大幅低于十年前水平。

总的来看，东北地区在实际利用外商直接投资方面一直处于三个地区中的末位，但十年前东北地区与京津冀地区的整体差距并不大，然而由于东北地区外商直接投资的内部分布非常不平衡，因此东北地区近十年的整体走势主要取决于辽宁省，尽管近十年吉林省和黑龙江省一直处于稳步增长，但这两个省份由于起步较晚，所以在规模上仍处于较低的水平，有较大的提升空间。

二、实际利用外商直接投资的产业结构比较

（一）东北三省实际利用外商直接投资的产业结构分布

根据东北三省的统计年鉴数据，只有辽宁省和黑龙江省有按行业分实际利用外商直接投资的相关数据，因此这里主要针对这两个省份进行分析。

辽宁省地区生产总值的三次产业占比由 2008 年的 9.7∶55.8∶34.5 变为 2017 年的 8.1∶39.3∶52.6，由第二产业为主向第三产业为主倾斜。然而与此同时，辽宁省实际利用外商直接投资的三次产业占比表现为由 2008 年的 1.3∶47.2∶51.5 变为 2017 年的 0.4∶57.9∶41.7，与当地 GDP 的变动趋势并不一致。产生上述现象的原因可以从细分行业的分布中找到答案，2008 年辽宁省第三产业实际利用外商直接投资的主要行业为房地产业，仅房地产业实际利用外商直接投资就占第三产业总量的 72%，行业分布非常不平衡，2017 年辽宁省第三产业实际利用外商直接投资的前三个行业变为：批发和零售业，交通运输、仓储及邮政业，房地产业，分别占第三产业总量的 39%、28% 和 14%。因此，尽管辽宁省实际利用外商直接投资的三次产业占比整体表现出由第三产业为主向第二产业为主的倾向，但实际上辽宁省利用外资的行业分布是趋于均衡化的，尤其表现为在房地产业上外商投资的趋于理性。

黑龙江省地区生产总值的三次产业占比由 2008 年的 13.1∶52.5∶34.4 变为 2017 年的 18.6∶25.5∶55.8，呈现出明显的第二产业比重下降和第三产业的比重上升，同时作为我国的农业大省，第一产业一直占据一定的比重，近十年第一产业占比还出现了小幅上升。相应的，黑龙江省实际利用外商直接投资的三次产业占比表现为由 2008 年的 4.1∶63.7∶32.2 变为 2017 年的 4.4∶48.3∶47.3，与地区生产总值的变动趋势大体一致。但值得注意的是，无论是 2008 年还是 2017 年，黑龙江省第三产业实际利用外商直接投资的行业首位均为房地产业，分别占当年第三产业总量的 51% 和 40%，远高于其他行业，在行业分布结构方面有待进一步优化。

（二）东北地区与京津冀和长三角地区的产业结构分布对比

东北地区与京津冀和长三角地区近十年实际利用外商直接投资的三次产业分布如表 3-9 所示。总体来看，三个地区大多数省份的三次产业结构变动趋势与全国基本一致，即在生产总值和外商投资上表现为第一产业和第二产业的比重下降，而第三产业的比重上升。

表 3-9 东北地区与京津冀、长三角按三次产业分外商直接投资情况

	全国				辽宁				黑龙江			
	2008		2017		2008		2017		2008		2017	
	GDP	FDI	GDP	FDI	GDP	FDI	GDP	FDI	GDP	FDI	GDP	FDI
第一产业	10.3%	1.3%	7.9%	0.8%	9.7%	1.3%	8.1%	0.4%	13.1%	4.1%	18.6%	4.4%
第二产业	46.9%	57.6%	40.5%	31.3%	55.8%	47.2%	39.3%	57.9%	52.5%	63.7%	25.5%	48.3%
第三产业	42.8%	41.1%	51.6%	67.9%	34.5%	51.5%	52.6%	41.7%	34.4%	32.2%	55.8%	47.3%

	北京				天津				河北			
	2008		2017		2008		2017		2008		2017	
	GDP	FDI	GDP	FDI	GDP	FDI	GDP	FDI	GDP	FDI	GDP	FDI
第一产业	1.1%	0.3%	0.4%	0.0%	1.9%	0.1%	0.9%	1.1%	12.6%	1.6%	9.2%	0.7%
第二产业	25.7%	26.7%	19.0%	4.6%	60.1%	39.0%	40.9%	58.3%	54.2%	87.8%	46.6%	82.5%
第三产业	73.2%	72.9%	80.6%	95.4%	37.9%	60.9%	58.2%	40.6%	33.2%	10.6%	44.2%	16.8%

	上海				江苏				浙江			
	2008		2017		2008		2017		2008		2017	
	GDP	FDI	GDP	FDI	GDP	FDI	GDP	FDI	GDP	FDI	GDP	FDI
第一产业	0.8%	0.1%	0.4%	0.0%	6.9%	1.9%	4.7%	1.2%	5.1%	0.5%	3.7%	0.5%
第二产业	45.5%	32.1%	30.5%	5.0%	55.0%	73.5%	45.0%	55.8%	53.9%	69.2%	42.9%	34.3%
第三产业	53.7%	67.8%	69.2%	95.0%	38.1%	24.6%	50.3%	42.9%	41.0%	30.3%	53.3%	65.2%

资料来源：中国统计年鉴、各省市统计年鉴，其中吉林省统计年鉴未统计相关数据。

但就外商直接投资来看，其主要集中在第二产业和第三产业，但三个地区各个省市表现出了不同的发展特征。其中，浙江省与全国总体表现最

为接近,均为从 2008 年第二产业比重过半转变为 2017 年第三产业比重过半;而与全国变化趋势相反的,辽宁省和天津市均为从 2008 年第三产业比重过半转变为 2017 年第二产业比重过半;河北省、江苏省和黑龙江省表现出较为明显的第二产业主导,第二产业比重一直高于第三产业;北京市和上海市则表现出明显的第三产业主导,尤其 2017 年外商直接投资几乎全部集中于第三产业。

从三次产业的角度来看,辽宁省和黑龙江省在外商直接投资的产业分布上较为均衡,其中第二产业占比总体上略高于第三产业。然而从产业内部结构来看,第二产业以制造业为主,第三产业以房地产业为主,在一些高新产业以及现代服务产业上表现出外资的利用水平较低。尤其值得注意的是,黑龙江省 2017 年房地产业外商直接投资的占比仍然较大,房地产外资引进增长幅度过高不利于地区经济的长期发展。由此可知,东北地区引进外资的行业分布还有待进一步优化。

三、实际利用外商直接投资的来源结构比较

(一)东北三省实际利用外商直接投资的来源结构分布

东北地区实际利用外商直接投资的来源结构如表 3-10 所示,同全国情况相似,来源地第一位均为香港特别行政区,排名第二至五位的情况辽宁省和全国情况更为相近,都包括了日本、新加坡和中国台湾,黑龙江省外商直接投资则来自美国等其他国家和地区。吉林省统计年鉴由于未包含外商直接投资来源结构相关数据,因此这里的分析仍以辽宁省和黑龙江省为主。此外,在计算表中不同来源地投资占比时,这里使用的分母是当年实际利用外商直接投资额而非各来源地的投资加总,多数省市的这两个统计数据只有较小的差距,其中辽宁省和上海市的这两个数据差距较大,这可能是由于未在统计年鉴中列出来自英属维尔京群岛等非主要国家之类的因素造成的。

辽宁省 2017 年外商直接投资的来源地前五位分别为香港特别行政区、日本、新加坡、德国和中国台湾,占比分别为 42.2%、5.4%、3.1%、2.5%和 1.3%,呈现出以我国港澳地区和东亚国家为主的特征,与全国外商直接

投资的来源结构较为接近。值得一提的是，由于辽宁省 2017 年各来源地加总的数值仅为 31 亿美元，与当年实际利用外商直接投资总额的 53 亿美元差距较大，因此实际上述前五位的占比情况有可能要高于本书的计算结果。

表 3-10　2017 年东北地区与京津冀、长三角按投资来源分外商直接投资情况

全国		辽宁		黑龙江	
中国香港	72.6%	中国香港	42.2%	中国香港	68.4%
新加坡	3.5%	日本	5.4%	美国	4.7%
中国台湾	3.5%	新加坡	3.1%	马来西亚	3.7%
韩国	2.7%	德国	2.5%	英属维尔京群岛	3.5%
日本	2.4%	中国台湾	1.3%	瑞典	3.5%
北京		天津		河北	
中国香港	88.2%	中国香港	54.7%	中国香港	55.6%
百慕大	3.0%	日本	7.7%	英属维尔京群岛	18.0%
开曼群岛	1.5%	美国	7.2%	美国	5.8%
韩国	1.3%	德国	5.8%	欧盟 27 国	5.3%
英属维尔京群岛	1.3%	中国台湾	3.5%	日本	3.6%
上海		江苏		浙江	
中国香港	57.0%	中国香港	57.8%	中国香港	68.0%
日本	4.6%	南美洲国家	6.5%	英属维尔京群岛	3.0%
新加坡	4.0%	新加坡	4.7%	日本	2.7%
美国	3.3%	韩国	3.8%	新加坡	2.2%
法国	2.1%	日本	3.1%	德国	1.9%

资料来源：中国统计年鉴、各省市统计年鉴，其中吉林省统计年鉴未统计相关数据。

注：部分省市按投资来源统计的外商直接投资加总所得小于当年实际利用外商直接投资额，因此导致表中前几位来源国家或地区所占百分比也相对较小。

黑龙江省 2017 年外商直接投资的来源地前五位分别为中国香港、美国、马来西亚、英属维尔京群岛和瑞典，占比分别为 68.4%、4.7%、3.7%、

3.5%和3.5%，既有来自我国港澳地区和亚洲其他国家的投资，也有来自欧美地区的投资。

（二）东北地区与京津冀和长三角地区的来源结构分布对比

根据三个地区各省市外商直接投资的来源结构情况，总的来看各省市的外资来源首位均为香港特别行政区，并且其占比远超过其他来源，其次是亚洲其他国家和地区以及英属维尔京群岛等避税地，再之后才是部分欧美国家。

对比各省市的外商直接投资来源结构可以看出，只有北京市的投资来源分散度低于全国平均水平，在外资来源上过于依赖中国香港和"避税天堂"，仅前五位占比总和就已高达95.3%，其他省市中，黑龙江省和浙江省的投资来源分散度略高于全国平均水平，剩下几个省市的投资来源分散度则明显高于全国平均水平。说明上述三个地区的各省市中，除北京市外绝大多数省市的投资来源均较为多样化，分散程度优于全国平均水平。

对于东北地区，尽管从外商直接投资来源结构比重的绝对值来看，仍有进一步的优化空间，但在全国各省市横向对比中东北地区的表现还比较理想，其中辽宁省的投资来源分散程度优于其他省市，黑龙江省与其他省市的投资来源分散程度大致相当。

此外需要指出的是，尽管表3—10中仅列出了2017年各省市的外资来源结构，但若将各省市进行纵向对比，可以发现各省市的外资来源分散度都是不断下降的，均表现为中国香港的投资占比不断上升并远高于其他来源地，以辽宁省和黑龙江省为例，2008年辽宁省实际利用中国香港的直接投资占比为44%，同年黑龙江省这一比重仅为30%。上述外资来源过于不断集中的现象可能和外部环境整体不景气有关，尽管这不是东北地区特有的现象，但仍须对此加以关注，规避投资来源过于集中可能带来的风险。

四、实际利用外商直接投资的内部结构比较

就东北地区实际利用外商直接投资的内部结构来看，内部结构的不平衡性较为显著，主要表现为沿海城市或省会城市的开放程度远高于内陆腹地。此处仅以东北三省内部做对比，因为京津冀和长三角地区的其他省市的统计年鉴中，并未统计相关数据。

表3-11　2017年东北地区按内部结构分外商直接投资情况（单位：亿美元）

辽宁			吉林			黑龙江		
地区	总额	占比	地区	总额	占比	地区	总额	占比
全省	53.4	100%	全省	22.7	100%	全省	58.4	100%
大连	32.5	61%	长春	12.1	53%	哈尔滨	34.4	59%
沈阳	10.1	19%	吉林	2.8	12%	牡丹江	5.2	9%
阜新	2.4	4%	延边	1.8	8%	齐齐哈尔	5.1	9%
盘锦	2.0	4%	白山	1.6	7%	大庆	3.8	6%
丹东	1.5	3%	松原	1.2	5%	绥化	3.0	5%

资料来源：各省统计年鉴，其中吉林省2017年数据缺失，这里为2016年数据。

辽宁省2017年实际利用外商直接投资的前五位城市分别为大连、沈阳、阜新、盘锦和丹东，内部结构不平衡性非常显著，仅前两位的大连和沈阳两市占比之和就高达80%，大连市作为沿海城市在吸引外资方面可谓辽宁省的绝对主力，2017年仅大连市实际利用外商直接投资占比就高达61%。

吉林省2017年实际利用外商直接投资的前五位城市分别为长春、吉林、延边、白山和松原，内部结构较为不平衡，占比相对较大的前两位长春和吉林的比重分别为53%和12%，在吸引外资方面吉林省以省会城市长春市为主导，其他城市在吸引外资方面仍有较大的发展空间。

黑龙江省2017年实际利用外商直接投资的前五位城市分别为哈尔滨、牡丹江、齐齐哈尔、大庆和绥化，内部结构也较为不平衡，总体表现和吉林省比较相似，均为省会城市主导全省的外资发展，而其他城市则开放水平较低。

从东北三省实际利用外商直接投资的内部结构可以看出，各省内部结构的不平衡性都较为显著，在吸引外资方面过于依赖沿海城市或省会城市。这一结果说明东北地区在内部区域发展方面非常不均衡，沿海城市和省会城市的发展水平和开放程度相对较高，但区域之间的经济联系不强，较发达城市未能有效带动其他地区的发展，没有实现优势互补的区域联动发展局面。

第三节 东北地区对外投资的比较分析

一、东北地区对外直接投资的内部比较

对外直接投资（OFDI）是投资者直接在外国举办并经营企业而进行的投资，投资者输出资本，直接在国外开办工厂，设立分店，或收买当地原有企业，或与当地政府、团体、私人企业合作，而取得各种直接经营企业的权利。对外直接投资是我国扩大对外开放、实施"走出去"战略的重要抓手，也在一定程度上体现了我国企业的国际竞争力。

如前文所述，东北地区整体对外开放水平相对较低，在吸引外商直接投资方面存在规模相对较小、增速相对较低，以及结构有待进一步优化等问题。除了吸引外商直接投资之外，对外直接投资是衡量一个地区对外开放水平的另一重要方面，在这方面东北地区总的来说发展也相对滞后，下文将针对东北地区对外直接投资的流量和存量进行对比分析。

（一）东北三省对外直接投资流量对比

从对外直接投资的流量来看，十年来东北地区实现了从 2008 年的 4.4 亿美元上升至 2017 年的 19.1 亿美元，对外直接投资流量翻了三番，但从发展趋势来看，十年来却呈现出先升后降的发展趋势。第一阶段 2008—2012 年东北地区的对外直接投资流量呈波动上升趋势，从 2008 年的 4.4 亿美元

上升至2012年的37.8亿美元，除了2011年有一定的下降外，这一阶段东北地区总的来看对外直接投资流量都是逐年增长的，并且增速相对较快。第二阶段2012—2017年则开始呈现出波动下降趋势，从2012年的37.8亿美元下降至2017年的19.1亿美元，这一阶段东北地区的对外直接投资流量总体呈下降趋势。

东北地区对外直接投资流量占全国地方总量的比重也大致可分为上述两个阶段。第一阶段2008—2012年东北地区对外直接投资流量占比大体呈波动上升趋势，从2008年的7.5%上升至2012年的11.1%，其间波动幅度较大，2010年达到13.5%的最高水平。第二阶段2012年至2017年东北地区对外直接投资流量占比则呈现明显的逐年下降趋势，从2012年的11.1%下降至2017年的2.2%。

表3-12 2008—2017年东北地区对外直接投资（OFDI）流量及占比（单位：亿美元）

	2008	2009	2010	2011	2012	2013	2014	2015	2016	2017
辽宁OFDI流量	1.1	7.6	19.4	11.4	27.6	12.9	14.8	21.2	18.6	11.7
吉林OFDI流量	1.1	3.0	2.1	2.0	3.0	7.5	3.3	6.6	2.1	2.3
黑龙江OFDI流量	2.3	1.2	2.4	2.4	7.2	7.7	6.6	4.2	11.8	5.1
东三省OFDI流量总和	4.4	11.8	23.9	15.9	37.8	28.2	24.7	32.0	32.5	19.1
占全国地方OFDI流量比重	7.5%	12.3%	13.5%	6.7%	11.1%	7.7%	4.5%	3.4%	2.2%	2.2%

资料来源：历年中国对外直接投资统计公报。

就东北地区内部而言，10年来三个省份各自的对外直接投资流量均实现了翻倍及以上的增长，但也呈现出了先波动上升后波动下降的发展趋势。其中，辽宁省的对外直接投资流量平均水平在三个省份中最高，从2008年的1.1亿美元上升至2017年的11.7亿美元，其间最高流量为2012年的27.6亿美元；黑龙江省的对外直接投资流量平均水平排名第二，从2008年的2.3亿美元上升至2017年的5.1亿美元，其间最高流量为2016年的11.8亿美元；吉林省的对外直接投资流量平均水平排名第三，从2008年的1.1亿美元上升至2017年的2.3亿美元，其间最高流量为2013年的7.5亿美元。

表3-13   2008—2017年东北三省对外直接投资流量在各省中的排名

	2008	2009	2010	2011	2012	2013	2014	2015	2016	2017
辽宁	15	5	2	9	5	7	8	9	12	19
吉林	14	11	19	23	26	15	25	20	28	28
黑龙江	10	18	17	22	12	14	19	25	19	24

资料来源：历年中国对外直接投资统计公报。

注：此处排名为东北三省在除了港澳台之外的31个省份中的排名。

辽宁省作为东北地区的沿海省份，是东北地区对外直接投资的主力军，十年间平均占东北地区对外直接投资流量的一半以上。结合表3-13中在我国31个省份中的排名也可以看出，尽管辽宁省2008年的对外直接投资水平不高，但从2009年到2015年辽宁省连续七年位列前十，甚至在2010年一度以19.4亿美元位居全国第二位，仅低于当年的首位浙江省。然而2016—2017年辽宁省在31个省份中的排名却快速下降，到2017年时辽宁省仅排在第十九位。由此可知，数年前辽宁省在对外开放水平以及企业国际竞争力方面是具备一定的比较优势的，而这一比较优势在近几年已开始逐渐减弱。

吉林省一直以来对外开放水平相对较低，在对外直接投资方面规模较小，在东北地区内部仅占10%—20%，并且和我国其他30个省份相比吉林省也属于规模较小的。在全国31个省份的排名中，2008—2009年吉林省还位列第十四位和第十一位，处于全国中上游水平，但之后在对外直接投资方面的发展就明显落后于其他省份，2017年吉林省在31个省份中排名第二十八位，仅高于同年的宁夏、贵州和青海三个省份。

黑龙江省的对外直接投资水平介于辽宁省和吉林省之间。尽管黑龙江省2008年是东北地区对外直接投资最大的省份，占当年东北地区对外直接投资流量的一半，但之后被辽宁省所超越，黑龙江省十年间大致占当年东北地区对外直接投资流量的10%—30%。但在与我国其他30个省份的比较中，这十年黑龙江省的排名大多数年份都处于全国中下游水平，2017年黑龙江在31个省份中位列第二十四位。

（二）东北三省对外直接投资存量对比

从对外直接投资的存量来看，东北地区从2008年的19.8亿美元上升为2017年的213.1亿美元，实现了10倍的增长，10年间的最高点为2016年的223.5亿美元，但在2017年东北地区对外直接投资存量出现了小幅下滑。若从增长速度来看，2008—2012年的增长速度相对较快，年均增速超过50%以上，之后2012—2016年增长速度稳定在了20%左右，然而到2017年则变成了负增长5%。

根据表3-14中10年来东北地区对外直接投资存量占全国地方对外直接投资存量的比重，可以看出，2008—2013年东北地区的这一比重基本稳定在7%到9%之间，和这一时期东北地区GDP占全国GDP的比重大致相当，而2014—2017年东北地区的这一比重则开始逐年下降，从6.7%降为2.9%，同时期东北地区GDP的比重也处于明显的下降趋势，但东北地区对外直接投资存量的比重下降幅度相对更大。

表3-14　2008—2017年东北地区对外直接投资（OFDI）存量及占比（单位：亿美元）

	2008	2009	2010	2011	2012	2013	2014	2015	2016	2017
辽宁OFDI存量	6.1	14.9	34.1	43.6	69.5	77.3	92.6	113.2	132.2	132.5
吉林OFDI存量	3.8	7.1	9.0	11.2	14.5	21.4	24.3	31.3	33.9	39.9
黑龙江OFDI存量	9.9	10.6	12.8	17.3	25.3	33.5	40.2	42.1	57.4	40.7
东三省OFDI存量总和	19.8	32.6	55.9	72.0	109.4	132.2	157.1	186.7	223.5	213.1
占全国地方OFDI存量比重	7.2%	8.2%	9.3%	8.5%	8.8%	8.0%	6.7%	5.4%	4.3%	2.9%

资料来源：历年中国对外直接投资统计公报。

就东北地区内部而言，十年来三个省份各自的对外直接投资存量均实现了明显的增长。三个省份对外直接投资存量和流量平均水平的排名一致，其中，辽宁省的对外直接投资存量平均水平最高，从2008年的6.1亿美元上升至2017年的132.5亿美元；黑龙江省的对外直接投资存量平均水平排名第二，从2008年的9.9亿美元上升至2017年的40.7亿美元；吉林省的对外直接投资存量平均水平排名第三，从2008年的3.8亿美元上升至

2017 年的 39.9 亿美元。

表 3-15　2008—2017 年东北三省对外直接投资存量在各省中的排名

	2008	2009	2010	2011	2012	2013	2014	2015	2016	2017
辽宁	10	9	7	7	7	7	7	7	8	8
吉林	16	13	16	19	21	18	21	20	26	25
黑龙江	8	10	12	13	14	15	14	16	17	24

资料来源：历年中国对外直接投资统计公报。

注：此处排名为东北三省在除了港澳台之外的 31 个省份中的排名。

辽宁省对外直接投资存量在 2009 年之前低于黑龙江省，2008 年辽宁省在全国各省中的排名为第十位，但之后辽宁省进入快速增长阶段，自 2010 年开始一直稳定占据着东北地区对外直接投资存量的六成，在全国各省中的排名也稳定在第七、八位，不过从对外直接投资存量绝对值来看，这一增长趋势到 2017 年出现了停滞。

吉林省对外直接投资存量的规模相对较小，尽管从对外直接投资存量绝对值来看，吉林省一直保持着较为稳定的上升趋势，2017 年吉林省对外直接投资存量首次追上了黑龙江省，但从全国各省对外直接投资存量的排名中可以看出，吉林省在各省中的排名较为靠后，而且十年间吉林省的排名呈现波动下降的趋势，2017 年吉林省在全国 31 个省份中仅排在第二十五位，这说明吉林省对外直接投资存量虽然在稳步上升，但全国其他各省的上升速度相对更快。

黑龙江省对外直接投资存量的规模同样介于辽宁省和吉林省之间，总的来看，10 年来黑龙江省的对外直接投资存量绝对值也实现了明显的增长，但值得注意的是，2017 年黑龙江省的对外直接投资存量出现了 6.7 亿美元的下滑，对比同年辽宁省和吉林省的情况可知，这一下滑是造成东北地区对外直接投资存量在 2017 年出现负增长的主要原因，从黑龙江省在全国各省对外直接投资存量的排名中可以看出，2008—2016 年，和吉林省相似的，黑龙江省的对外直接投资存量也表现为绝对值的稳步上升，但不如全国其他省份上升得快，因此排名出现缓慢下降趋势，排名从 2008 年的第八位逐渐降至 2016 年的第十七位，然而由于 2017 年黑龙江省对外直接投资存量绝对值的下滑，更使其在全国各省对外直接投资存量的排名出现了大幅滑落，2017 年黑龙江省在全国 31 个省份中的排名跌至第二十四位。

综上可知，10 年来东北地区对外直接投资方面的表现并不理想，尽管从对外直接投资流量和存量的绝对值来看总体还是上升的，但在全国地方对外直接投资流量和存量的占比中十年来却是下降的，尤其在近几年这两个比重的持续下降更是值得关注，2017 年东北地区对外直接投资流量仅占全国地方总量的 2.2%，对外直接投资存量也仅为全国地方总量的 2.9%，这都表明同一时期全国其他省份在对外直接投资方面的发展速度明显快于东北地区。

二、东北地区与其他地区对外直接投资的比较

下文将进一步对比东北地区与我国其他地区的对外直接投资情况，分别从对外直接投资流量和存量的角度，对比东北地区与我国东、中、西部地区以及东北地区与京津冀和长三角地区在对外直接投资方面的表现。

（一）东北地区与其他地区的对外直接投资流量对比

从东北地区与我国东、中、西部地区的对比中可以看出，10 年来各地区对外直接投资流量总体上都实现了明显的增长，但 2017 年由于外部环境不景气等因素的影响，多数地区都出现了流量的下滑。

表 3-16　2008—2017 年东北地区与我国东、中、西部地区对外直接投资流量及占比

流量（亿美元）	2008	2009	2010	2011	2012	2013	2014	2015	2016	2017
东部地区	37.1	57.0	115.2	158.5	216.7	264.0	423.1	766.2	1256.0	642.4
中部地区	5.0	15.8	14.6	30.7	32.3	35.4	34.3	63.3	101.1	76.1
西部地区	12.3	11.5	23.8	30.6	55.3	36.6	65.2	74.5	115.5	124.7
东北地区	4.4	11.8	23.9	15.9	37.8	28.2	24.7	32.0	32.5	19.1

续表

占比	2008	2009	2010	2011	2012	2013	2014	2015	2016	2017
东部地区	63.1%	59.3%	64.9%	67.3%	63.4%	72.5%	77.3%	81.9%	83.4%	74.5%
中部地区	8.6%	16.5%	8.2%	13.0%	9.4%	9.7%	6.3%	6.8%	6.7%	8.8%
西部地区	20.9%	11.9%	13.4%	13.0%	16.2%	10.0%	11.9%	8.0%	7.7%	14.5%
东北地区	7.5%	12.3%	13.5%	6.7%	11.1%	7.7%	4.5%	3.4%	2.2%	2.2%

资料来源：历年中国对外直接投资统计公报。

注：此处占比为各个地区占全国地方对外直接投资流量的比重。东部地区包括：北京、天津、河北、上海、江苏、浙江、福建、山东、广东和海南；中部地区包括山西、安徽、江西、河南、湖北和湖南；西部地区包括：内蒙古、广西、四川、重庆、贵州、云南、陕西、甘肃、青海、宁夏、新疆和西藏；东北地区包括黑龙江、吉林和辽宁。

其中，东部地区对外直接投资流量增速相对最快，从2008年的37.1亿美元上升至2017年的642.4亿美元，但其10年间对外直接投资流量的最高点为2016年的1256亿美元，因此其在2017年对外直接投资流量的跌幅中也是各地区中最大的，下跌幅度高达50%左右，说明东部地区对外部环境的变化最为敏感。尽管如此，东部地区十年来在各地区占比仍是上升的，从2008年的63.1%上升至2017年的74.5%。

中部地区的对外直接投资规模相对较低，对外直接投资流量从2008年的5亿美元波动上升至2017年的76.1亿美元，其十年间对外直接投资流量的最高点为2016年的101.1亿美元，中部地区除了2009年和2011年在各地区占比超过10%以外，其余年份基本稳定占据8%左右的比重，可以看出中部地区对外直接投资流量的发展趋势与全国平均水平更为一致。

西部地区对外直接投资流量从2008年的12.3亿美元上升至2017年的124.7亿美元，2017年即为10年间对外直接投资流量最高点，其对外直接投资流量的上升趋势较为稳定，规模上大于中部地区和东北地区，不过其在各地区占比中的表现10年来有所下降，2017年西部地区对外直接投资流量在各地区中的占比为14.5%。

东北地区对外直接投资流量在2008—2014年这段时期同中部地区的发展规模较为接近，两地区在2008年时对外直接投资流量的绝对值基本位于同一水平，发展趋势也均表现为波动上升，但2015年后中部地区继续实现了较快增长，两地区的差距逐渐拉开。结合各地区及其占比的总体变化来看，东北地区和西部地区对外直接投资流量在各地区占比的下降主要是由于东部地区对外直接投资流量增速较快造成的，但即使不考虑最为发达的东部地区，东北地区在与中、西部地区的对比中仍是对外直接投资流量增速最慢的。

表3-17 2008—2017年东北地区与京津冀和长三角地区对外直接投资流量及占比

流量（亿美元）	2008	2009	2010	2011	2012	2013	2014	2015	2016	2017
京津冀	6.1	8.8	16.4	20.5	29.4	61.8	126.4	157.5	365.3	106.1
长三角	12.2	27.6	56.4	59.4	88.1	82.5	129.2	375.4	484.8	280.1
东三省	4.4	11.8	23.9	15.9	37.8	28.2	24.7	32.0	32.5	19.1
占比	2008	2009	2010	2011	2012	2013	2014	2015	2016	2017
京津冀	10.4%	9.2%	9.2%	8.7%	8.6%	17.0%	23.1%	16.8%	24.3%	12.3%
长三角	20.7%	28.8%	31.8%	25.2%	25.7%	22.7%	23.6%	40.1%	32.2%	32.5%
东三省	7.5%	12.3%	13.5%	6.7%	11.1%	7.7%	4.5%	3.4%	2.2%	2.2%

资料来源：历年中国对外直接投资统计公报。

注：此处占比为三个地区占全国地方对外直接投资流量的比重。

从东北地区与京津冀和长三角地区的对比中可以看出，长三角地区对外直接投资流量的表现与东部地区整体表现基本一致，无论从绝对值还是从占比来看，长三角地区均明显领先于京津冀和东北地区，且长三角地区10年来在全国的占比也实现了10%左右的上升。京津冀地区尽管同属于东部地区，但可以看出京津冀地区对外直接投资的起步也较晚，2008—2012年，京津冀地区和东北地区在对外直接投资流量上的差距并不大，这期间甚至有3年东北地区的对外直接投资流量是高于京津冀地区的，但从2013年起京津冀地区对外直接投资流量的快速增长使东北地区与其差距明显加大，甚至在2014年京津冀地区对外直接投资流量几乎追上了长三角地区。由此表明，东北地区在对外直接投资方面与其他地区的差距主要是从近几年才开始明显产生的,尽管京津冀和长三角地区在2017年对外直接投资流量均出现了明显下降,但东北地区已远落后于这两个发达地区。

(二)东北地区与其他地区的对外直接投资存量对比

从东北地区与我国东、中、西部地区的对比中可以看出,10年来各地区在对外直接投资存量上均实现了明显的增长,然而不同地区对外直接投资存量的增速差距较大。

表3-18 2008—2017年东北地区与我国东、中、西部地区对外直接投资存量及占比

存量(亿美元)	2008	2009	2010	2011	2012	2013	2014	2015	2016	2017
东部地区	207.6	281.4	418.7	593.5	861.2	1175.3	1765.3	2678.6	4233.0	6115.3
中部地区	15.4	36.6	55.7	79.5	115.0	147.6	182.8	259.3	356.0	415.5
西部地区	32.6	45.5	71.4	104.3	155.0	193.9	249.2	320.1	428.1	530.8
东北地区	19.8	32.6	55.9	72.0	109.4	132.2	157.1	186.7	223.5	213.1
占比	2008	2009	2010	2011	2012	2013	2014	2015	2016	2017
东部地区	75.4%	71.0%	69.6%	69.9%	69.4%	71.3%	75.0%	77.8%	80.8%	84.1%
中部地区	5.6%	9.2%	9.3%	9.4%	9.3%	9.0%	7.8%	7.5%	6.8%	5.7%
西部地区	11.8%	11.5%	11.9%	12.3%	12.5%	11.8%	10.6%	9.3%	8.2%	7.3%
东北地区	7.2%	8.2%	9.3%	8.5%	8.8%	8.0%	6.7%	5.4%	4.3%	2.9%

资料来源:历年中国对外直接投资统计公报。

注:此处占比为各个地区占全国地方对外直接投资存量的比重。东部地区包括:北京、天津、河北、上海、江苏、浙江、福建、山东、广东和海南;中部地区包括山西、安徽、江西、河南、湖北和湖南;西部地区包括:内蒙古、广西、四川、重庆、贵州、云南、陕西、甘肃、青海、宁夏、新疆和西藏;东北地区包括黑龙江、吉林和辽宁。

其中,东部地区在对外直接投资存量方面规模最大且增速最快,从2008年的207.6亿美元上升至2017年的6115.3亿美元,10年来实现了近30倍的增长,2008年东部地区对外直接投资存量就已经占全国地方总量的75.4%,到2017年这一比重更是上升至84.1%。

中部地区对外直接投资存量规模较小但增速较快,从2008年的15.4亿美元上升至2017年的415.5亿美元,实现了近27倍的增长,从在全国地方

总量的占比来看，中部地区占比经历了小幅度的先升后降，总的来看基本稳定在 5% 的水平以上。

西部地区对外直接投资存量规模略大于中部地区但增速低于中部地区，从 2008 年的 32.6 亿美元上升至 2017 年的 530.8 亿美元，实现了 16 倍的增长，但受其增速相对较低的影响，西部地区对外直接投资存量在全国地方总量中的占比十年来呈现小幅下降趋势，从 11.8% 下降至 7.3%。

与各地区对外直接投资流量的表现相似，东北地区在 2008—2013 年间与中部地区的发展规模较为接近，甚至 2008 年时东北地区对外直接投资存量还高于中部地区，考虑到两个地区省份数量的不同，可以看出十年前东北地区在对外直接投资方面发展是明显领先于中部地区的，然而十年来东北地区对外直接投资存量只增长了近 11 倍，因此尽管两个地区从在全国地方总量占比来看都是先升后降，但中部地区的占比和十年前基本不变，东北地区的占比则明显低于 10 年前，两个地区之间的差距也是大致从 2014—2015 年开始加大的，2017 年东北地区对外直接投资存量甚至出现了负增长。

表 3-19 2008—2017 年东北地区与京津冀和长三角地区对外直接投资存量及占比

存量（亿美元）	2008	2009	2010	2011	2012	2013	2014	2015	2016	2017
京津冀	33.6	52.3	71.5	93.8	120.8	198.5	422.5	554.7	892.3	994.9
长三角	54.6	90.5	158.3	192.7	303.3	400.0	564.7	1033.4	1516.8	2507.2
东三省	19.8	32.6	55.9	72.0	109.4	132.2	157.1	186.7	223.5	213.1
占比	2008	2009	2010	2011	2012	2013	2014	2015	2016	2017
京津冀	12.2%	13.2%	11.9%	11.0%	9.7%	12.0%	17.9%	16.1%	17.0%	13.7%
长三角	19.8%	22.8%	26.3%	22.7%	24.4%	24.3%	24.0%	30.0%	28.9%	34.5%
东三省	7.2%	8.2%	9.3%	8.5%	8.8%	8.0%	6.7%	5.4%	4.3%	2.9%

资料来源：历年中国对外直接投资统计公报。

注：此处占比为三个地区占全国地方对外直接投资存量的比重。

从东北地区与京津冀和长三角地区的对比中可以看出，长三角地区在对外直接投资存量上也明显高于京津冀和东北地区，从 2008 年的 54.6 亿美元上升至 2017 年的 2507.2 亿美元，实现了近 46 倍的增长，远高于东部地区平均增速水平，因此长三角地区对外直接投资存量在全国地方总量的占比方面也实现了超过 10% 的上升。京津冀地区的对外直接投资存量总的来看是高于东北地区的，其中 2008—2012 年两个地区在对外直接投资存量上的差距并不是很大，甚至这一差距还在缩小。2012 年京津冀地区对外直接投资存量为 120.8 亿美元，同年东北地区为 109.4 亿美元，说明这五年东北地区的对外直接投资存量增速是快于京津冀地区的。但京津冀地区从 2013 年开始对外直接投资存量增速加快，到 2014 年京津冀地区对外直接投资存量已增至同年东北地区的近 3 倍水平，2017 年则为东北地区的 5 倍左右。

综上可知，和东北地区近几年对外直接投资占全国地方总量比重的持续下降相对应，东北地区对外直接投资的发展也是近几年才逐渐落后于全国其他地区的。尤其在 2014 年后，东北地区与全国其他地区的差距开始加速扩大，同时期东北地区的地区生产总值表现也不够理想，尽管当前世界经济确实存在复苏乏力的问题，但全国其他地区并未明显受到外部环境不景气的影响，因此上述结果侧面反映出东北地区整体产业竞争力的相对不足。

第四章

东北振兴中的对外开放新前沿建设

东北地区对外开放的政策演进

2003年，国家做出振兴东北老工业基地的重大决策。自此，东北地区对外开放政策不断演进，地区对外开放水平不断提升并迎来新机遇。本章主要从东北地区对外开放政策的演进、新时期东北地区对外开放政策的内涵及调整方向、东北地区营商环境建设的进展与成就等三方面进行详细阐述。

第一节 东北地区对外开放政策的历史演进

随着东北振兴战略的实施，东北地区发展步伐加快，中共中央、国务院和东北各省关于对外开放的政策陆续出台，政策红利推动了东北地区对外开放水平的不断提高。

一、中共中央、国务院关于东北地区对外开放政策的历史演进

中共中央、国务院对东北地区发展历来高度重视。自2003年做出实施东北地区等老工业基地振兴战略的重大决策，10多年来，采取了一系列针对对外开放的支持、帮助、推动振兴发展的专门措施。这些政策措施为东北地区对外开放提供了有利的政策环境，为东北地区扩大对外开放提供了制度保障，东北地区对外开放迎来历史性新机遇。

2003年10月，中共中央、国务院正式印发《关于实施东北地区等老工业基地振兴战略的若干意见》，制定了振兴战略的各项方针政策，明确了实施振兴战略的指导思想、方针任务和政策措施，吹响了振兴东北老工业基地的号角。

2005年6月30日，国务院办公厅发布了《国务院办公厅关于促进东北老工业基地进一步扩大对外开放的实施意见》，明确提出了支持东北地区扩大对外开放的措施。包括鼓励外资参与国有企业改组改造、加快体制

和机制创新，加强政策引导、推进重点行业和企业的技术进步，进一步扩大开放领域、着力提升服务业的发展水平，发挥区位优势、促进区域经济合作健康发展，营造良好的发展环境、为加快对外开放提供保障等五部分主要内容。

2009年9月11日，国务院出台了《国务院关于进一步实施东北地区等老工业基地振兴战略的若干意见》，提出进一步扩大对外开放；加快推进辽宁沿海经济带和长吉图地区开发开放；推动《中国东北地区老工业基地与俄罗斯远东地区合作规划纲要》早日签署并协调组织实施；抓紧编制实施黑瞎子岛保护与开放开发规划；把沿海沿边开放和境外资源开发、区域经济合作、承接国内外产业转移结合起来，支持符合条件的地区建设边境贸易中心、经济合作区、出口加工区、进口资源加工区；研究建立中俄地方合作发展基金，支持中俄地区合作规划纲要项目的实施；利用境外港口开展内贸货物跨境运输合作，推进黑龙江、吉林江海陆海联运通道常态化运营；积极探索海关特殊监管区域管理制度创新，加快推动以大连大窑湾保税港区为核心的大连东北亚国际航运中心建设，抓紧建设好绥芬河综合保税区和沈阳保税物流中心，促进东北地区保税物流和保税加工业的发展；开展货物贸易人民币结算试点；推动东北地区与港澳台地区加强经贸合作。

2012年3月18日，国家发展改革委发布了《东北振兴"十二五"规划》，要求进一步提高对外开放水平和层次，构筑沿海沿边和内陆全面开放的新格局，积极参与国际产业分工与东北亚区域合作，提升外贸外资增长质量，推动境外投资和科技合作、经济技术合作，将东北地区建设成为我国向东北亚开放的重要枢纽。

2014年8月8日，国务院出台了《国务院关于近期支持东北振兴若干重大政策举措的意见》，提出"全方位扩大开放合作，要实施更加积极主动的开放战略，全面提升开放层次和水平，不断拓展发展领域和空间"。《意见》指出，要扩大向东北亚区域及发达国家开放合作。加强东北振兴与俄远东开发的衔接，启动中俄远东开发合作机制，发挥地缘和人文优势，务实推进对韩、蒙、日、朝合作，扩大面向发达国家合作；打造一批重大开放合作平台；完善对外开放政策；给予东北地区符合条件的企业原油进口及使用资质，完善边境小额贸易专项转移支付资金政策；优先支持东北地区项目申请使用国际金融组织和外国政府优惠贷款；加强区域经济合作，推动东北地区与环渤海、京津冀地区统筹规划，融合发展。

2016年4月26日，中共中央、国务院发布了《中共中央 国务院关于全面振兴东北地区等老工业基地的若干意见》。文件指出，要主动融入、积极参与"一带一路"建设。协同推进战略互信、经贸合作、人文交流，加强与周边国家基础设施互联互通，努力将东北地区打造成为我国向北开放的重要窗口和东北亚地区合作的中心枢纽。推动丝绸之路经济带建设与欧亚经济联盟、蒙古国草原之路倡议的对接，推进中蒙俄经济走廊建设，加强东北振兴与俄远东开发战略衔接，深化毗邻地区合作。以推进中韩自贸区建设为契机，选择适宜地区建设中韩国际合作示范区，推进共建中日经济和产业合作平台；推动对欧美等国家（地区）相关合作机制和平台建设，高水平推进中德（沈阳）高端装备制造产业园建设；推进沿边重点开发开放试验区建设，推动黑瞎子岛保护与开发开放；提升边境城市规模和综合实力；进一步加大对重点口岸基础设施建设支持力度；在中央预算内投资中安排资金支持东北地区面向东北亚开放合作平台基础设施建设；提高边境经济合作区、跨境经济合作区发展水平；积极扩大与周边国家的边境贸易，创新边贸方式，实现边境贸易与东北腹地优势产业发展的互动，促进东北进出口贸易水平不断提高；支持有实力的企业、优势产业、骨干产品走出去，重点推进国际产能和装备制造合作，培育开放型经济新优势。

2016年11月12日，国家发展改革委发布了《东北振兴"十三五"规划》，做出了开放发展，构建向北开放重要窗口。主动参与推进"一带一路"建设，加快推进国际产能和装备制造合作，优化对外开放布局，将东北地区打造成为我国向北开放的重要窗口和东北亚地区合作的中心枢纽等具体部署。

2016年11月16日，国务院发布了《国务院关于深入推进实施新一轮东北振兴战略加快推动东北地区经济企稳向好若干重要举措的意见》，提出打造重点开发开放平台。指导辽宁省做好新设自由贸易试验区总体方案起草工作，加快在东北地区推广中国（上海）等自由贸易试验区经验；创新完善大连金普新区、哈尔滨新区、长春新区管理体制机制，充分发挥引领带动作用；加快中德（沈阳）高端装备制造产业园、珲春国际合作示范区建设，规划建设中俄、中蒙、中日、中韩产业投资贸易合作平台以及中以、中新合作园区；支持大连东北亚国际航运中心建设，加快东北沿边重点开发开放试验区和边境经济合作区建设；在符合条件的地区设立综合保税区等海关特殊监管区域；支持中国（大连）跨境电子商务综合试验区建设；研究设立汽车整车进口口岸；支持东北地区对接京津冀协同发展战略，推进与环渤海地区合作发展；进一步加强东北三省一区合作。

二、东北各省关于对外开放政策的历史演进

（一）辽宁省

1. 辽宁省"十二五"及"十三五"规划有关对外开放政策

辽宁省"十二五"规划提出，进一步深化改革扩大开放；提高对外对内开放水平；加大招商引资力度，坚持"引资"和"引智"相结合，提高利用内、外资的规模和质量；支持出口企业加强产品研发和自主创新，加快培育以技术、品牌、质量和服务为核心的国际竞争新优势；推动服务外包产业快速发展；深化国内区域经济技术合作；大力实施"走出去"战略，支持优势企业境外投资；办好第五届夏季达沃斯年会；推进长兴岛中日韩自由贸易试验区申报工作。

辽宁省"十三五"规划提出，加快发展开放型经济。积极主动融入国家"一带一路"建设、京津冀协同发展、长江经济带建设重大战略，促进市场深度融合和资源高效配置，推进更大范围、更高水平、更深层次的对外对内开放；深度参与"一带一路"建设；深化与沿线国家经贸合作与人文交流，统筹推进企业、产品"走出去"，将辽宁省建设成为我国向北开放的重要门户；着力推进国际产能和装备制造合作，实现由装备产品输出为主向技术、产品、标准、服务输出转变；加强国际综合交通运输体系建设，以参与中蒙俄经济走廊建设为重点，以沿海港口为支点，参与布局通往欧

洲的三条国际综合交通运输大通道；稳步推进丹东沿边重点开发开放试验区建设；提高外贸外资质量和水平；加快对外贸易转型升级，优化外贸出口产品结构，加强出口基地建设，大力发展服务贸易，推进跨境电子商务发展；坚持优化结构、稳步开放市场，完善外商投资市场准入制度。

2. 辽宁省近三年政府工作报告有关对外开放政策

辽宁省2017年政府工作报告指出，加快辽宁自由贸易试验区建设；推动市场取向体制机制改革，落实自由贸易试验区总体方案；沈阳、大连、营口要加大力度改革创新、先行先试；加快建设大连金普新区、中德（沈阳）高端装备制造产业园，促进大连跨境电商综合试验区发展；完善营口中韩投资贸易合作园区功能；推进丹东沿边开发开放试验区建设；主动参与"一带一路"建设；支持沿海港口实施港区联动，加快发展多式联运体系，构建国际综合交通运输大通道；重点推动钢铁、煤炭等富余产能参与国际合作；加强区域合作；充分利用辽宁与江苏、北京、上海对口合作机制，推动供需对接、优势互补、共建共享；深入对接京津冀协同发展、长江经济带发展战略，构建区域合作新格局；做好援疆、援藏等对口支援工作。

辽宁省2018年政府工作报告提出，坚定不移推进全面开放，着力形成开放新格局。开放是兴省之要，要高高举起开放的旗帜，以高水平开放推动高质量发展，以全面开放引领全面振兴；以服务参与"一带一路"建设为重点，找准定位、主动融入，创建辽宁"一带一路"建设综合试验区和中国—中东欧"16＋1"经贸合作示范区，打造对外开放新高地；用足用好国家政策，优化整合园区资源，深入推进辽宁自贸试验区制度创新，加速改革创新成果推广落地；支持大连探索创建自由贸易港；实施招商引资、招才引智"双招双引"工程，做好全周期服务、全过程管理，增强发展新动力；积极培育外贸竞争新优势，推进外贸优进优出，服务贸易进出口年均增长率高于全国平均水平；支持更多企业"走出去"，促进国际产能合作。

辽宁省2019年政府工作报告指出，全面扩大高水平开放，打造开放合作新高地。深度融入共建"一带一路"，加快辽宁"一带一路"综合试验区建设，扎实推进中国—中东欧"16+1"经贸合作示范区各项任务落实；深化中日韩俄经贸合作交流，积极参与构建东北亚经济合作圈；发挥辽宁自贸试验区改革创新"试验田"作用，加快形成更多可复制、可推广的制度创新成果。促进外贸稳中提质，落实已出台的各项政策，开拓一批区域重点市场，推动出口市场多元化，促进外贸优进优出；支持企业建设"海外仓"、境外组装转口基地；组建外贸企业集团，加快推进沈阳、大连跨境电商综合试验区建设；降低进出口合规成本，扩大资源类产品、优质消费品进口。大力促进跨区域合作，主动对接京津冀协同发展、长江经济带和粤港澳大湾区发展战略，承接高端产业转移、创新要素辐射，加强重点领域合作；积极与京沪苏在干部人才交流、产业对接、平台共建等领域对口合作；深化东北三省一区合作，推进协同发展。抓好人才"引育用留"，完善政策、优化环境，创造拴心留人的条件，深入实施"兴辽英才计划"和人才服务全面振兴三年行动计划。

3. 辽宁省有关对外开放政策重要文件

2016年10月，辽宁省人民政府印发了《加快推进辽宁老工业基地新一轮振兴发展三年滚动计划（2016—2018年）（修订稿）》，其中提出，争取国家资金，推进重点口岸基础设施以及面向东北亚开放合作平台基础设施建设。推动设立丹东沿边开发开放试验区；争取国家支持加快面向东北亚开放合作平台基础设施建设；推动边境地区旅游开发开放建设，推进边境旅游试验区建设和跨境自驾游发展。

（二）吉林省

1. 吉林省"十二五"及"十三五"规划有关对外开放政策

吉林省"十二五"规划提出，实施长吉图开发开放先导区战略，对改革提出新要求。以长吉图开发开放为先导的任务和措施已经确立，要进一步通过先行先试，创新体制机制，探索建设富有活力、运行高效的我国沿边开放新机制，培育优势互补、互利共赢的联动发展新格局。

吉林省"十三五"规划提出，深度融入"一带一路"，促进长吉图开发开放。坚持对外开放与对内合作协调并重，实施长吉图开发开放与对接环渤海双翼共进，带动形成全方位开放合作新格局，以开放促改革、促发展、促振兴。加快推进连接松原、白城直达蒙古国的国际运输通道建设，加强与黑龙江口岸城市密切合作，扩大与东北亚各国、欧美国家开放合作，将吉林省打造成为中蒙俄经济走廊陆海联运和面向东北亚开放的核心区，全面完成长吉图规划目标。扩大对外经济技术合作，把握中韩自由贸易协定签署契机，加大对韩经贸合作，积极承接产业和技术转移，提高先进技术设备、关键零部件等产品进口比重，推动文化交流和劳务输出。强化与俄远东开放战略衔接，深度开发俄罗斯等境外市场，开展境外资源开发利用和加工转化。稳步推进中朝罗先经贸区建设。加强与蒙古国经济交流合作。

2. 吉林省近三年政府工作报告有关对外开放政策

吉林省2017年政府工作报告指出，进一步扩大对内对外开放，坚持以开放促改革、促发展、促振兴，全面深化向东向南开放。积极融入国家"一带一路"倡议，落实省委"两翼并进"战略，加快长吉图开发开放先导区建设，抓好扎鲁比诺万能海港等项目；加快推进互联互通；围绕打造"丝路吉林"大通道，完善对俄"滨海2号"通道，力争珲春—扎鲁比诺—新潟等航线开通；提升"长满欧"货运量，争取开通第二条中欧货运班列"长珲欧"；发挥开发开放平台引领示范作用；完善珲春国际合作示范区等载体功能，推动延龙图新区建设；申请设立图们等4个边境经济合作区；精准有效开展招商引资；抓好重大活动签约项目落地，提高资金到位率；办好第十一届中国—东北亚博览会等活动。

吉林省2018年政府工作报告指出，要聚焦开放配置资源。必须放眼国内外，发挥东北亚地理几何中心、沿边近海优势，抓住"一带一路"建设历史机遇，以与俄共建"滨海2号"国际运输走廊为突破口；加快互联互通，打造"丝路吉林"大通道；深入实施长吉图战略，扩大东北亚区域开放合作；建设一批国际国内产业合作园区和跨境经济合作区；聚焦欧美和东北亚等国际地区，发挥中国—东北亚博览会、中国—北欧经贸合作交流活动等开放平台作用，在更大范围、更广领域配置市场资源。

吉林省2019年政府工作报告指出，加快建设沿边开发开放经济带、沿中蒙俄开发开放经济带，深度融入"一带一路"建设，继续推进中俄珲春—哈桑跨境经济合作区相关工作；持之以恒全面扩大开放，打造开放合作新高地，坚定不移扩大开放合作；开展多层次战略合作，把京津冀、长江经济带、粤港澳大湾区和相邻区域作为合作重点，持续推进"1+N+X"合作；开展开放性国际合作，引进国际上友好省（州）、城市和东北亚及重点板块的优秀企业、重大项目；加快推进长吉图开发开放战略，打造珲春开发开放新高地；举办日资、韩资企业经贸洽谈会，办好"大图们倡议"政府间协商委员会部长级会议、东北亚区域合作地方政府首脑圆桌会议等。

3. 吉林省有关对外开放政策重要文件

2014年11月，吉林省发布了《吉林省人民政府关于国务院近期支持东北振兴若干重大政策举措的落实意见》，提出扩大向东北亚区域及发达国家开放合作。积极支持国家启动中俄远东开发合作机制，务实推进扎鲁比诺万能海港合作项目，支持珲春国际合作示范区和俄罗斯开发区实现紧密型合作，积极开辟珲春—俄罗斯扎鲁比诺港—日本新潟、珲春—俄罗斯扎鲁比诺港—韩国釜山新的陆海联运航线并给予政策支持；建立中德政府间老工业基地振兴交流合作机制，利用每年一次的中德双边工作会议，统筹推进中德双边合作机制和重大项目；打造一批重大开放合作平台；加快编制延吉（长白）重点开发开放试验区建设实施方案；加强重点边境城市市政设施、口岸通道、能源水利、旅游设施、交通运输网络等基础设施建设；完善对外开放政策等。

（三）黑龙江省

1. 黑龙江省"十二五"及"十三五"规划有关对外开放政策

黑龙江省"十二五"规划提出，着力扩大对外开放，构建互利共赢的发展格局。一是密切省内合作。打破行政隶属关系，构建产业协调发展、要素合理流动、招商引资同步的发展机制，搭建资源融合、项目整合、产业吻合的发展平台。二是加强国内合作。广泛开展与东部沿海省市、东北地区其他省份和中西部地区的合作交流，积极承接长三角、珠三角和环渤海等沿海发达地区产业转移，完善东北和内蒙古四省区重大基础设施项目、产业发展布局、区域协调发展等交流合作。三是拓展国际合作。充分发挥地处东北亚腹地中心区位优势，巩固提升对俄合作，积极推进对韩日合作，寻求开展对欧美、中东、非洲、东盟、印度等国家和地区合作，引进国际战略投资者。致力发展对外贸易，优化贸易结构，提高贸易层次。

黑龙江省"十三五"规划提出，发挥哈尔滨中蒙俄经济走廊主要节点城市作用，加快完善对俄合作综合服务功能，打造对俄合作中心城市；办好"中俄博览会"和"哈洽会"等大型展会，构筑中俄经贸合作平台；依托铁路集装箱中心站、哈尔滨空港、华南城"黑龙江省对俄经贸物流园区"等，形成国际物流集散枢纽；吸引国内外大型企业和商务服务机构进驻，建设合作企业总部基地；建成面向俄罗斯及东北亚区域金融服务中心；深化对俄全方位交流合作，建成文化科技交流中心、人才培养交流中心、旅游集散中心；完善对外开放合作园区体系，提升外向型产业承载能力；提升绥芬河综合保税区功能；促进中俄互市贸易双向开通；争取建设黑龙江自由贸易试验区；加大口岸基础设施建设投入，完善部门联络协作机制，全面实施单一窗口和通关一体化；完善跨国海关监管和检验检疫互认机制，强化我省口岸与沿海发达地区口岸、俄方口岸大通关合作。

2. 黑龙江省近三年政府工作报告有关对外开放政策

黑龙江省2017年政府工作报告提出，积极参与中蒙俄经济走廊建设，构建以对俄合作为重点的对外开放新格局，持续推动对俄合作由经贸合作向全方位合作转变、由与毗邻地区合作向与俄中部和欧洲部分合作延伸；推进黑河公路大桥、同江铁路大桥建设，推进东宁公路大桥前期工作；推动对俄人文交流，充分发挥中俄工科、医科、东北地区与俄远东等大学联盟作用；推进哈工大与圣彼得堡大学合作办学；发挥好哈尔滨和符拉迪沃斯托克两个中心城市在东北与俄远东合作中的梯次带动作用；办好在我省举办的俄"滨海边区日"活动；办好中俄文化大集和俄罗斯文化艺术周；加强与俄中部和欧洲部分地区工业与技术合作，落实合作成果，组织好第二次对接洽谈；依据长期供需结构、汇率变化，适时调整对俄进出口产品结构；拓展跨境电商业务；发挥好哈尔滨银行及其牵头成立的中俄金融联盟的专业服务作用；办好第四届中俄博览会和第二十八届哈洽会。

黑龙江省2018年政府工作报告提出，推动形成以对俄合作为重点的全面开放新格局。对接国家"一带一路"，积极参与中蒙俄经济走廊建设，落实"打造一个窗口、建设四个区"的发展定位，发挥好中俄友好、和平与发展委员会地方合作理事会作用及与俄省州长定期会晤机制作用。办好中俄地方合作交流年黑龙江省系列活动、中俄文化大集、中俄体育交流赛事；充分发挥中俄3个大学联盟作用；协助推进俄方在哈尔滨设立总领事馆；用好8个口岸边境旅游异地办证政策；推动开通黑瞎子岛陆路口岸，开通绥芬河公路口岸小汽车自驾游；加快同江铁路大桥、黑河公路大桥及东宁大桥、洛古河大桥建设；加快俄气管线和储气设施等基础设施建设；提高哈欧、哈俄班列和哈绥俄亚陆海联运的市场化运行水平；支持哈尔滨开通北美货运航线；用好中俄科技产业投资基金，促进对俄工业与技术合作。

黑龙江省2019年政府工作报告指出，努力建设开放合作高地。围绕"打造一个窗口，建设四个区"发展定位，积极构建以对俄合作为重点的全方位对外开放格局。发挥对俄合作排头兵和桥头堡作用，抓住同江大桥、黑河大桥即将开通的机遇，谋划好口岸同步对外开放和货源组织；加快跨境经济合作区和桥头经济区建设，引入国内外优质加工企业，发展大宗资源产品精深加工，形成从贸易到加工再到产业的深度发展；做好东宁界河大桥前期工作，推进黑瞎子岛口岸建设；支持我省企业参与俄跨越式发展区和远东自由港建设；加强对俄农业合作，建设境外农业合作示范区；推进哈欧、哈俄班列和哈绥俄亚陆海联运常态化运营；积极参与第二届"一带一路"国际合作高峰论坛；推动哈尔滨跨境电子商务综合试验区建设。

3. 黑龙江省有关对外开放政策重要文件

2017年3月13日，黑龙江省人民政府印发了贯彻落实《国务院关于深入推进实施新一轮东北振兴战略加快推动东北地区经济企稳向好若干重要举措的意见》若干措施的通知，提出扩大开放合作，转变观念理念。创新哈尔滨新区管理体制和运行机制，加快新区建设步伐；加快建设哈尔滨综合保税区、绥芬河—东宁重点开发开放试验区及黑河、绥芬河边境经济合作区；在大庆、牡丹江等市申请设立综合保税区等海关特殊监管区域，创新监管制度，复制推广自贸区可复制可推广经验；依托哈欧班列，争取国家赋予哈尔滨铁路货运口岸汽车整车进口功能等。

自 2003 年国家做出实施东北地区振兴战略重大决策以来，中共中央、国务院推动东北地区对外开放的系列政策陆续出台，东北各省及市也为贯彻落实中共中央、国务院的重要指示精神推出了有关配套措施，不断提高东北地区对外开放水平。东北地区对外开放政策环境的重大改善促进了地区对外开放程度的显著提升。

第二节　新时期东北地区对外开放政策的内涵及调整方向

实施东北地区等老工业基地振兴战略，是中共中央、国务院在新世纪做出的重大决策，当前和今后一个时期是推进老工业基地全面振兴的关键时期。新时期东北地区对外开放政策须实现"开放发展，构建向北开放重要窗口"，从参与推进"一带一路"建设、推进国际产能和装备制造合作、构建全方位对外开放新格局、打造多元化开放合作平台等方面发力。与此同时，新时期东北地区对外开放政策须注重统筹沿海沿边内陆对外开放、打造对外开放新平台、创新对外开放新方式及复制和推广自由贸易区政策等方面的调整。

一、新时期东北地区对外开放政策的内涵

在国家对外开放政策的推动下，东北地区持续推出诸多后续利好政策，东北地区对外开放发生显著变化，开放进程也逐步加快，开放性质由政策性开放、出口导向为主的外向型经济逐渐向制度性开放、提高资本自

由流动程度为主的开放型经济转变。

新时期,东北地区进一步实施对外开放政策,要实现"开放发展,构建向北开放重要窗口。主动参与推进'一带一路'建设,加快推进国际产能和装备制造合作,优化对外开放布局,将东北地区打造成为我国向北开放的重要窗口和东北亚地区合作的中心枢纽"[1]。

(一)参与推进"一带一路"建设

主动融入、积极参与"一带一路"建设战略。协同推进战略互信、经贸合作、人文交流,加强与周边国家基础设施互联互通,努力将东北地区打造成为我国向北开放的重要窗口和东北亚地区合作的中心枢纽。推动丝绸之路经济带建设与欧亚经济联盟、蒙古国草原之路倡议的对接,推进中蒙俄经济走廊建设,加强东北振兴与俄远东开发战略衔接,深化毗邻地区合作。以推进中韩自贸区建设为契机,选择适宜地区建设中韩国际合作示范区,推进共建中日经济和产业合作平台。推动对欧美等国家(地区)相关合作机制和平台建设,高水平推进中德(沈阳)高端装备制造产业园建设。推进沿边重点开发开放试验区建设,推动黑瞎子岛保护与开发开放。提升边境城市规模和综合实力。进一步加大对重点口岸基础设施建设支持力度。在中央预算内投资中安排资金支持东北地区面向东北亚开放合作平台基础设施建设。提高边境经济合作区、跨境经济合作区发展水平。积极扩大与周边国家的边境贸易,创新边贸方式,实现边境贸易与东北腹地优势产业发展的互动,促进东北进出口贸易水平不断提高。支持有实力的企业、优势产业、骨干产品走出去,重点推进国际产能和装备制造合作,培育开放型经济新优势。

(二)推进国际产能和装备制造合作

深化国际产能合作。依托"一带一路"建设,以优势产业为先导,支持企业采取绿地投资、并购投资、联合投资等方式,推进资源开发、钢铁有色、石油化工、建材、机械制造、农产品加工、木材加工、轻纺等领域

---

1. 国家发展和改革委员会. 东北振兴"十三五"规划[Z]. 2016年.

国际产能合作，打造产能合作集聚区。积极与发达国家合作共同开拓第三方市场。完善财税、金融、保险、投融资平台、风险评估等服务支撑体系。

推进国际装备制造合作。统筹使用对外投资、工程承包、对外援助、进出口贸易等方式，以电站成套设备、铁路货车、新型农机、石油石化、重型数控机床、轨道交通、自主品牌汽车、核电、船舶海洋工程、航空航天等优势领域为重点，加快推进东北地区装备走出去。积极推进海外整车装配基地和轨道交通装备生产基地建设。引导企业在境外设立研发中心，支持有实力企业直接切入设计、研发、营销等价值链高端环节。

（三）构建全方位对外开放新格局

协同推进沿海沿边内陆开放。进一步发挥辽宁沿海经济带和东北沿边地区的开放带动作用，以主要交通干线为轴线，以沿海港口和沿边口岸为支点，做强开放型经济。深入推进辽宁沿海经济带建设，优化产业布局，提升临港经济发展水平。加快建设大连东北亚国际航运中心、国际物流中心，推进区域金融改革开放。积极推动沿边开发开放，建设好满洲里、二连浩特、绥芬河—东宁等重点开发开放试验区和珲春国际合作示范区。完善边民互市贸易政策，加强边民互市点建设。加强内陆地区口岸和基础设施建设，开辟跨境多式联运交通通道，打造以装备制造、战略性新兴产业、服务外包等为特色的外向型产业基地。

提升开放型经济发展层次。优化对外贸易结构，提高先进技术设备、关键零部件、能源原材料等进口比重，积极发展跨境电子商务、市场采购贸易等新型贸易方式，参与推进网上丝绸之路建设。创新服务贸易管理体制、发展模式，推动服务贸易便利化，推进哈尔滨新区国家服务贸易创新发展试点。优化利用外资结构，大力引进国外高层次人才、先进技术、创新成果、管理经验，鼓励外资投向东北地区先进制造、高新技术、节能环保、现代服务业等领域，支持外资企业设立研发中心。营造优良营商环境，完善境外投资和利用外资管理体制，强化对外开放服务保障。

（四）打造多元化开放合作平台

打造开放型经济合作平台。推进中德（沈阳）高端装备制造产业园建设,继续加强中德(沈阳)企业合作基地建设。建设大连中日韩循环经济示范基地和跨境电商综合实验区。推进海关特殊监管区域建设。继续在东北地区复制推广自由贸易试验区改革试点经验。加快推动辽宁省自由贸易试验区建设,加快体制机制改革,全面推动结构调整,着力打造提升东北老工业基地发展整体竞争力和对外开放水平的新引擎。办好中国—东北亚博览会、中俄博览会、中蒙博览会以及中俄蒙经贸合作洽谈会等各类展会。完善口岸基础设施,推进检验检疫指定口岸建设,完善口岸公共卫生体系。

打造边境与跨境经济合作平台。以境内外联动、上下游衔接为要求,积极稳妥推进边境与跨境经济合作区建设。拓展边境经济合作区功能,促进二连浩特、满洲里、绥芬河、黑河、珲春、和龙、丹东等边境经济合作区加快发展,研究在条件成熟地区新设边境经济合作区,支持边境经济合作区与东部地区各类园区开展合作。推动设立二连浩特—扎门乌德跨境经济合作区,打造跨境产业链和产业聚集带。支持建设农业对外开放合作试验区。打造境外产业合作平台,通过控股、参股、管理合作等方式,推动边境与境外产业园区建立新型合作模式。

二、新时期东北地区对外开放政策的调整方向

开放和创新是解决东北地区经济发展困境的重要抓手,也是新时期东北地区对外开放政策的调整方向。东北地区对外开放从总体上看发展势头良好,但还存在着开放程度低、进出口产品结构层次不高、利用外资不均衡及东北腹地和沿边开放缓慢等问题。通过坚持开放发展,创新发展,进一步完善与调整东北地区对外开放政策,采取得力措施并形成完整政策体系,东北地区对外开放将进一步取得飞跃性发展。

(一)统筹沿海沿边内陆对外开放

新时期东北地区对外开放政策须更加注重统筹沿海沿边内陆对外开放。东北地区兼有沿海、沿边和内陆对外开放的政策优势和区域载体优势,因此,新时期东北对外开放政策要优化整合和统筹利用好各种优势。

发挥辽中南城市群对外开放门户的重要作用，建设服务整个东北地区的国际贸易中心，加快从全球加工装配基地向研发、先进制造基地转变。鼓励辽中南城市群与内陆地区共建开发区，形成若干国际加工制造基地和外向型产业集群。积极拓展沿边地区与周边国家经贸合作领域和空间，建设若干面向毗邻地区的区域性国际贸易中心，支持开放开发试验区发展，加快建设边境经济合作区、跨境经济合作区。将分布在不同地区的点状优势、块状优势变为线状优势和带状优势，构建起统筹沿海沿边和内陆对外开放新格局。

（二）打造对外开放新平台

新时期东北地区对外开放政策须更加注重打造对外开放新平台。

加快创造条件，争取在东北有条件的地区建立自由贸易区，着力构建高标准的对外开放体系。积极争取有关部门支持，将保税区的功能向保税区外的园区延伸，构建高效有序的物流体系。整合东北地区现有的保税仓库、物流园区、加工园区功能，通过体制合并、联动发展，推进综合保税区的建设。借鉴中哈霍尔果斯国际边境合作中心的经验，在具备条件的地区扩大和增设边境经济合作区以及跨境经济合作区，并对投资、贸易、人员出入、基础设施建设等方面给予优惠，加快边境特色经济发展。充分发挥世界银行的融资功能，以贷款、股本投资、技术援助和联合融资担保等方式向东北地区提供资金支持。积极与世界银行加强沟通、联系，通过"请进来"和"走出去"，逐步建立有效的交流合作沟通机制，积极扩大贷款来源和渠道。

提升边境经济合作区、跨境经济合作区功能。支持符合条件的地区申报设立海关特殊监管区域，在确定选址时考虑特殊区域未来与对方国家合作、升级为跨境经济合作区的衔接，提前谋划、预留土地和口岸监管设施等。支持跨境经济区建设，在具备条件的跨境经济区内实行"关外"政策，双方边境地区人员、货物、交通工具等可以便利进入跨境经合区，区内除双方货物保税自由流动外，双方人员和其他要素亦可自由流动，从而比国内海关特殊监管区域的资源配置效率更高。完善互市区政策，使互市区与海关特殊监管区域、跨境经合区错位发展。

（三）创新对外开放新方式

新时期东北地区对外开放政策须更加注重创新对外开放新方式。

通过出台有关新政策，创新优化进出口贸易层次和结构，用好机电和高新技术产品进出口结构资金，提高高新技术和机电产品占本地区出口总值的比重；鼓励企业进口新技术、新设备、新材料和符合国家进口导向的资源性产品，增强进口主体的竞争实力。以现代物流及交通运输业、旅游产业、会展业、金融服务业、信息服务业、中介服务业、文化产业、科技教育服务业、农业服务业和现代商贸流通业等领域为突破口，着重抓好外包服务业的发展，以服务业发展带动服务贸易发展。实施"市场多元化"战略，巩固扩大发达国家市场，重视开拓发展中国家市场，突出开发周边国家市场。依托资源优势和产业基础，承接国际产业转移，鼓励国内外战略投资者参与老工业基地改造和产业优化升级。适当降低资本金比例、放宽外资持股比例，鼓励外商投资冶金化工、装备制造业、高新技术产业、现代服务业、现代农业、节能环保产业等领域，进一步扩大利用外资水平和规模。支持企业开展境外加工装配、开发矿产和采伐森林等重要资源，把俄罗斯、韩国、日本、朝鲜和蒙古等东北亚各国作为"走出去"的重要地区。

（四）复制和推广自由贸易区政策

新时期东北地区对外开放政策建议复制和推广自由贸易区政策。

第一，复制推广外商直接投资和境外投资管理制度。上海自贸区外资管理制度包括负面清单列表、备案制管理、安全审查制度等，在取得成功经验后，建议在东北地区推广。第二，复制推广工商登记管理制度。上海自贸区实行的注册资本认缴、"先照后证"登记制符合工商登记管理制度的改革方向，可尽快地向东北地区推广复制。第三，推广税收政策差别化。上海自贸区的税收政策分为促进投资和促进贸易两个方面。在促进贸易政策方面，内销货物按实际报验状态征收关税政策有助于支持区内加工贸易企业内销，可尽早在其他海关特殊监管区域内复制。第四，在小范围内推广服务业扩大开放政策。上海自贸区的服务业开放主要针对外资开放，服务业开放措施是上海国际航运、贸易、金融、经济"四个中心"建设的重要支撑。服务业开放措施可根据具体需求率先在有关区域复制。

新时代东北振兴，是全面振兴、全方位振兴，加快东北老工业基地全面振兴，是完善我国对外开放战略布局的重要部署，全面深化改革、扩大开放是振兴东北老工业基地的治本之策。新时期东北地区对外开放政策的内涵就是"开放发展，构建向北开放重要窗口"，对外开放政策的调整方向主要是统筹陆海对外开放、打造新平台、创新新方式和复制推广自贸区政策等。

第三节　东北地区营商环境建设的进展与成就

近年来，东北地区高度重视营商环境建设，营商环境有了深层次改善，取得了明显成绩。

一、破解体制机制障碍，转变思想观念

东北地区从破解体制机制障碍入手，转变思想观念和工作作风，深化"放管服"改革，再造工作流程，着力优化政策、市场、法治环境。多年来，东北地区在营商环境建设上采取了多种举措，推动了多轮改革，东北地区营商环境正在持续改善。

（一）辽宁省

辽宁省2016年12月7日正式公布了《辽宁省优化营商环境条例》，这是东北地区首部规范营商环境建设的省级地方法规，标志着辽宁省营商环境建设将进一步法制化、规范化。《条例》包括39条，从2017年2月1日

起正式施行。《条例》要求辽宁省行政区域内的各级机关和有关部门、单位及其工作人员履行优化营商环境职责。针对招商引资中胡乱承诺、随意变更的现象，针对行政执法检查过多过滥现象做出了相应的规定。还为保护企业合法权益做出14条禁止性规定，对破坏营商环境的责任和处罚等都做出明确的规定。

近年来，辽宁省优化营商环境的力度不断加强。2016年初，辽宁省委、省政府下发了《关于优化投资环境的意见（试行）》，随后又成立了省委书记、省长任组长的辽宁省软环境建设工作领导小组，在加强制度和平台建设的同时，连续开展多次专项整治行动。辽宁省还组建了全国首个"营商环境建设监督局"，负责全省营商环境建设监督检查工作，包括受理相关投诉、举报，查处营商环境建设违法违纪行为。

（二）吉林省

吉林省多项政策并举，优化营商环境建设。2017年1月，吉林省政府印发《关于降低实体经济企业成本的实施意见》，出台47项政策措施，进一步优化发展环境，有效缓解实体经济企业困难，促进经济平稳健康发展。2017年2月，吉林省政府办公厅印发《关于促进创业投资持续健康发展若干政策措施的通知》，出台23项政策措施，激发大众创业、万众创新活力，促进科技创新成果转化，调动社会资本参与创业投资积极性，有效引导创业投资助力实体经济。长春新区还专门制定了《打造一流营商环境"二十条"措施》，帮助企业破解融资难等困难，为企业经营提供各种便利条件。

2017年3月，吉林省政府印发《关于缓解企业融资难融资贵若干措施的通知》，出台16项政策措施。同时还出台了《关于促进民营经济加快发展若干措施的通知》等扶持措施，出台25项政策措施，着力破解企业融资难问题、推动企业降本减负、构建"亲""清"新型政商关系，切实解决企业实际困难和问题，进一步改善投资营商环境的政策体系，有效降低了制度性交易成本，起到了提效能、激活力、促发展的积极作用。吉林省还建立了项目管家制度，2018年为5717个重大项目和重点企业配备了项目管家，有力推动了项目建设，服务了企业发展。

吉林全面振兴发展，需要良好的经济发展软环境作为支撑，有关推动营商环境的系列决策部署，进一步改善了投资营商环境，初步解决了改革发展过程中的要素流动、营商成本、投资回报和人才流向问题，起到了提效能、激活力、促发展的积极作用。

（三）黑龙江省

2015年5月，黑龙江省出台《中共黑龙江省委 黑龙江省人民政府关于进一步优化全省发展环境的意见》，推动营商环境建设。成立了黑龙江省委省政府发展环境整治领导小组，重点督办不尽职不尽责、不作为乱作为、不守信不守法、不收敛不收手等问题；出台《中共黑龙江省委 黑龙江省人民政府关于支持民营经济发展的若干意见》等，解决民营经济偏弱问题，支持民营企业创新发展、转型发展；与破坏发展环境的行为进行坚决斗争。省政府企业投诉中心自2014年成立以来，共受理投诉事项1029件，办结889件。

黑龙江省营商环境建设监督局于2018年10月28日正式挂牌。按照《黑龙江省机构改革方案》要求，将省政府办公厅的企业和创业投诉管理、发展环境整治、网上政务平台建设、网上审批监督管理、流程再造等职能整合。2019年1月18日，黑龙江省第十三届人民代表大会第三次会议通过了《黑龙江省优化营商环境条例》。《条例》明确，将重点清理整治"新官不理旧账"、不作为、乱作为、懒政怠政等问题，彰显了黑龙江重塑营商环境的信心和决心。黑龙江省哈尔滨新区实施"承诺即开工"改革，即"政府定标准、企业作承诺、过程强监管、信用有奖惩"，创新开展企业投资项目审批改革，落户企业9天即可拿到施工许可，达到全国先进水平。

二、诚信建设，打造诚信政府，营造良好营商环境

加强政务诚信建设，优化发展软环境，提升政府公信力，是深化"放管服"改革和加快转变政府职能、提高政府效能的必然要求，是社会信用体系建设的重要组成部分。近年来，东北地区把"诚信建设"作为优化营商

环境的一项重要内容。

（一）辽宁省

辽宁省大力提升行政服务水平，积极运用大数据、云计算、移动互联网等信息技术，加快推进省、市、县三级"政务一张网"和信用信息数据共享平台建设，实现互联互通，完善政务信用决策机制，逐步完善"政务清单"，建立"信用清单"、政务信用档案，全面推行政务公开、信用承诺等制度，逐步推进守信激励和失信惩戒工作。

2018年4月11日，辽宁省财政厅联合省发展改革委、省商务厅，围绕政府失信行为问题开展专项行动，从清理偿还政府工程款、严格政府投资项目审批、规范招商引资政府履约行为三方面着力，推进政务诚信建设，不断优化营商环境。

（二）吉林省

2018年2月，吉林省印发了《全面推进"只跑一次"改革实施方案》，努力打造遇事不求人、规则无偏见、投资有商机的良好环境。到2020年，吉林省将建成与吉林老工业基地振兴发展要求相适应的政务诚信体系。

（三）黑龙江省

2019年2月，黑龙江省出台了《2019年全省深化机关作风整顿优化营商环境实施方案》，突出问题导向、目标导向，聚焦形式主义、官僚主义新表现，聚焦群众最反感、市场主体最困扰、制约发展最突出的作风问题，用"钢牙"啃"硬骨头"，精准发力、重拳整治，纠建并举、标本兼治，严查重处、持续震慑，打好整顿组合拳，努力做到"办事不求人"，以好作风、好环境推动黑龙江全面振兴、全方位振兴。

三、简政放权，转变政府职能

（一）辽宁省

辽宁省政府分9批取消调整行政职权1077项，非行政许可审批一律取消；对非前置审批的登记申请直接核发营业执照，226项工商登记前置审批压减到32项；深入开展"办事难"专项整治；全面实行"32证合一"，376

项证照即办即给。

沈阳市在推进审批体制改革方面做了大量工作。在内部职能归并上，推行审批机构调整工作。通过整合职能、归并机构、调剂人员，市直部门审批机构全部进驻服务中心，实现了职能集中、事项集中、人员集中，做到了事项进驻到位、窗口授权到位、业务办理到位。目前，市级审批事项已全部进驻政务服务中心办理，审批事项集中办理率达到100%，实现了"大厅之外无审批"。同时，全面推广"互联网+政务服务"的"平台化"工作机制，一是建立了网上审批服务平台，申请人通过互联网就可以与政府审批部门进行远程沟通、申请业务办理。二是建立了行政审批中介服务超市，将相关审批中介机构纳入网络服务平台，为中介机构提供资质登记、信誉推介等服务，推进中介服务选取、竞价、成交、评价等环节线上运行。三是搭建"多规合一"建设项目联合审批平台，申报材料通过网络平台推送至审批部门协同办理，实现"要件共享、并联审批"。

（二）吉林省

吉林省在《全面推进"只跑一次"改革实施方案》中提出，到2020年7月底前，基本实现群众和企业到政府办事"只跑一次"、甚至"零上门"，各地、各部门"只跑一次"事项要达到80%以上。吉林省已有185个服务事项实现一站式办理。倒逼各地各部门简政放权放管结合优化服务，促进体制机制创新，使群众和企业对改革的获得感明显增强，政府办事效率明显提高，发展环境进一步改善，不断增强经济社会发展活力。

（三）黑龙江省

黑龙江省随着"互联网+政务服务"工作推动，目前省级政务服务事项网上可办率已高于80%。

黑龙江省正在打造"黑龙江全省事"APP，即全省政务服务移动端总门户，将覆盖各地公安、人社、教育、卫生健康等各个领域的政务服务事项，让百姓办事实现"指尖办"。黑龙江省正以省级统筹为原则，进一步完善省市两级政务服务平台，深化互联互通，推动平台规范化、标准化、集约化建设。目前重点推动全省统一政务服务门户和移动端、统一事项库、统一身份认证、统一电子签章和电子证照共享等系统建设。截至目前,黑龙江省政务服务一体化平台已完成省级旗舰店建设、统一事项库和省市县三级统一门户设计等工作,为实现全省政务服务栏目规划统一、事项集中发布、服务集中供给打下基础。

优化营商环境是实现东北地区全面振兴的关键一环。近年来,东北地区不断优化营商环境,在破解体制机制障碍、转变思想观念诚信建设,打造诚信政府、营造良好营商环境、简政放权、转变政府职能等方面成效显著。

第五章

东北振兴中的对外开放新前沿建设

特殊经济区域发展对东北地区开放的引领作用

特殊经济区最早主要以自由港、自由城市、自由特区的形式出现在12世纪的欧洲。世界银行（1992）的标准定义是，特殊经济区是一个工业区，就东道国的关税和现行商业守则而言，它是一个"飞地"。按照特殊经济区职能划分，世界银行（FIAS，2008）认为包括自由贸易区、传统出口加工区、混合型出口加工区、自由贸易港、城市自由区、单一工厂出口加工区等类型。全球特殊经济区发展可分三个阶段：第一阶段的特殊经济区主要形式是"飞地"，在促进出口和创造就业方面发挥重要作用。第二阶段特殊经济区得益于跨国公司，通过加强与国内的联系，促进特殊经济区多样化发展。第三阶段的特殊经济区旨在劳动力市场和服务业的开放，经济技术开发区和高新技术开发区是其最重要的类型。

各种特殊经济区是"一带一路"建设的载体和支撑体系。一些特殊经济区是境内关外国际合作交流沟通的桥梁，成为使领馆和企业之间的缓冲带，促进了全方位高层次对外开放，全面开放新格局的建设。中国经济改革和对外开放的成功经验之一，就是通过建立各类特区、开发区和工业园区，以点带面推动高速经济增长。深圳特区、北京中关村和上海张江高新区、苏州产业园区就是其中的典型代表。产业园区和开发区的建设和发展，是"中国模式"的重要特征，是弘扬中国发展模式、管理理念、文化价值的重要渠道，是和"一带一路"沿线国家共享发展经验的重要名片。中国企业将产业园区建设模式和成功经验带到国外，并在当地生根发芽，为当地输送了先进的理念、技术和人才，促进了发展中地区由依赖外部投资"输血"，向自我"造血"转型。

东北地大物博，东北三省以"老工业基地"、石油和粮食闻名世界。黑龙江大庆是石油城，辽宁盘锦是石油城，北大荒是"天下粮仓"。多年来传统产业发展出现瓶颈，资源枯竭、人才流失等困扰了东北老工业基础。打破传统僵化的思路，是生死抉择。纷繁复杂的国际关系进入百年未有之大变局，东北要振兴必须全力推动与周边等国家经贸合作，尤其是促进俄罗斯全面战略协作伙伴关系更好更快发展。东北地区沿边沿海、地处东北亚区域中心，是东北亚经济圈的核心部分，是"一带一路"北线的交通枢纽支点，内蒙古、黑龙江、吉林、辽宁的定位是：建设向东北亚开放的重要窗口。

哈尔滨、黑河等城市是"一带一路"中蒙俄经济走廊的重要节点，东北三省积极参与东北亚区域合作尤其深化对俄罗斯全方位战略合作中具有重要的战略地位。例如，近年来，辽宁省发挥沿海沿边优势，把对外开放作为振兴发展的重要抓手，"内外联动、陆海互济"的全面开放新格局正在加速形成。辽宁省主动融入"一带一路"建设，制订《辽宁"一带一路"综合试验区建设总体方案》，省政府印发《辽宁"16+1"经贸合作示范区总体方案》，创建"中国—中东欧16+1"经贸合作示范区，示范区的实施范围包括沈阳、大连、营口三大核心载体城市以及其他支撑配套城市。沈阳、大连将以先进制造业为主，建设"中国—中东欧（大连）先进制造产业园"等园区；参与构建东北亚经济合作圈，将加速辽宁省产业转型升级，为东北全面振兴、全方位振兴打造"辽宁样板"。吉林省作为"一带一路"向北开放的重要窗口，为全面扩大与蒙俄等东北亚国家的交流合作，吉林发布了《沿中蒙俄开发开放经济带发展规划（2018年—2025年）》。

综上所述，口岸是一种开放平台，属于开放基础设施。经过实地调研，我们认为作为中国重要的老工业基地之一，近年来东北在汽车领域频频释放利好。东北三省的汽车口岸尤其亮眼，其中，黑龙江绥芬河铁路口岸于2017年6月16日获批，大连新港于2004年5月21日成为可以整车进口的口岸，2018年10月吉林长春成为东北三省开放的第三处整车进口口岸。这将有利于东北形成完整的汽车产业链条，加快汽车产业转型升级步伐，将带动装备制造迈向中高端，培育东北三省外贸新增长点，促进消费升级。

保税区是层级较低的海关特殊监管区域，属于开放的软件设施，自由贸易试验区也属于海关特殊监管区域，但开放程度更高，边境经济合作区及境外经贸合作区是从促进合作入手的开放方式。以中国（辽宁）自由贸易试验区和中国（黑龙江）自贸区等建设为契机，将以沿边强市重镇为核心推动东北沿边开放体系构建，将进一步促进东北沿海沿边全方位对外开放，全面提升对外开放的层次和水平，实现东北的再次振兴。本章主要从以下几方面展开系统逻辑的研究,探讨东北开放政策的执行落实情况,在东北振兴发展中所起的作用。

第一节 口 岸

东北三省地处东北亚区域的中心,与周边的俄罗斯、日本、韩国、朝鲜、蒙古五国接壤或邻近,具有得天独厚的发展边境贸易的地理优势。口岸有广义和狭义之分,广义的口岸在东北三省的对外开放过程中发挥着重要的引领作用,例如大连、沈阳、长春、哈尔滨的口岸。狭义的口岸在沿边经济发展中发挥着积极的推动作用,尤其是陆路口岸必然成为沿边经济发展的引擎。例如,黑河、同江、绥芬河、丹东等。其中,汽车口岸在东北尤其重要。整车进口口岸是依据国家对整车进口限定口岸管理的政策,截至 2018 年初,国内共有 28 个整车进口口岸,其中,黑龙江绥芬河口岸、辽宁大连汽车码头、吉林长春整车进口口岸均在当地经济发展、对外开放中起积极引领作用。东北地区可以继续利用地缘优势,通过加深与周边邻国的国际经贸合作,充分发挥对外贸易对经济增长的带动作用[1]。辽宁贸易伙伴已经遍及世界 217 个国家和地区,世界五百强企业中已有 110 多家在辽宁投资。

一、东北三省的口岸经济

(一)口岸的概念

口岸原意指由国家指定的对外通商的沿海港口。现在口岸已不仅是经济贸易往来(即通商)的商埠,而且是由国家指定对外往来的门户,是国

---

[1]. 宋晓巍. 东北三省外贸结构及其优化问题研究[M]. 长春:吉林人民出版社,2017.

际货物运输的枢纽。口岸按开放程度分为一类口岸和二类口岸；按照出入境的国境的交通方式划分，可将口岸分为港口口岸、陆地口岸和航空口岸；按照出入国境的交通方式划分，可将口岸分为航空口岸、港口口岸和陆地口岸（铁路和公路）。本章主要讨论狭义意思上的中国边境上的口岸。

东北三省随着对外经济贸易的发展，应该根据地方区位特点构建以公路、水路、铁路为网络的立体化的口岸物流基础设施体系，以形成以沿海、沿江、航空和内陆边境全方位的立体化口岸开放格局，实际上东北三省也在这样实践。辽宁省的一类口岸主要有：沈阳、大连、营口、锦州、丹东、盘锦。课题组调研发现辽宁的大连、沈阳汽车口岸近年在东北开放引领振兴中发挥积极作用。吉林省的一类口岸主要有：长春、珲春、图们、集安、长白。课题组调研还发现，2018年10月长春获批汽车整车进口口岸以来，省商务厅、长春海关等相关部门积极推动口岸验收工作，促进消费升级和进一步开放。

黑龙江的一类口岸主要有：哈尔滨、佳木斯、齐齐哈尔、牡丹江、抚远、漠河、绥芬河。

（二）口岸在东北经济发展中的作用

一是利用口岸功能发展口岸经济。2009年4月21日，黑龙江绥芬河综合保税区经国务院批准设立。黑龙江省发展改革委印发《黑龙江绥芬河——东宁重点开发开放试验区建设总体规划》，规划提出：依托绥芬河、东宁、抚远、同江、黑河等边境城市，建设五个边境口岸枢纽。加强绥东试验区与俄、蒙、韩、日、朝等"一带一路"沿线国家经贸往来，建设以装卸、分拨、仓储、加工、物流、金融等功能为主体的临空服务配套区等。

吉林省是外经贸小省，经济外向度不足10%，与辽宁省相比也有不小的差距。吉林省与俄罗斯拥有241公里的边界线，珲春口岸是吉林省唯一对俄口岸，自2013年珲春—马哈林诺铁路恢复国际联运。吉林省延边朝鲜族自治州积极推动口岸探索建设与发展战略。延边州口岸包括珲春公路口岸、圈河公路口岸、珲春铁路口岸、沙坨子口岸、图们口岸、图们铁路口岸、开山屯口岸、三合口岸、南坪口岸、古城里口岸、延吉航空口岸。随着延边朝鲜族自治州对外开放步伐的加快,《中国图们江区域合作开发规划纲要——以长吉图为开发开放先导区》的实施,口岸在地方经济发展中的地位显得更加重要。

二是口岸经济是开放型经济的重要组成部分。以口岸为载体,以进出口贸易和加工贸易为基础,通过人力流、资金流、物质流、信息流带动贸易、加工、仓储、经济技术合作、电子商务、旅游购物、商贸金融、交通及服务行业、基础设施建设等经济活动发展的整体功能经济系统。

20世纪90年代以前,东北地区主要是通过中苏之间的满洲里与绥芬河口岸、中朝之间的丹东与图们口岸进行双边国家边境贸易,通常地方经贸往来比较少,封闭的地方经济水平落后。随着改革开放,口岸数量的不断增多,基础设施条件及口岸的功能不断完善,主要口岸经济迅速发展,形成了依托口岸,边贸支撑的外向型口岸经济特色。

三是通过边境口岸在经贸合作、边境自由贸易区、经济合作区、综合保税区、互设贸易区、旅游资源利用与开发等多方面开展合作。黑龙江与俄罗斯有2981公里的边境线,毗邻俄罗斯5个州,有25个国家一类口岸,其中对俄边境口岸15个,占全国对俄边境口岸的70%,口岸年过货能力3000万吨,对俄贸易占全国的近1/4,对俄投资占全国的近1/3。[1]牡丹江市、绥芬河市、鸡西市、齐齐哈尔市等贸易额出现可喜势头。吉林省对俄珲春口岸,出现良好发展势头,对俄边贸日益火爆。

东北三省根据当地实际,发挥口岸作用,在国家"一带一路"政策、地方政策和行业政策的指导下,推进特殊经济区的建设,探索跨地区、跨国别的企业分工协作,加大基础设施投入力度,强化产业集群效应。在此选择辽宁、吉林、黑龙江的丹东、珲春、图们、绥芬河、黑河口岸等简单介绍。

二、辽宁的主要口岸

辽宁作为东北地区唯一的沿海省份,拥有丰富的海岸线和良好的港口

---

1. 朱宇,吴海宝.黑龙江经济发展报告(2019)[M].北京:社会科学文献出版社,2019.

资源，辽宁省提出"五点一线"沿海经济带建设，努力构筑沿海与腹地互动发展的新型产业基地、建设沿海经济强省。截至2018年12月，辽宁开放口岸数量由1978年的3个增加到13个，国际空中航线、国际集装箱航线分别增加到132条和110条，生产性码头泊位增加到421个，其中5万吨级以上泊位230个，集装箱班轮航线达到152条，码头岸线长度由不足万米增长到8.2万米。

辽宁省主要口岸为丹东口岸，是中、朝两国交流的陆地口岸，丹东口岸开放后，逐渐发展成为东北亚地区重要的贸易中转地。鸭绿江为中朝界河。丹东铁路口岸是全国最大的铁路口岸之一，地点在铁路丹东站。该口岸已有90多年的历史，安奉铁路（即今沈丹铁路）始建于1904年8月，当时为窄轨轻便军用铁路，1909年改建为永久性的标准轨铁路。1911年11月第一座鸭绿江大桥建成，安奉铁路与朝鲜铁路接轨并正式通车营运（1950年被美国飞机炸断，现存断桥）。1943年4月又修建了第二座鸭绿江大桥，第二年安奉线改建为复线。朝鲜战争之后，鸭绿江大桥改建为公路、铁路并用。丹东铁路口岸分为客运和货运两部分。1954年，中朝两国签订了铁路联运协定，开通北京至平壤、平壤至莫斯科往返直通国际联运旅客列车。

丹东公路口岸位于市区内鸭绿江大桥旁边，是1955年经中朝双方商定批准开放的国家一类口岸，也是我国与朝鲜半岛接壤的口岸中唯一可通行第三国人员的口岸。1966年关闭，1981年恢复通关。目前，公路口岸硬件设施比较落后，联检场地狭小，省、市两级政府已下决心进行改造，近期有望实施。

三、吉林的主要口岸

吉林省地处东北亚地理几何中心，是全国9个边境省份之一，有铁路、公路、航空、内河、内陆港等各类口岸21个。新时代，推动口岸经济高质量发展，探索具有吉林特色的对外开放新路径，是吉林省打造"一带一路"向北开放重要窗口的有力支撑，对于促进对外经贸合作、构建全面开放新格局、推动全面振兴全方位振兴意义重大。

（一）珲春口岸

吉林省珲春市是中国对外贸易沿边口岸，是吉林省对外开放的先锋城市。珲春位于吉林省东部，北部紧邻俄罗斯滨海边疆区，南边与朝鲜隔江相望。在这里中、俄、朝三国相连相通。2019年3月28日，第二十届远东农业食品展览会暨首届中俄特色农产品博览会在符拉迪沃斯托克市开幕。中俄两国农业合作，特别是中国与远东地区以及滨海边疆区农业合作具有独一无二的先天互补优势，前景广阔，是远东地区和滨海边疆区对华务实合作的优先方向。

（二）图们口岸

图们市位于吉林省东部，图们江下游，是吉林省最大的边境口岸城市，是国家一类国际客货运输口岸，是吉林省唯一有公路桥、铁路桥与朝鲜相连的口岸，是中、朝、俄、日等国多边贸易的重要物资中转口岸。

（三）集安口岸

集安位于吉林省最南端，集安市东与朝鲜隔鸭绿江相望。在东北产业转型升级，振兴东北老工业基地，利用东北粮食主产地，自然资源优势，地理优势，大力发展东北三省的进出口贸易，通过开展深层次的外贸合作和国际经济技术交流，全方位带动当地优势产业和传统产业的深化，促进劳动力就业，经济增长等方面发挥作用。

吉林省口岸经济发展中面临的突出问题：从顶层设计看，开放布局不够合理，口岸协作不够紧密，集聚效应并未显现；从口岸基础设施看，对外互联互通基础设施薄弱；从口岸开放平台看，类型众多，功能雷同，水平较低；从发展主体看，货运量不足，存在有口岸无经济现象；从发展路径看，仍然采取传统口岸经济发展模式。

构建吉林省口岸经济高质量发展体系：坚持错位发展，进一步提升口岸功能；推动口岸经济发展模式创新，实现"两个转型"；优化口岸布局，打造"四大口岸经济圈"；坚持问题导向，补齐口岸经济发展"六大短板"。

四、黑龙江的主要口岸

黑龙江目前有开放口岸21个，仅边境县（市）就有国家一类口岸15个，口岸县市人均财政收入高于其他县市2倍。黑龙江将全方位开放作为全面振兴的重要切入点，大力推进对外开放战略升级。2019年1—7月黑龙江省沿边口岸城市进出口情况：绥芬河进出口总额930056.91万元，同比增长7.43%；抚远进出口总额31968.43万元，同比下降41.44%；饶河进出口总额34173.38万元，同比下降11.74%；东宁进出口总额164236.56万元，同比下降13.92%；密山进出口总额76643.77万元，同比增长74.83%；虎林进出口总额48198.79万元，同比增长52.22%；萝北进出口总额61129.02万元，同比增长68.28%；同江进出口总额111492.59万元，同比增长31.22%。

（一）绥芬河口岸

位于黑龙江省东南部，濒临俄罗斯远东最发达的滨海边疆区，被称为"中国俄语城"。有1条铁路和2条高速公路与俄罗斯远东交通网络直接相连。根据中俄在俄罗斯远东地区合作发展规划（2018—2024年），发展滨海1号、2号国际交通廊。"滨海1号"连接中国黑龙江省与俄滨海边疆区的港口，具体路线为哈尔滨—牡丹江—绥芬河—波格拉尼奇内—乌苏里斯克—符拉迪沃斯托克港/东方港/纳霍德卡港。"滨海2号"连接中国吉林省与俄滨海边疆区的扎鲁比诺港，具体路线为长春—吉林—珲春—扎鲁比诺港。"滨海1号"和"滨海2号"国际交通走廊的开发，对中俄远东地区合作，以及"一带一路"建设与欧亚经济联盟对接合作具有重要意义。

（二）黑河口岸

黑河与俄罗斯阿穆尔州首府布拉戈维申斯克市隔江相望。黑河除在口岸经营方面，通过边境口岸在经贸合作、边境自由贸易区、经济合作区、综合保税区、互设贸易区、旅游资源利用与开发等多方面开展合作。利用口岸功能发展口岸经济，其中园区建设是重点，先后提出了建设边境自由贸易区、经济合作区、综合保税区的思路。依托黑河口岸，发挥黑河—布拉戈维申斯克公路桥、黑河自由贸易区、黑河边境经济合作区、黑河综合保税区等叠加效应。

（三）同江口岸

同江是富饶的"鱼米之乡"，位于松花江与黑龙江交汇处南岸，三江平原腹地，北隔黑龙江与俄罗斯犹太自治州和哈巴罗夫斯克边疆区相望。港口基础设施简陋，限制了港口通过能力。2019年是中俄建交70周年，两国务实合作将迎来丰收之年，其中最具代表性的项目是"一管两桥"的落成。中俄同江跨江铁路大桥已于2019年4月成功合龙，大桥全长6735.91米，其中，主桥长2215.02米，是我国继鸭绿江大桥后的第二座跨国大桥。大桥是"一带一路"基础设施建设取得的重大成果，将为促进东北振兴和俄远东地区的开发开放发挥重要作用。同江市将立足大桥建成带来的发展机遇和条件，围绕同江既有的产业基础优势，在桥头经济区投资建设运营方面、跨境产业项目落地方面、农副产品加工项目投资方面、发展文化旅游产业方面寻求合作[1]。

（四）漠河口岸

漠河口岸位于兴安镇境内，是黑龙江省境内1988年首批国务院批准的国家一类对外开放口岸。1991年开始建设，1993年9月1日口岸正式启动开关。目前，漠河初步形成的产业特色主要是漠河对俄工业园区，该园区2008年经省政府批准设立，中俄原油管道工程，旅游产业等。漠河市地处中国最北，素有"神州北极""金鸡之冠""天鹅之首"的美誉。漠河市依托大森林、大冰雪、大界江、大湿地、北极光等独特的资源优势，绿水青山和冰天雪地已经成为漠河百姓的金山银山。

五、东北三省口岸亟待解决的问题和对策

沿边州口岸的综合运行能力、开放程度和辐射广度还不能适应地方经济发展的需要。没有出海口，口岸辐射半径有限，口岸基础设施建设薄

---

1. 孙思琪，狄婕.黑龙江日报[N], 2019-8-29.

弱,口岸利用率不高,通而不畅,口岸服务专业化程度不高,口岸物流规模小,空中航线单一,运营能力弱,口岸所处的国际环境存在不稳定因素。需要"外引内联",积极推进口岸信息化建设工程。

中国外向型经济发展步入了新阶段,对口岸工作提出了新的更高的要求。2015年4月1日,国务院印发《国务院关于改进口岸工作支持外贸发展的若干意见》。2015年6月16日,国务院办公厅印发《国务院办公厅关于促进跨境电子商务健康快速发展的指导意见》。学习借鉴上海海关推进口岸跨境贸易便利化工作的举措。从机制、制度、可实施相结合的角度因地制宜研究政策措施。

第一,东北地区各口岸的发展状况不平衡,一些口岸边贸规模不断扩大,在过货量、客运量上比其他口岸发展快,口岸经济极大地带动了区域经济的发展。另一些口岸则发展迟缓,甚至处于关闭状态。有的边境城市和边境经济合作区缺乏国内腹地的支撑,与毗邻国家的合作也难以有效推进,陷入"孤岛经济"状态。[1]

第二,口岸所处地理位置和基础设施条件不同,影响了口岸的通行能力、整体通关效率。对比研究可以看出,地理位置优越、区位优势良好是口岸生存和发展的关键,如满洲里、黑河、绥芬河、珲春是规模大、运行良好的口岸,具有支撑口岸经济发展的交通条件和人口数量。但逊克、同江、虎林口岸规模较小,没有区位优势、便利的交通,人口稀少,物流成本难以降低,经济落后,无法形成具有规模的市场和边贸,口岸经济难以对地方经济的发展产生强大的带动作用。

第三,通关贸易活跃度。沿海沿边和内陆地区加强口岸通关方面的合作,可以进一步提高口岸通行效率,降低企业通关成本,提升企业在国际上的竞争力。例如,抚远口岸,抚远县地处黑龙江、乌苏里江交汇的三角地带。1993年8月正式开关,属于水运口岸,是对俄出口型口岸,是"中国鲟鳇鱼之乡""中国大马哈鱼之乡"。限制抚远口岸发展的主要问题是,

---

[1] 衣保中,等.东北沿边地区开发开放战略研究[M].北京:社会科学文献出版社,2017.

抚远口岸对俄贸易和旅游只能在明水期进行，全年开关时间仅为170—180天，口岸处于"半年闲"状态。

第四，地区政治局势的稳定性等一些不确定因素对口岸的不利影响。边境口岸对邻国依赖性强，需要双方积极互动，仅凭单方面的热情和努力难以改善一个口岸的运行状况。例如，联合国开发计划署力推的图们江多边合作计划一直处于搁置状态。又如，珲春毗邻东北亚最具冲突潜质、最不确定的朝鲜半岛，地区政治局势的走向、敏感的朝核问题，在多大程度上直接波及珲春，妨碍进一步开展对外经济活动，均是未知因素。

第五，优化营商环境，提高口岸的信息化水平，提升跨境贸易便利化水平。借助现代物流理念和云计算、大数据、物联网、移动应用等现代科技手段，整合港口、口岸、东北及环渤海区域关键物流节点综合信息资源，优化物流及供应链运作流程，推进"智慧港口"和"智慧口岸"建设，构建现代物流和电子商务综合服务平台。例如，借鉴上海自贸区跨境贸易便利化措施，辽宁省口岸办、辽宁省电子口岸与商务发展促进中心、大连市口岸办、辽宁电子口岸有限责任公司、大连口岸物流网有限公司等积极研究攻坚克难。优流程、减单证、降成本的同时，注重进出口企业的参与性、获得感。

第六，一些口岸功能停留在仅仅是中转站、物流转运通道，对地方经济的拉动作用不明显。一些口岸经营困难，所在县、市投入大、收益小，甚至需要地方财政补贴。口岸经济尚处于雏形状态，产业升级不理想，亟待延伸口岸功能，做大做强口岸经济。

第二节　保税区等海关特殊监管区

目前，海关特殊监管区域主要有保税区、出口加工区、保税物流园区、跨境工业园区、保税港和综合保税区。

1997年是中国保税区发展的重要时间节点，《保税区海关监管法》（海关总署令第65号）正式出台，明确"一线放开、二线管住"的管理理念和管理模式。保税区的政策优势吸引了大量加工贸易企业入驻，加工贸易在保税区内蓬勃发展。出口加工区建设是在20世纪90年代后，中国加工贸易迅猛发展的历史背景下产生和发展的。2000年4月，国务院批准设立大连、珲春、天津、北京天竺、烟台、威海、昆山、苏州工业园、上海松江、杭州、厦门杏林、深圳、广州、武汉、成都出口加工区。出口加工区简化了通关程序、加快通关速度，以及实施加工贸易便利化的监管政策等，进一步降低了企业的进出口成本。保税物流园区是为了在政策上突破，解决保税区的加工贸易的深加工结转问题，2003年12月，国家批准成立外高桥保税物流园区，实行"入区退税"的政策。2013年9月，国家批准在上海外高桥保税区、上海外高桥保税物流园区、洋山保税港区和上海浦东机场综合保税区四个海关特殊监管区域基础上建立自贸实验区，实行负面清单管理模式。根据国内外形势持续推动特殊经济区制度升级。

表5-1　海关特殊监管区的对比

分类特点	视同出境	出口退税	主要功能	海关规章
保税区	是	离境退税	国际贸易、仓储物流、保税加工	65号署令

续表

分类特点	视同出境	出口退税	主要功能	海关规章
出口加工区	是	入区退税	保税加工（2009年1月起，出口加工区全面拓展保税物流功能）	389号国令
保税物流园区	是	入区退税	国际贸易、仓储物流	134号署令
跨境工业园区	是	入区退税	国际贸易、仓储物流、保税加工	160号署令
保税港区	是	入区退税	国际贸易、仓储物流、保税加工	164号署令
综合保税区	是	入区退税	国际贸易、仓储物流、保税加工	191号署令
自贸区	是	入区退税	国际贸易、仓储物流、保税加工、金融、服务贸易、航运等	国务院有关总体方案

一、保税区

保税区是海关监管的特定区域，设立保税区须经国务院批准。保税区与中华人民共和国境内的其他地区之间应当设置符合海关监管要求的隔离设施。保税区是中国改革开放过程中出现的新生事物，是中国借鉴国际上通行自由贸易区的做法，并在结合中国国情的基础上形成的经济开放区域。在此区域内，从境外运入的货物就其关税和其他关税而言被视作境外，免于海关监管，并给予该区域特殊的关税和优惠政策。中国建设和发展保税区的根本目的就是要形成良好的投资环境，利用保税区内海关保税的独特条件发展对外经济。

（一）保税区的特殊政策

关税政策。从境外进入保税区的货物，其进口关税和进口环节税，除法律、法规另有规定外，按照有关规定办理。例如，区内生产性的基础设施建设项目所需的机器、设备和其他基建物资，予以免税。

（二）保税区案例

目前，中国保税区主要有：上海浦东新区的外高桥保税区、天津港保税区、深圳沙头保税区、深圳福田保税区、大连保税区、广州保税区、张家港保税区、海口保税区、厦门象屿保税区、福州保税区、宁波保税区、青岛保税区、汕头保税区、深圳盐田港保税区、珠海保税区等。

1992年5月，大连保税区经国务院批准设立，是我国最早成立的保税区之一。2000年4月，大连出口加工区经国务院批准设立，并作为我国首批出口加工区试点，开创了在保税区内建出口加工区的先河。2004年8月，大连区港联动试点获国家批准，大连保税物流园区封关运作，市委、市政府将大连保税区管辖范围扩大到大孤山半岛，使其成为大连国际航运中心核心功能区。2006年8月，大窑湾保税港区经国务院批准设立，是继上海洋山保税港区之后我国第二个保税港区，也是中国北方首个正式封关运作的保税港区，对大连乃至整个东北地区的对外开放起到了龙头牵动作用。2010年4月，大连新市区管理体制改革（行政体制改革），将金州区二十里堡街道、亮甲店街道整建制移交大连保税区托管，面积250多平方公里。至此，大连保税区已成为全国面积最大的保税区，是全国唯一的集保税区、保税港区、出口加工区管理于一身的特殊监管区。2015年8月，大连金普新区挂牌成立，保税区与大连开发区、普湾经济区共同成为金普新区重要组成部分。2016年8月31日，辽宁自贸试验区申办成功，2017年4月10日，中国（辽宁）自由贸易试验区大连片区正式挂牌。

经过多年快速发展，大连保税区已成为东北与国际经济运行惯例接轨的重要平台、沟通国内外两个市场的重要桥梁、拉动区域外向型经济发展的重要载体，正在发展辽宁自贸试验区主要承载区和大连国际航运中心、国际物流中心、国际贸易中心核心功能区。保税区集聚了港口物流、自贸区政策、集疏运体系等国际航运中心核心发展要素，是大连国际航运中心、国际物流中心、国际贸易中心的核心功能区，每年大连70%以上（近3亿吨）的港口货运总量、90%以上的国际物流、东北地区95%以上的外贸集装箱在这个区域产生，在东北振兴、"一带一路"、自贸试验区建设等国家战略实施中发挥着不可替代的重要作用。

二、出口加工区

2000年4月27日，国务院正式批准设立出口加工区。为有利于运作，国家将出口加工区设在已建成的开发区内（一般是国家级经济技术开发区或高新区），并选择若干地区进行试点。出口加工区都是实行"境内关外"的管理模式，是集保税加工、保税物流、保税研发、保税检测、保税维修功能为一体的海关特殊监管区，也是目前全国政策最优、机制最活、通关最快捷的对外开放区域之一。

同日，国务院批准设立首批15个国家级出口加工区，分别是：北京天竺出口加工区、天津出口加工区、辽宁大连出口加工区、吉林珲春出口加工区、山东烟台出口加工区、山东威海出口加工区、江苏昆山出口加工区、江苏苏州工业园出口加工区、上海松江出口加工区、浙江杭州出口加工区、福建厦门出口加工区、广东深圳出口加工区、广东广州出口加工区、湖北武汉出口加工区（中部唯一）、四川成都出口加工区（西部唯一）。

国家级出口加工区大多数都设立在国际级经济技术开发区内，属于经济技术开发区的一个功能区块。因为出口加工区的审批标准有这样的规定："出口加工区原则上设在经国务院批准的国家级开发区内，同一开发区内只能设立1个出口加工区。"只有极少数是例外，比如：青岛出口加工区和广西北海出口加工区就是全国为数不多的设在经济技术开发区（高新区）之外的国家级出口加工区。

2015年8月28日，国务院办公厅印发了《国务院办公厅关于加快海关特殊监管区域整合优化方案》（国办发〔2015〕66号），全面系统部署海关特殊监管区域整合优化工作。《方案》提出要将符合条件的海关特殊监管区域逐步整合为综合保税区，对新设海关特殊监管区域统一命名为综合保税区。

三、综合保税区

东北三省综合保税区包括2009年批复的黑龙江绥芬河综合保税区、

2011 年批复的长春兴隆综合保税区、2011 年批复的沈阳综合保税区和 2018 年批复的营口综合保税区，在此主要介绍以上几个综合保税区在引领东北对外开放中的作用。沈阳综合保税区是沈阳关区第一家综合保税区，也是辽宁省第一家；营口综合保税区则是截至目前大连关区第一个，也是唯一一个综合保税区。

（一）沈阳综合保税区

沈阳综合保税区是在整合原辽宁沈阳出口加工区、沈阳张士出口加工区和沈阳保税物流中心的基础上设立的，规划面积 7.1 平方公里，分为两个区块。区块一规划面积 4.1 平方公里，位于沈阳近海经济区（原沈阳保税物流中心）；区块二规划面积 3 平方公里，位于沈阳浑南新区东产业区（原辽宁沈阳出口加工区）。汇聚了保税港区、保税物流园区和出口加工区等多种海关特殊监管区域的全部优惠政策，是地处内陆的虚拟港口，是口岸功能的内陆延伸。2018 年 12 月 6 日，沈阳综合保税区调规（一期）顺利通过由海关总署、国家发展改革委、财政部、自然资源部、商务部、国家税务总局、市场监督管理总局、外汇管理局 8 部委组成的国家联合验收组验收。沈阳自贸区将进一步强化政策配套和功能完善，发挥综合保税区在扩大对外开放中的辐射带动作用和在自贸区建设中的功能平台作用，推动沈阳自贸区实现新的、更高层次的发展。

（二）长春兴隆综合保税区

2014 年 3 月，中国第 19 个综合保税区、吉林省唯一的综合保税区——长春兴隆综合保税区封关运营，2014 年 5 月，兴隆综保区获批跨境贸易电子商务出口业务。综保区一类铁路口岸的获批，使"长满欧"班列承运进出口货物的能力快速攀升。"长满欧"班列于 2015 年 8 月 31 日双向试运行开通，该班列从长春出发，经由满洲里口岸出境，在俄罗斯境内连接了 80 多个铁路站点，在欧洲境内连通了波兰、德国、荷兰、匈牙利、意大利、法国、西班牙、挪威、丹麦、瑞典等 10 个国家的 30 个铁路站点，向东涵盖东北亚及中国东南沿海城市。2019 年 1 月至 3 月，通过"长满欧""长珲欧"班列进入长春兴隆保税区的货物共计 2052 标箱，货值 8 亿元人民币，同比 2018 年前 3 个月增长 398%。"长满欧"与"长珲欧"正逐渐成为吉林省对外开放发展和"一带一路"建设的两条"腾飞之翼"。

兴隆综保区自正式运营以来，外向型开放平台功能日益完善，已经形成了两口岸、两通道、两体系、四平台的运营格局。两口岸，即一类铁路口岸和进口肉类指定口岸；两通道，即长满欧班列和对俄货运包机航线；两体系，即国际贸易和高端制造两个基本产业体系；四平台，即国际陆港物流平台、进出口商品展示交易平台、国际快件中转平台、冷链查验与仓储平台。

2016 年 12 月，兴隆综保区铁路集装箱场站获批国家一类铁路口岸临时开放，使未来获批整车进口、木材进口等口岸具备了前提条件；如今，长春这座内陆城市与"一带一路"的联系日益紧密，建设东北亚区域性中心城市的步伐越发坚实有力。

（三）珲春综合保税区

珲春综合保税区前身为珲春出口加工区，是 2000 年 4 月经国务院批准设立的全国首批 15 个试点加工区之一。2018 年 4 月，国务院批准同意珲春出口加工区升级为珲春综合保税区。2019 年 2 月 26 日，海关总署正式批准珲春综合保税区验收合格，2019 年 3 月 12 日，珲春综合保税区揭牌运营，成为吉林省继长春兴隆综合保税区之后，第二个综保区。为促进跨境电商产业发展，珲春市将区位优势与综保区政策优势叠加，主攻跨境电商平台经济。于 2017 年 10 月在综保区内建设的跨境电商综合服务平台和查验平台，于 2018 年 8 月实货开通，创造了全国跨境电商建设通货用时最短的"珲春速度"。并于 2019 年 10 月在全国率先完成海关总署全国统一版平台切换和实单过货。

1992 年，国务院把珲春列为首批 14 个沿边开放城市。珲春是目前中国对俄唯一陆路白关口岸，创出了俄海关认证的"9610"珲春标准。2019 年以来，珲春市向俄罗斯出口商品 20 批次、36125 票、货值 2758 万元人民币；自 2018 年开通跨境电商业务以来，累计出口商品 42 批次、83995 票、货值 6566 万余元人民币。2019 年 4 月 10 日，一批来自俄罗斯总价值近万元的面粉、海盐和食用油备货至综保区，吉林省委副书记、省政府省长景俊海为"1239"进口首单扫码，标志着珲春正式开通"1239"进口业务。

目前，该项目一期工程主体已封顶，完成投资1.32亿元。仓储物流数字平台正在研发建设，6户电商企业入驻综保区。加快推进中俄珲春—哈桑跨境经济合作区建设，赋予该区域金融税收、投资贸易、产业发展等方面优惠政策，全面构建特色鲜明、生态优良、资源互补、竞争自由的中俄经济合作新平台；加快推动"滨海2号"国际交通走廊建设，优先实施一批公路、铁路、港口、航线等互联互通基础设施建设项目；携手打造中俄沿边区域新的经济增长极，积极发展国际贸易、保税物流、跨境电商、服务贸易、跨境旅游等新经济新业态，为中俄沿边地区实现融合性经济增长打造新引擎、新动力。将积极推进综保区与俄朝优良港口、延吉空港和俄阿尔乔姆空港"区港一体化"建设，打造集高端仓储、供应链管理、智慧物流分拨、交易结算于一体的东北亚区域物流枢纽，使其成为吉林省对外开放新平台。

（四）营口综合保税区

营口综合保税区坐落在辽宁自由贸易试验区营口片区内，规划面积1.85平方公里，是目前东北沿海唯一综合保税区，2017年12月21日获得国务院批准设立，2018年12月27日通过国家验收组正式验收。综合保税区有"进口保税、出口退税、区内货物自由流动"的"自由港"特点，是中国目前开放层次最高、优惠政策最集中、功能最齐全、手续最便捷的海关特殊监管区，享受税收、贸易管制、保税监管和外汇管理四大方面的优惠政策。

营口综合保税区将为在综保区内开展业务的企业给予包括产业发展、固定资产投资、外贸物流、仓储、金融、企业转型升级、外商投资、高管和高科技人才、办公用房等九种不同类别的扶持，让所有在综保区内注册的企业都能享受到政策福利。营口综合保税区与中国移动营口分公司签署5G战略合作框架协议，以促进互联网、大数据、云计算、人工智能等现代信息技术与综保区加工制造、物流运输等产业深度融合发展。

营口综合保税区的设立，将对营口进一步提升对外开放的层次和水平起到促进作用；将对辽宁和整个东北亚地区的资源深加工、先进制造业的发展以及新型业态的形成产生拉动作用；将对我国"一带一路"建设、沿海开放，乃至国家整体开放的推进带来深远影响；将产生综合保税区和自由贸易试验区叠加效应，形成"双轮驱动"，成为营口未来开放型经济发展强大的助推引擎。同时，作为辽宁自由贸易试验区成立后首个获批的综合保税区，拥有"欧亚枢纽港"的营口也将成为区域经济的价值枢纽，助推东北对外开放"动能升级"。

2019年优化整合综保区努力实现"保一争二"，"保一"即是在保税港区现有区域基础上整合为大窑湾港综合保税区，"争二"即是力争在出口加工区A、B区现有区域基础上整合为金普综合保税区。同时，以松下新能源或其他大项目为载体申建新的综合保税区。助力推进营口综保区发展。着力将营口综保区打造成为区域性国际物流中心和国际海铁联运大通道重要枢纽的新引擎。

第三节 自由贸易试验区

自贸试验区是新一轮对外开放的推进器，全国已经形成"1+3+7+1+6"的布局。设立自贸试验区的初衷是用开放倒逼改革，探索国企改革新路径，以高质量发展助力东北振兴。本节主要讨论东北三省目前获批的自由贸易园区（Free Trade Zone，FTZ）在对外开放中的引领作用。在辽宁自贸区总体方案中，涉及老工业基地结构调整、东北亚区域开放合作任务共计44项，这是国家赋予辽宁自贸试验区的特色任务。

一、中国（辽宁）自由贸易试验区

中国（辽宁）自由贸易试验区［China（Liaoning）Pilot Free Trade Zone］，简称辽宁自由贸易区或辽宁自贸区，是中国中央政府设立的第三批7个自由贸易试验区的其中之一。2017年3月15日，国务院正式批复《中国（辽宁）自由贸易试验区总体方案》，同年4月10日，中国（辽宁）自贸试验区大连片区正式挂牌成立。范围119.89平方公里，涵盖三个片区：大连片区59.96平方公里（含大连保税区1.25平方公里、大连出口加工区2.95平方公里、大连大窑湾保税港区6.88平方公里），沈阳片区29.97平方公里，营口片区29.96平方公里。

《中国（辽宁）自由贸易试验区总体方案》中的123项改革试点任务，已经落地96项。总结推出首批25项改革创新经验，在全省范围内复制推广。截至2018年11月10日，辽宁自贸试验区共新增注册企业33320家，注册资本4979亿元。数据显示，截至目前，日本在大连投资累计4747家企业，累计实际投资185.34亿美元，占全市的17.18%，仅次于中国香港，居第二位。韩国在大连投资累计2845家，累计实际投资76.94亿美元，占全市的7.13%，居第三位。日韩在大连投资主要分布在制造业、房地产业、餐饮业、零售批发业等领域。对外贸易方面，日本是大连最大的贸易市场，韩国是大连的第三大贸易市场。在此背景下，选择辽宁省唯一的国家级新区、大连自贸试验区的管辖区——金普新区作为"中日韩自贸协定示范区"有着天然的优势。围绕中日韩自贸协定的谈判内容，在经贸合作、投资协定、技术合作等领域开展政策先行先试或制定特殊政策，可以充分发挥政策创新红利来激发"虹吸效应"，带动辽宁高水平对外开放，引领全省经济高质量发展。

2018年度辽宁自贸区发展运行情况。（1）投资情况。自贸区新设立企业1.3万家，其中外商投资企业267家，合同外资98.2亿美元，实际利用外资19亿美元。备案境外投资机构10个，中方协议投资额6551万美元，中方实际投资额345万美元。税收收入115.3亿元人民币。固定资产投资

302.4 亿元人民币。(2) 贸易情况。自贸区进出口总额 1665.2 亿元人民币,其中进口额 1163.6 亿元人民币,出口额 501.5 亿元人民币。(3) 金融情况。自贸区新增金融机构 804 家,其中持牌金融机构 9 家,非持牌金融机构 795 家,跨境人民币结算金额 12.3 亿元人民币。(4) 创新情况。自贸区新增专利申请 716 件,专利授权 1016 件。新增高新技术企业 151 家,营业收入 191.5 亿元人民币。

(一) 按区域布局划分为大连片区、沈阳片区和营口片区

1. 大连片区

2017 年 4 月 10 日,中国(辽宁)自由贸易试验区大连片区正式挂牌。大连保税区位于辽宁自贸试验区大连片区核心地带,是我国目前行政管辖面积最大、唯一集"保税区、出口加工区、保税港区"管理于一身的特殊经济区,也是东北地区开放层次最高、政策功能最全、区位优势最突出的综合经济区。保税区行政管辖面积 251.3 平方公里,由保税区、大窑湾保税港区、出口加工区 A 区、大连汽车物流城及专业化港区五部分组成,下辖二十里堡、亮甲店、大窑湾 3 个街道,常住人口近 10 万人。区内注册企业 9600 余家,外资企业 798 家,世界五百强企业 21 家。

东北地区对外开放的前沿和龙头——辽宁自贸区大连片区已经挂牌两年多了,建设进展情况如下:挂牌以来,大连片区共完成《中国(辽宁)自由贸易试验区总体方案》确定的改革任务 108 项,占总体方案涉及大连片区任务总量的 91%;复制推广前两批自贸区的改革创新经验 204 项,出台了 225 项支持自贸区发展的政策措施。挂牌两年来,大连片区新增固定资产投资 434.3 亿元;实现进出口总额 3064.53 亿元;实际利用外资 36.48 亿美元,新增注册企业 14562 家,占辽宁省三个片区总数的 39%。

在辽宁自贸区总体方案中,涉及老工业基地结构调整、东北亚区域开放合作任务共计 44 项,这是国家赋予辽宁自贸区的特色任务。大连片区围绕这一重点任务,提高站位,率先发力,打响深化改革攻坚战。形成了冰山、北良、大连港 3 个国资国企改革创新案例,为下一步推进自贸试验区大连片区国资国企改革创新积累样本。

两年多来，大连片区共形成237项制度创新经验，其中经第三方评估形成82项创新案例，有56项上报辽宁省，16项上报商务部。在全国，大连自贸区选送的"'保税混矿'监管创新"纳入国务院第四批自由贸易试验区改革试点经验在全国复制推广。"进境粮食全流程监管新模式"入选国务院新一批自由贸易试验区改革试点经验，"大连港集团探索国内集装箱码头股权整合的新路径""大连冰山集团混合所有制改革"2个"最佳实践案例"已被商务部列为新一批30个全国最佳实践案例。

大连市从跨境电商经营主体、监管场所等8个方面加强了对跨境电商发展的支持力度，跨境电商发展生态环境得到明显改善和提升。截至2019年8月，大连线上跨境电商平台企业增至150多家，跨境电商交易额增加到3亿美元，同比增幅达25%。以大连天呈、出口时代等企业为代表的大连跨境电商第三方平台综合服务已经扩展到工业制品、食品、服装等多个领域，出口到欧洲、非洲以及多个"一带一路"沿线国家。其中，大连自贸片区的"海关归类智能导航体系"是"贸易便利化"领域创新案例。缩短了企业通关时间，提高了企业进出口贸易的可预知性，使口岸竞争力和吸引力更加显著。

2. 沈阳片区

沈阳片区规划面积为29.97平方公里，其中浑南区22.63平方公里（包含桃仙机场2.08平方公里），苏家屯区7.34平方公里。该区域为国家全面创新改革试验区、国家自主创新示范区和国家高新技术产业开发区，集中汇聚了沈阳综合保税区、桃仙国际航空港、东北最大货运编组站等核心要素，区位优势明显，枢纽功能完备，产业基础较好，发展潜力较大。沈阳片区位于沈阳市南部，地处沈阳经济区的地理核心，"一带一路"倡议通道的重要功能节点，集陆港、空港、海港功能于一体，具有通疆达海、联通内外的区位优势。战略定位：落实中央关于加快市场取向体制机制改革，推动结构调整的要求，着力打造提升东北老工业基地发展整体竞争力和对外开放水平的新引擎。功能定位：重点发展装备制造、汽车及零部件、航空装备等先进制造业和金融、科技、物流等现代服务业，提升国家新型工业化示范城市、东北地区科技创新中心发展水平，建设具有国际竞争力的先进装备制造业基地。2017年4月10日，中国（辽宁）自由贸易试验区沈阳片区举行了揭牌仪式，沈阳正式进入"自贸时间"。

2017年9月18日，中国（辽宁）自由贸易试验区沈阳片区举行"1+3"产业政策新闻发布会。沈阳片区制定了首批重点发展产业目录，共六大类70项。同时发布促进先进制造业、金融服务业、融资租赁业发展的三项产业政策。并围绕现代物流、科技服务等重点发展产业研究推出后续产业扶持政策，形成较完备的"1+N"政策支撑体系。

2018年7月，沈阳市获批设立跨境电子商务综合试验区，为沈阳片区带来新的发展机遇。据统计，自2017年4月沈阳片区运行至2018年11月，1.6万余户新注册企业中，有1/3从事国际贸易。在自贸试验区协同发展重点产业园区——中德产业园相继落地的36项创新举措，已吸引60余家外资企业相继入驻，形成了一个总投资45亿欧元的高端制造产业集群。截至2019年8月，沈阳市拥有在建和建成的跨境电商交易平台17个，注册跨境电商进出口企业超过400家。

2019年2月1日，沈阳综合保税区桃仙管委会揭牌仪式隆重举行。沈阳综合保税区桃仙园区是辽宁自贸区沈阳片区的核心功能区和重要板块，重点发展对航空运输时效性、依赖度较强的航空制造、跨境电商、装备维修再制造、临空物流、保税加工、国际贸易等产业，将为沈阳片区实现投资贸易便利、资源高效配置、监管便捷高效、辐射作用突出的发展目标提供功能支撑和服务支撑。

从2017年4月到2019年4月，沈阳片区实现全口径税收5.95亿元，是成立前的2.6倍；年度实际利用外资4550万美元，是成立前的21.7倍；年度进出口贸易额36亿，是成立前的1.5倍；累计注册企业1.67万户，占辽宁自贸区新注册企业的近一半；外商投资企业232户，是成立前的15.5倍。

截至2018年末，国家总体方案中赋予辽宁自贸区的123项改革试验任务，辽宁省落地率居同批7家自贸区前列。沈阳片区优化涉税事项办理程序、大连片区"保税混矿"监管创新以及营口片区集装箱风险分级管理等一批"辽字号"制度创新成果面向全国推广。截至 2019 年 8 月底，辽宁自贸区已有 190 家东北亚外资企业入驻，面向东北亚开放合作"桥头堡"效应初步形成。

3. 营口片区

在营口片区成立两周年之际，营口综合保税区正式封关运行。将提升辽宁产品在日、韩、俄等国家的市场占有率，同时推动日、韩、俄等国先进制造业、战略性新兴产业、现代服务业等产业在辽宁自贸区集聚发展。"辽满欧""辽蒙欧""辽海欧"三大通道的构建，建立多港区联动制度和航空物流枢纽中心，积极推进海陆空邮联动发展。

辽宁自贸区包括大连、沈阳和营口三个片区，六个方面的主要任务是打造具有国际竞争力的先进装备制造业基地，面向东北亚开放合作的战略高地，国际海铁联运大通道的重要枢纽，与"一带一路"沿线国家的国际产能和装备制造合作，加快构建双向投资，促进合作新机制。19 项创新试验内容，包括深化投资领域改革：提升利用外资水平，构筑对外投资服务促进体系；推进贸易转型升级：实施贸易便利化措施，完善国际贸易服务体系；加快老工业基地结构调整：深化国资国企改革，促进产业转型升级，发展生产性服务业，构筑科技创新和人才高地，推进东北一体化协同发展；加强东北亚区域开放合作，等等。作为辽宁省的沿海经济带，辽宁自贸区、辽宁省的沿海经济带等要承接日、韩产业转移，优化和推动产业结构转型和升级。俄罗斯亚太研究中心与营口市政府达成战略合作，一批来自俄罗斯和蒙古国的企业入驻营口片区。

（二）辽宁自贸区改革创新

第三批自由贸易试验区《总体方案》试验任务全面启动，截至 2018 年底，完成率总体超过 70%，其中辽宁自贸区完成率超过 90%。自贸区在转变政府职能方面完成得最好。受金融领域开放创新系统性、风险性等因素影响，金融领域的开放创新略有迟缓，但任务完成率也将近 80%。自贸区主要是公共治理领域改善政府治理水平，提升行政效率，审批制，负面清单,促进贸易便利化。

国家赋予辽宁自贸区 123 项改革试点任务,辽宁省目前已经落地 111 项,落地率达 90%。自 2017 年 4 月揭牌成立至 2018 年 11 月末,辽宁自贸区共新增注册企业超 3.4 万户,注册资本逾 5000 亿元。涉及政府职能转变、贸易投资便利化等领域的 45 项改革创新经验已向全省推广。

1. 政府治理,行政效率

辽宁自贸区三项创新成果入选国家第五批改革试点经验。中国(辽宁)自由贸易试验区沈阳片区优化涉税事项办理程序、大连片区进境粮食检疫全流程监管、营口片区集装箱风险分级管理制度,辽宁自贸区的这 3 项创新经验,被列入国家第五批改革试点经验,即将在全国范围复制推广。

辽宁自贸区 3 项制度创新成果面向全国复制推广。近日,国务院印发关于做好自由贸易试验区第五批改革试点经验复制推广工作的通知,在全国范围内复制推广 18 项涉及投资管理、贸易便利化、事中事后监管领域的改革试点经验。辽宁自贸区大连、沈阳、营口三大片区结合各自功能定位和特点探索创造出的"进境粮食检疫全流程监管""优化涉税事项办理程序,压缩办理时限""实施船舶安全检查智能选船机制"3 项改革试点经验入选,入选数量居全国 12 个自贸区前列。

"进境粮食检疫全流程监管"即大连片区创新"互联网+全程监管"工作模式,运用互联网技术、电子信息化和视频监控手段,实现从申报、锚地检疫到卸船、仓储、调运的进境粮食检疫全流程监管。该监管模式使大连海关对进境粮食的疫情监测能力明显提高,示范港建设成效显著。同时,进一步提高了大连片区内北良港的粮食周转效率。据初步预测,这一举措实施后,北良港每年进口粮食接卸中转量将达到 600 万吨,预计增加中转收入 2.4 亿元;散粮码头进口粮食接卸中转量可达 500 万吨,预计增加中转收入 1.7 亿元。

"优化涉税事项办理程序,压缩办理时限"即沈阳片区进一步优化非正常户解除等 22 项涉税事项办理流程,限办改即办,实现"窗口受理、一站式办结、窗口出件"。据统计,沈阳片区户均办税时间节省 60% 以上。

"实施船舶安全检查智能选船机制"即营口片区建立辖区定线集装箱班轮数据库，制定出台了《营口海事局集装箱班轮监管"白名单"机制》。这一举措将船舶按照安全管理风险进行分类分级，筛选出高风险船舶并予以重点监管，提升船舶事中事后现场监管能力。目前已有 5 家航运企业的 29 艘船舶通过评审，平均船舶安全检查时间间隔从 6 个月提升至 12 个月，船舶几乎无须现场检查，为企业带来经济效益 3000 多万元。

截至 2018 年底，沈阳市已累计批准设立韩资企业 4575 家，合同外资额 145.35 亿美元，实际利用外资 68.86 亿美元。2018 年，沈阳市与韩国的进出口总额 55.3 亿元，在与沈阳有贸易往来的 184 个国家和地区中居第四位。其中，出口 22 亿元，进口 33.2 亿元。2019 年 5 月 15 日，韩国驻华大使张夏成、韩国驻沈阳总领事林秉镇一行访问中国（辽宁）自由贸易试验区沈阳片区。

2. 贸易便利化

全面提升通关效率，为企业节省时间成本和运营成本。营口片区不断完善发展以多式联运业务为主体的"东南沿海—营口—欧洲"集装箱公铁水多式联运物流主通道，建设多式联运海关监管中心，加快了中国—中东欧"16+1"经贸合作示范区各项任务落地，吸引了计划年运量 2000 万吨中俄粮食走廊、贸能港（营口）进口商品交易中心、汉吉斯（营口）国际冷链枢纽、相益食品 300 万吨玉米特强粉深加工等优势项目落户。

作为中国东北最大的对外开放口岸，大连片区始终把优化跨境贸易营商环境作为自贸区建设的重要抓手。围绕港口经济和投资贸易便利化这一重点领域，大连片区积极组织口岸部门集体发力，向纵深探索改革，向"系统集成"转换，形成了更多可复制可推广的贸易便利化创新举措。在已形成的 82 项制度创新案例中，涉及投资和贸易便利化方面的有 46 项，占总数的一半以上。

3. 负面清单

着力提升综合服务水平。在三个片区建立了权责清单制度和行政审批管理目录制度，外商投资企业实施准入前国民待遇加负面清单管理，实行外国投资者主体资格认证减免新模式，境外投资者在自由贸易试验区内创办企业时间平均缩减 30 天。作为辽宁自由贸易试验区业务创新的成果之一，2019 年初，经过实践验证的"保税混油、离岸直供"业务在大连片区启动，预计经过一年时间的运营，保税混油业务将辐射日本、韩国及远东地区。这项业务打通了从原料进口到成品燃油供船的全链条流程，极大提升了贸易便利化水平。

二、中国（黑龙江）自由贸易试验区获批筹建

2019 年 8 月 2 日，国务院批复设立中国（黑龙江）自由贸易试验区；8 月 26 日，国务院新闻办正式对外发布；8 月 30 日，揭（授）牌仪式在哈尔滨举行，标志着中国（黑龙江）自由贸易试验区建设正式启动。

中国（黑龙江）自由贸易试验区实施范围 119.85 平方公里，涵盖三个片区：即哈尔滨片区、黑河片区和绥芬河片区。

哈尔滨片区 79.86 平方公里，重点建设对俄及东北亚全面合作的承载高地和联通国内、辐射欧亚的国家物流枢纽，打造全面振兴全方位振兴的增长极和示范区。根据国务院印发的"中国（山东）、（江苏）、（广西）、（河北）、（云南）、（黑龙江）自由贸易试验区总体方案"（统称《总体方案》），哈尔滨片区重点发展新一代信息技术、新材料、高端装备、生物医药等战略性新兴产业，科技、金融、文化旅游等现代服务业和寒地冰雪经济，重点建设对俄及东北亚全面合作的承载高地和联通国内、辐射欧亚的国家物流枢纽，打造全面振兴全方位振兴的增长极和示范区。此外，哈尔滨是联结欧亚的重要枢纽，是中蒙俄经济走廊黑龙江陆海丝绸之路经济带核心枢纽，有条件打造成对俄合作的中心城市，具体举措包括：抓好综合保税区、临空经济区申建、内陆港与铁路集装箱中心站整合，积极探索建立中俄（哈尔滨）自由贸易区等。

根据《总体方案》，黑河片区 20 平方公里，重点建设跨境产业集聚区和边境城市合作示范区，打造沿边口岸物流枢纽和中俄交流合作重要基地。重点发展跨境能源资源综合加工利用、绿色食品、商贸物流、旅游康

养、沿边金融等产业。

黑河片区在黑河与俄罗斯布拉戈维申斯克市两市联合完成的"跨境集群"的项目设计中，跨黑河与布市建立跨境运输基础设施、旅游业、边境贸易、生产加工等八个方面将成为中俄跨境集群项目主打内容。跨境集群项目空间布局为"两城、一桥、一索道、双核"。"两城"，即黑河、布拉戈维申斯克。"一桥"，即黑龙江公路大桥，连接两国跨境合作的纽带。"一索道"，即黑龙江跨江空中隧道连接的中俄双方指定区域。"双核"，即依托两国桥头区作为重点开发地带，构成跨境集群的主体核心区。双核区域规划开发总面积40平方公里，其中中国和俄罗斯各占地20平方公里。黑河采取"核心区＋配套区"的建设模式，走核心区带动配套区发展的路径。核心区在黑龙江公路大桥和跨江空中隧道连接的中俄双方指定区域及大黑河岛等区域建设。中方桥头区一期规划16平方公里，其中启动区4.5平方公里。黑龙江公路大桥封闭区重点发展贸易、加工、金融、科研、信息等产业；跨江空中索道封闭区重点发展旅游、文化、娱乐、餐饮、购物等产业。入驻企业可享受自贸区政策。

绥芬河片区19.99平方公里，重点建设商品进出口储运加工集散中心和面向国际陆海通道的陆上边境口岸型国家物流枢纽，打造中俄战略合作及东北亚开放合作的重要平台。绥芬河片区重点发展木材、粮食、清洁能源等进口加工业和商贸金融、现代物流等服务业。

另外，2015年6月1日，中韩自由贸易协定（FTA）正式签署，对中韩经贸发展具有里程碑意义。目前，韩国在东北三省对外贸易中所占比重及位次均呈下滑趋势，对东北三省的投资也基本处于原地踏步状态。中韩FTA正式签署后，韩国开始更多地关注中国中西部和东北三省地区，并计划加强与这些地区的经贸合作。东北三省拥有与东北亚各国相邻的区位优势，以及1亿人口的内需市场。韩国政府出台各种政策扶持企业开拓中国市场，如帮助技术革新型中小企业进入包括东北三省在内的中国内陆地区。中韩FTA正式签署，黑龙江省与韩国双方在农业领域也达成共识，这将有利于促进黑龙江省与韩国农产品贸易。

第四节 边境经济合作区

中共十八届五中全会提出,在中国的陆路边界"建立边境经济合作区和跨境经济合作区"是开放发展的重要内容。近年来,东北依托地缘优势和特色产业,在沿边积极推进开发开放先导带建设,努力构建现代产业集群。交通基础设施对边境经济合作区和跨境经济合作区建设有重要意义。

据商务部网站显示,中国边境经济合作区情况如下:内蒙古2个,分别是满洲里边境经济合作区、二连浩特边境经济合作区;辽宁1个,丹东边境经济合作区;吉林2个,分别是珲春边境经济合作区、和龙边境经济合作区;黑龙江2个,分别是黑河边境经济合作区、绥芬河边境经济合作区;广西2个,分别是凭祥边境经济合作区、东兴边境经济合作区;云南4个,分别是畹町边境经济合作区、河口边境经济合作区、瑞丽边境经济合作区、临沧边境经济合作区;新疆4个,分别是伊宁边境经济合作区、博乐边境经济合作区、塔城边境经济合作区、吉木乃边境经济合作区,共17个。在此主要讨论东北三省边境经济合作区在对外开放中的引领作用。

一、东北三省边境经济合作区

(一)丹东边境经济合作区

丹东边境经济合作区于1992年7月经国务院批准成立,所在地:辽宁省丹东市,1992年获批面积6.3平方公里,2012年已全部建设完毕。目前管辖面积约106.04平方公里,其中已开发53.0682平方公里,未开发52.9718平方公里。

"十二五"时期,中国把沿边开放提升到新的战略高度,国家在《东北振兴"十二五"规划》中重点提出:"加快新鸭绿江大桥建设,以合作开发黄金坪经济区为契机,全面提升中朝贸易、投资和经济技术合作水平。""研究制定支持东北沿边开放政策,积极推进东北地区与东北亚国家的双边和多边区域合作。"在这一大背景下,2010年12月,经国家批准在丹东合作区新建一座鸭绿江公路桥,2011年6月经批准朝鲜在"黄金坪、威化岛"建立自由贸易区,"一桥两岛"的建设为丹东边境经济合作区进一步发展带来商机[1]。2014年5月,"将原丹东边境经济合作区的区域范围调整至丹东新区"的申报方案,正式获得国家批复。新的区划位于黄金坪经济区的对面,面积6.3平方公里。作为中朝黄金坪经济区的中方配套区,其为新区未来发展提供了更加广阔的空间。初步形成了机械制造、电子信息、生物制药、现代服装纺织、现代食品加工和现代服务业等新型产业。

2018年以来,丹东边境经济合作区5000万以上开复工项目39个,其中新开工项目8个,含省级重点项目1个,复工项目亿元以上31个,项目储备11个。

发展飞地经济。规划两个飞地经济发展区域,引进2000万元以上项目3个,2000万元以下项目6个。2018年度辽宁省经省级以上开发区综合发展水平考核评价工作中,丹东边合区在10家国家级开发区中位列第六名。

2019年上半年,完成工业总产值55.71亿元,固定资产投资15.5亿元,规上工业增加值11.9亿元,全口径税收收入8.63亿元,外贸进出口20.15亿元,高新技术产品增加值3.85亿元,引进域外内资18.03亿元,实际利用外资2090万美元。

探索"小组团"滚动开发。争取通过"小组团"滚动开发,承接产业转移项目,形成边贸产品落地加工基地,培育壮大沿边特色优势产业,逐步形成投入产出平衡的可持续发展模式,实现"开发一片、成熟一片、收益一片"的良性循环。

---

1. 徐绍史."一带一路"与国际产能合作地方发展破局[M].北京:机械工业出版社,2017.

2018年11月,大连经济开发区与丹东边境经济合作区签署《合作框架协议》。

与政策性金融机构合作情况。国家开发银行:一是2006年11月2日至2009年5月20日,丹东临港产业园区累计向国开行贷款30亿元,全部用于基础设施建设项目。二是经辽宁省政府批准,丹东临港产业园以临港开投公司通过辽宁公共发展投资有限公司向国开行转贷11亿元,其中8亿元用于国门湾新区基础设施建设项目,1.5亿元用于仪器仪表产业基地二期建设项目;1.5亿元用于新区农民新村建设项目。三是2012年12月土地征用收购储备中心向国开行申请1.8亿元土地储备贷款资金,用于安民山西侧371亩土地的征用、动迁补偿及土地平整。中国农业发展银行辽宁省分行:2019年6月18日经农发行辽宁分行审查、审议、审批,最终批复"丹东新区厂房PPP项目"整体城镇化建设中长期贷款7.5亿元,占新区厂房PPP项目总投资的75%。该项目作为农发行对存量资产PPP项目的典型案例在全国农发行各分行重点推广。

面临的主要困难和问题:(1)朝鲜半岛形势的不确定性严重影响丹东边合区经济发展。一是有实绩的边贸公司由2018年末的122户,一度减少至54户,外贸占丹东边境经济合作区外贸进出口的主导地位不复存在。二是海外朝工数量大幅减少。三是互贸区进口同比下降90%。四是完成外贸指标困难重重。(2)现有政策落实难且针对边境经济合作区的政策不足。一是2018年对边境经济合作区的中央财政外经贸发展专项支持资金没能到位。二是国务院出台了国发〔2019〕11号文,目前专门针对边境经济合作区的政策不明确、不到位、不充分。(3)边合区发展缺乏新的推动力。

建议:(1)一旦关于朝鲜海外劳工的制裁规定取消,为开放兴边,充分发挥边境地区使用外籍劳工的特殊比较优势,对丹东边合区放宽海外朝工的审批条件,简化手续,给予独立审批的政策支持。(2)将互贸区免税额至少提高至2万元人民币/人;允许进入互贸区的境外进口产品进行二次加工销售;批准互贸区开展出口业务。(3)国家级边境经济合作区可享受国发〔2019〕11号文件。（4）年度中央外经贸发展专项资金，兴边富民专项资金等向边境经济合作区倾斜、单列，设立边和局专项（户）。（5）加大中央财政对边境经济合作区基础设施建设项目的支持。（6）在化解边河区历史债务、置换债券等方面给予政策支持。（7）享受国家级经开区的税收标准；享受国内国际合作示范区、自贸区的相关优惠政策。（8）将边境经济合作区上缴的增值税、所得税中中央分成部分返还，用于基础设施建设和支持发展。（9）给予边境经济合作区及驻区企业贷款贴息，在贴息期限和贴息率上充分体现支持力度。（10）把丹东边境经济合作区列入国家"一带一路"规划。（11）批准在丹东边境经济合作区设立面向东北亚的综合保税区/自贸试验区/中（日）韩自贸（产业）区等。

（二）珲春边境经济合作区

珲春边境经济合作区是1992年9月经国务院批准设立的国家级边境经济合作区，所在地吉林省珲春市。珲春边境经济合作区面积约2154.27公顷，其中已建成土地约672.13公顷，区域内基本实现"六通一平"，形成了"六纵七横"主干道交通网络。2000年4月和2001年2月，国务院又在边境经济合作区内先后批设了珲春出口加工区和珲春中俄互市贸易区，实行"三区合一"管理模式。2012年4月，国务院批设了中国图们江区域（珲春）国际合作示范区，边境经济合作区再次迎来跨越发展的历史机遇。

2018年珲春边境经济合作区经济运行稳中有进、稳中向好，全年推进项目187个。主要围绕五个方面：一是围绕支柱企业产业链招商实现突破。围绕珲春紫金矿业上下游产品，放眼全国叩门招商，投资40亿元的柠檬酸加工项目签订投资协议，铜深加工项目、废渣处理项目达成投资意向，围绕支柱企业的产业链生态圈初步形成。二是围绕临港优势，谋划和参与推动陆海联运航线回程货物运输实现突破。紫金矿业利用海丝路公司海运和东北亚铁路联运海外铜精粉资源完成首单运输，实现稳定常态运行，为有色金属产业实现组团稳定开发打下坚实通道保障。三是围绕口岸和境外资源优势，谋划引进境外清洁能源工作实现突破。投资近亿元的利用陆路口岸引进LNG项目鸿兴能源建成；投资45亿元的150万吨吉林省LNG储备基地项目签约。四是围绕"先投入、再引进、后回报"思路,谋划建设工业厂房实行突破。东北亚工业园项目已完成工商注册,土地已摘牌,正办理立项备案手续。五是围绕出口加工区整合升级为综合保税区实现突破。珲春综合保税区正式获批,成为吉林省第二家综合保税区并迅速组织业务转型,确定了以发展跨境电商为主的发展思路。

2019年上半年,珲春边境经济合作区实现地区生产总值18.1亿元,同比增长8.4%,其中规模以上工业增加值15.9亿元,同比增长10%;工业总产值71.1亿元,同比增长12.2%;公共财政预算全口径收入3.7亿元,同比增长4%;预计进出口总额38亿元,同比增长21%;固定资产投资1.8亿元,同比增长9.1%。

探索"小组团"滚动开发情况。一是拟围绕吉林铜业铜产品和硫酸产品构建产业链条,延伸发展铜深加工、食品添加剂柠檬栓、废渣综合利用、跨境物流,形成多产业小组团稳定发展。二是拟围绕150万吨LNG储备基地项目,发展清洁能源进口集散、进口海产品冷链运输、冷藏加工项目,组团发展。三是拟委托专业机构编制小组团规划,明确每个小组团重点发展环节、重点引进的企业,用2—3年时间形成上下游产业链依存,"贸、工、商"一体化的具有珲春特色的产业生态圈。

金融服务与创新情况。一是珲春农商行与珲春海关签署《"保税贷"保税企业融资业务合作协议》,双方就综合保税区内与区外从事水产品进出口加工及销售的保税仓库企业办理"保税贷"监管融资业务合作达成协议。二是拟设立珲春边合区产业园基金,搭建区内产业园区融资平台,对园区进行合理的产业规划,完成产业园单个企业的"金融扶持"到产业园整个产业"金融孵化"的转型升级。

问题和挑战。经济规模总体偏小,发展动能积累不足,招商引资吸引力不强,营商环境有进一步改善的空间,联合国对朝鲜贸易制裁,边境经济合作区建设资金不足。尽管珲春市设立了出口加工区,享有较高水平的对外开放政策,但与长春、吉林乃至延吉等区域中心城市的经济联系弱,并且对外通道"通而不畅",跨国交易费用较高,致使该加工区的产业发展困难重重，在全国出口加工区中的排名靠后。而且边疆地区的县级行政单位级别低、管理权限小，在金融、财税、土地、涉外等方面的权利十分有限。多年来，珲春、图们、龙井、和龙、安图等边境县市尽管对图们江地区的开发热情很高，但由于图们江区域合作开发中涉及的通关制度调整、跨国基础设施建设、贸易投资自由化和便利化等方面的事项都属于省级甚至国家级事权范围，仅仅靠边境县市的努力很难推动[1]。展望未来：一是继续实施招商带动战略，明确聚焦支柱产业、聚焦骨干企业、聚焦俄朝优势。按照"小组团"要求，精准规划产业，储备一批可行项目，强化产业链招商，推进产业组团发展。二是继续推进土地综合整治工作，提高土地集约利用效率。三是继续集聚发展要素，不断增强区域吸引力和竞争力。

（三）和龙边境经济合作区

和龙边境经济合作区于 2015 年 3 月 3 日正式获得国务院批复，是第十七个国家级边境经济合作区。边境经济合作区位于吉林省东南部，和龙市南坪镇，与朝鲜咸镜北道隔图们江相望。区内有南坪口岸，距亚洲最大的露天铁矿——朝鲜茂山铁矿仅 12 公里，距朝鲜清津港 84 公里。总规划面积 4.27 平方公里，分三个功能园区：生活综合服务区、服装加工产业区、口岸物流互市贸易区。

基础设施建设情况。截至目前，和龙边合区已投入各类资金 8.5 亿元，起步区已实现"七通一平"。已收储区内全部土地 5000 亩。16 万平方米的企业孵化器（一期）工程，10 条园区道路、综合服务平台、净水厂、污水处理、供热一期、回迁公寓等项目均已竣工并投入使用。20 万平方米的阿尔本（和龙）服装科技工业园项目已开工建设。12 万平方米的企业孵化器二期项目正在进行土建工程，14 万平方米的企业孵化三期工程正在洽谈推进中。供热二期、物流中心等项目已完成主体工程。

招商引资情况。截至目前，共入驻企业 23 户（其中工业加工项目 17 户），正式投产企业 16 户，其中服装及配套企业 14 户。近期重点推进阿尔

---

1. 衣保中，等. 东北沿边地区开发开放战略研究［M］. 北京：社会科学文献出版社，2017.

本（和龙）服装科技工业园项目，总投资12亿元，占地面积20.1万平方米，建筑面积20万平方米，计划用工7000人。项目全部达产后，预计实现年产值15亿元，上缴税费1亿元，目前已正式开工建设。

2019年上半年纳入经济运行统计企业17户，其中服装加工企业11户，实现生产总值2.4亿元，财税收入2300万元，年内预计实现产值5亿元，财税收入达到5000万元。

"小组团"滚动开发思路和措施，主要以当前起步区1.5平方公里和62万平方米的企业孵化器一期、二期、三期、四期为主，分片、分期进行滚动开发，重点发展服装加工产业。在龙头企业带动方面，以阿尔本服装产业园为依托，用3—5年时间承接一批服装加工产业转移项目，推动一批品牌价值高、财税贡献度大的企业落地，力争到2023年，中朝经贸合作新平台实现入驻企业200户，用工人数5万人，年产值100亿元，财税收入10亿元目标，成为服装加工产业聚集区。

主要困难和问题。一是项目建设资金紧张，基础设施投入较大，建设资金需求相对集中，和龙市财力有限，民生领域、脱贫攻坚等刚性支出不断加大，边合区建设资金短缺。二是园区配套设施还须完善。在医疗、商业服务等方面还不健全，和龙市至边合区公路路况较差，对外招商引资吸引力不高。

建议下一步工作重点。一是园区建设实现新提升。重点推进阿尔本（和龙）服装科技工业园项目建设，力争年内完成2万平方米的部分厂房及2栋宿舍楼主体工程。企业孵化器二期完成4栋厂房、4栋宿舍楼、1栋食堂建设。启动企业孵化器三期项目，争取年内开工建设。二是招商引资实现新提升。充分利用劳动密集型产业优势，派驻招商小分队到福建、江浙、珠三角等地开展定点、定向招商。全力推进水性高分子交联剂项目与一汽集团对接工作，争取纳入采购目录。三是通道建设实现新提升。推进建设相关交通基础设施和物流体系。

（四）黑河边境经济合作区

黑河边境经济合作区位于中国黑龙江省东北部，与俄罗斯远东第三大城市阿穆尔州首府布拉戈维申斯克隔江相对。根据《国务院关于进一步对外开放黑河等四个边境城市的通知》（国函〔1992〕第21号），原国务院特区办公室下发《关于设立黑河市边境经济合作区的批复》文件，黑河边境经济合作区首期规划面积7.63平方公里。随着黑河实施与俄罗斯布拉戈维申斯克市"两国一城"战略，2005年，黑河市政府决定把合作区管辖范围调整为五秀山俄电加工区、二公河俄电加工区、石化工业区、国际物流区，并代管跨境经济合作区，总面积达到45.9平方公里。[1]

黑河市是中国东南沿海发达地区通往俄罗斯远东地区最便捷的通道，是"一带一路"中蒙俄经济走廊的重要节点。2018年，黑河边境经济合作区启动了桥头区中方区域开发建设相关事宜。区域总体规划确定了"一核两心七组团、一轴一带多廊道"的空间结构布局，规划面积22.27平方公里，其中可利用面积16平方公里，其余6平方公里为水系景观。随着2018年5月31日中俄合建首座跨境公路大桥——黑龙江（阿穆尔河）大桥实现合龙，桥头区建设速度明显加快，目前口岸建设规划及产业发展规划已编制完成，口岸联检区已完成投资5200万元。

2019年上半年地区生产总值实现3.1亿元，同比增长7.1%；规模以上工业增加值4383万元，同比增长6.3%；2019年前5月进出口总额实现1.21亿美元，同比增长3.08%；公共财政预算收入实现1.22亿元，同比增长10%。

"小组团"滚动开发模式。一是充分发挥沿边区位优势，依托中俄"两种资源，两个市场"特点构建产业链，不断推动和深化对俄合作，努力打造区域经济发展增长极。2004年按照原国家九部委"允许黑河地方民营企业在全国范围内率先引进俄罗斯电力"的批复意见，辟建了全国唯一的俄电专属供电区——五秀山俄电加工区。累计生产工业硅86.7万吨，碳化硼10449吨、水泥124万吨、电石3.9万吨，累计实现产值139亿元，累计消耗俄电108亿度。二是通过突出特色差异发展，整体规划分块分区建设，

---

1. 徐绍史. "一带一路"与国际产能合作地方发展破局［M］. 北京：机械工业出版社，2017.

利用早期硅冶炼产业累积效益,投入园区再开发再建。2006年,依托俄电资源建设的二公河进出口加工区,规划有机电制造、绿色食品、孵化基地、保税监管等多个区块,以龙头企业为带动的产业体系逐渐形成。三是近年来,按照"一次规划、分步实施、滚动开发、同步招商"原则,通过"小步快走"的"小组团"滚动开发模式,对产业进行较小规模的组团和单元布局,制定精准招商计划,引入龙头企业,完善产业链配套,市场化运营,分片、分期进行滚动开发,从而带动园区集约发展、创新发展。

与政策性金融机构合作情况。一是2018年5月向亚洲开发银行申请政策贷款1.5亿美元,该贷款项目已经亚行中国国别贷款谈判会议正式通过,并于2019年年初列入国家发展改革委下发的三年滚动规划。二是按照亚洲开发银行支持贷款的范围,梳理出5大类23个子项目的项目表,计划总投资23.41亿元,目前亚洲开发银行项目鉴别检查团已完成项目第一次鉴别,并签订项目备忘录。

主要困难和问题。经济总量低,发展速度慢、质量不高,传统行业转型面临不确定性,使工业结构发生变动,导致工业主导作用不突出,新建产业项目支撑力不足;园区产业结构单一,产业链条短,产品处于低端,抵抗市场风险能力不强;投资和流动资金不足,影响项目建设和企业发展;土地剩余不足,无法满足招商需求;俄罗斯政策及卢布汇率变化,还将持续对园区贸易产生不可测风险。

建议下一步工作重点:以中国黑河—俄罗斯布拉戈维申斯克黑龙江大桥建设为契机,推进产业协同发展,打造跨境产业合作新格局。一是以黑龙江大桥桥头堡开发区为契机,全力打造中俄跨境合作重要平台。统筹规划园区功能整合,突出园区主体功能,以桥头区启动区、保税物流中心项目等区域为主,实施园区优化整合,推进"新九通一平",加快产业项目和发展要素向园区集聚。二是以互联互通大通道建设为基础,着力构建国际物流运输体系,围绕"一带一路"建设带来的国际一体化发展新机遇,完善基础设施建设,全力构建互联互通的中俄跨境大通道。三是加快培育壮大新动能,推进跨境产业项目建设与谋划。加快俄电产业置换和转型升级，拓展俄电产业发展空间，谋划发展高载能产业，将园区打造成创新、环保的俄电专属新区。

（五）绥芬河边境经济合作区

绥芬河边境经济合作区是国务院特区办于1992年3月批复成立的国家级边境经济合作区，批准规划面积为16.5平方公里。

2018年以来主要建设进展及成效。一是经济发展取得新成就，2018年1—12月，绥芬河边境经济合作区地区生产总值19亿元，实现工业总产值65亿元，其中税收收入7986万元，进出口总额62.6亿元，非税收入31万元，从业人员1.3万人。二是产业项目加快建设。国林木业城四期项目、中俄木材加工交易中心项目、万泰木业产业园项目、汇源木屋生产基地项目、曲美木业有限公司木材进出口加工基地项目、绥芬河市生物质热电联产项目等21个项目得到有力推进。三是基础设施不断完善。重点推进龙江进出口加工园道路及配套管网工程、南外环路10千伏线路新建工程、园区66千伏输变电工程等七项工程项目建设。四是土地调规提升承载空间。新增土地1.24平方公里，扩大了项目承载空间。

2019年上半年，绥芬河边境经济合作区招商落地企业15户，企业总数达到115户，外贸进出口总额3.5亿美元，新增固定资产1.5亿元，全口径财政收入2800万元。

近年来，绥芬河边境经济合作区支持和引导中国林业集团有限公司与绥芬河民营企业友谊木业（集团）有限公司共同出资组建了绥芬河国林木业城投资有限公司。国林木业城园区依托绥芬河口岸的区位优势和俄罗斯远东地区的森林资源禀赋，采取境外采伐回运、境内精深加工的模式，推动经营链与产业链、资金链、服务链价值链融合，打造了"境内外、上下游、产供销"一体化的产业发展业态，创造了央企和地方合作共赢、加工贸易创新发展的"国林模式"。目前，国林木业城占地70万平方米，总投资约40亿元，现已完成一、二、三、四期建设，入驻企业70家，为2000多名森工下岗职工提供了就业岗位。产品已出口到俄罗斯、日本、英国、荷兰、芬兰等国家，内销北京、上海、广州、深圳、成都、大连等地。

2018年实现进出口贸易额4.12亿美元,营业收入70亿元,利税8800万元。

面临的主要困难和问题。一是国内外形势对木业产业发展形成不利因素。受中美贸易摩擦影响,该区有6户企业没有订单,加拿大进口木材板方材每立方米价格下降60美元,冲击俄材市场。国内中欧班列补贴,木材大量在成都集聚,也对该区产品进口造成一定压力。二是木业产业发展规模档次依然较低。木业产业总量不足,整体规模不大,木材落地精深加工能力不足,大部分企业以生产木材中间环节产品为主,仅有的木质地板和木家具产品品类单一,多数企业在生产加工时单打独斗,产业链适配度还有待提高。三是服务企业方面还有不足,帮助企业解决资金紧张问题的方法不够多。

建议下一步工作重点:一是积极应对中美贸易摩擦,鼓励企业转型发展。引导区内企业积极开发国内订单,拓展俄罗斯市场,鼓励扩大阔叶材进口份额,提升高附加值产品的生产。二是依托木业产业发展规划,扶持壮大产业项目。积极推动中俄木材加工交易中心项目、四川光大生物质热电联产项目等早日投产达效。巩固现有的招商成果,创新招商方式方法,推进招商线索加快落地。引导企业在产品研发和加工技术方面提档升级,鼓励促进企业靠大联强,抱团儿发展,实现合作模式上的创新发展。三是帮助企业解决实际问题,打造良好营商环境。坚持项目配套完善到底,项目服务提供到底,集中快捷解决企业开办、建设、生产、运营中遇到的各种难题。

此外,建议探索制定《国家级边境经济合作区管理条例》,进一步明确边合区的机制体制及管理权限;将边境经济合作区的发展提升到国家战略层面,并建立高层沟通协调机制;加大对边境经济合作区的支持力度,帮助解决建设资金问题;支持条件成熟的边境经济合作区创新发展模式,向跨境经济合作区转型升级。

二、境外经贸合作区是助推东北地区开放振兴的"桥头堡"

近年来,中外合作园区建设是全国各地外经工作的新亮点,推进园区建设是带动企业抱团儿"走出去"的重要方式。实际上，境外经贸合作园区是中国园区建设经验的复制。很多国家希望借鉴中国建设经济特区的经验，通过发展产业园区、经济开发区等带动工业化的发展。目前经贸合作区的类型，主要是加工制造类、资源利用类、农业产业类、商贸物流类、科技研发类、综合开发类。简介几个东北三省的境外经贸合作园区如下：

俄罗斯乌苏里斯克经贸合作区。合作区是2006年经商务部批准建设的8个境外经济贸易合作区之一。俄罗斯乌苏里斯克经贸合作区由康吉国际投资有限公司、黑龙江省吉信工贸集团、浙江省康奈集团、温州华润公司共同组建。合作区位于俄罗斯远东滨海边疆区乌苏里斯克市麦莱奥区，是距离中国最近的境外经贸合作区，区位优势独特。该市距离中国黑龙江省东宁口岸53公里，距国际优良深水港俄罗斯符拉迪沃斯托克100公里，是俄滨海疆边区第二大城市，为苏联时期的工业生产基地，拥有横跨欧亚的远东大铁路，是俄远东铁路最大的列车编组站，铁路直达绥芬河，交通便利。

中俄滨海边疆区农业产业合作区。2004年，黑龙江省东宁华信经济贸易有限责任公司在俄罗斯滨海边疆区设立中俄合资阿尔玛达（ARMADA）公司，开始投资建设中俄（滨海边疆区）现代农业产业合作区。合作区为中俄企业合作搭建了平台，目前已发展成为集种植、养殖、加工于一体的中俄最大农业合作项目。

俄罗斯龙跃林业经贸合作区。合作区成立于2013年4月，隶属于牡丹江市龙跃经贸有限公司。合作区是2015年经商务部、财政部考核确认的国家林业产业型境外经济贸易合作区，是为国内企业"走出去"搭建的对俄林业合作最大平台。2019—2021年为合作区发展壮大阶段。合作区计划建设总投资达到13亿美元，计划引进入园企业40家。

中俄托木斯克木材工贸合作区。合作区是中航林业有限公司在俄罗斯托木斯克州建立，在中俄两国政府批准的《中俄森林资源合作开发与利用总体规划》框架下，首个具有实质性推进的最大合作开发项目，同时也是国家推进境外经贸合作区建设的重点项目之一。该项目在中俄两国时任元首胡锦涛主席和梅德韦杰夫总统的共同见证下，于2008年5月23日正式签约。合作区主导产业：森林抚育采伐业、木材深加工业、商贸物流业。合作区规划建设面积 6.95 平方公里。

另外，其他类型合作区及园区，如中俄"绥芬河—波格拉尼奇内"跨境经济合作区、沈阳中德高端装备产业园等在东北地区开放振兴过程中起着促进作用。2018 年 10 月，德国宝马宣布对华增资 30 亿欧元，启动建设位于沈阳市的第三座整车工厂，成为中国放宽汽车行业合资股比限制后的首个受益者，也是"中国制造 2025"与"德国工业 4.0"战略对接的重要载体，对沈阳市乃至辽宁省来说意义重大、影响深远。沈阳中德装备园成为东北地区扩大开放的重要平台和窗口。目前入驻企业已超过 400 家，一批先进制造业项目相继落地，其中，总投资 200 亿元的华晨宝马铁西新厂等重点项目，正在有序推进。

总之，特殊经济区是使领馆和企业之间的缓冲带。"一带一路"倡议的主要内容涵盖很多方面，习近平主席演讲时是用"五通"来概括的，即政策沟通、道路联通、贸易畅通、货币流通、民心相通，但是，"五通"里经济贸易合作、基础设施建设是基础和重点。跨国自贸区（Free Trade Aera, FTA）和境外合作区（Free Trade Zone, FTZ）陆续建成，辐射带动作用更大，贸易畅通水平不断提升。中国积极推进境外经贸合作区建设，打造产业集聚的重要载体和国际产能合作的重要平台，以机制建设推进"一带一路"，带动国际合作模式创新。它们引导中国企业集群式走出去，实现产业集聚发展，也促进沿线国家经济社会发展，推动工业化进程。

第六章

东北振兴中的对外开放新前沿建设

东北地区对外开放的主要机遇和挑战

当今世界正处于大发展大调整大变革时期,新科技革命与产业变革正蓄势待发,新的国际产业分工体系正在酝酿与形成之中,与此同时国内经济发展进入新常态,积极因素与消极因素并存,这既为东北对外开放带来了历史机遇,又产生了诸多挑战。面对内外部形势的转换,东北内部的诸多矛盾逐渐显露,经济转型和开放发展的任务日益艰巨,东北唯有深刻认识国内经济发展阶段性转换的特征,深度挖掘新的开放比较优势,下大力气推进体制机制改革,增强内生发展动力,才能够在国内外经济环境的变化中保持发展定力。

第一节　东北地区对外开放的外部影响因素

在后金融危机时期,全球经济格局发生深刻调整,新技术革命正在多个方面重塑全球产业分工,全球经贸体系也面临适应性调整。面对外部环境的深刻变化,我国相继启动了一系列对外开放战略,不断扩大对外开放的深度和广度,经济发展的质量不断提升,但也面临着经济下行压力加大、区域发展分化等结构性矛盾。新时期,东北应准确认识国内外经济形势的转变趋势,把握机遇,有所作为,以更加开放的心态面对外部环境的转换。

一、国际环境因素

国际上,世界经济格局正面临历史性转变,新的国际产业分工体系正在多个维度上分化重组,机遇与挑战正在迅速发生转换,需要对国际形势保持更加清醒的认识。

（一）有利因素

1. 世界经济格局发生深刻调整，新兴经济体成为推动全球经济治理体系变革的主力

世界正处于百年未有之大变局，全球经济形势正发生深刻而复杂的变化，全球格局正进入新的历史转折点，为东北参与全球产业链重构带来历史机遇。随着以中国为代表的新兴大国崛起，发展中国家与发达国家的经济实力差距正在不断缩小，全球经济重心将从发达国家逐渐向新兴经济体和发展中国家转移，世界经济格局向着多极化发展的趋势越来越明显。根据国务院发展研究中心"国际经济格局变化和中国战略选择"课题组测算，预计到2035年，包括新兴经济体在内的发展中国家在世界经济中的比重将达到60%，在全球贸易和跨境投资中的比重也将相应大幅上升。国际力量对比正引发全球产业分工的重构，新兴经济体在国际产业链上的地位将会不断提升，新兴经济体的发展利益与当前经贸规则之间的冲突愈加凸显，引发新兴经济体对于改革现有全球经济治理体系的呼声越来越高。新兴经济体和发展中国家正在成为全球化的主力，并在多个领域积极参与全球经济治理，为众多发展中国家融入全球产业链和价值链带来了新的动力和机遇。

东北在新中国成立之初就作为我国与苏联产业合作的重点地区，在之后几十年内一直是我国的工业重镇，在我国从农业国到工业国的转变中发挥了关键的作用。但在改革开放后，随着我国经济重心和开放前沿向着东部沿海地区转移，东北地区逐渐丧失了与国际市场和技术对接的区位优势，工业发展逐步陷入困境。而随着世界经济格局的变化，全球产业分工将面临新的调整，原有的产业低洼地区有可能在新的国际分工中占领高地。东北地区拥有雄厚的工业基础和原材料储备，有能力往全球产业链上游进一步攀升，并在世界经济格局调整中重新定位自身。

2. 新技术革命在多个领域迅猛发展，为东北地区产业结构调整带来新的动力

新一轮技术革命正蓄势待发，为全球产业结构调整和新动能的培育带来巨大发展空间。目前，全球正经历着新一轮的科技与产业革命，并呈现出"一主多翼"的演进格局。"一主"就是以大数据、区块链、人工智能等为核心的信息技术的深度发展和全面应用，带动整个产业形态朝着智能化、数字化和网络化的方向不断演进。新一代信息技术正加速与制造业融合发展，并使得制造业生产方式和形态发生改变。同时，新技术革命引发全球各国的比较优势发生转变，进而对全球产业技术和分工格局带来革命性的影响。除了信息技术的迅猛发展与应用外，新材料技术、新能源技术、生物科技、航空航天等多个领域的科技不断取得突破和创新，对经济社会结构带来了前所未有的改变，形成了"多翼"并进的局面。未来15年，数字技术、能源技术和绿色技术革命等新技术革命将深刻改变现有全球产业结构，颠覆现有产业的形态、分工和方式，扭转当前产业分工下的传统比较优势，为中国等众多发展中国家实现"弯道超车"提供了难得的历史机遇。

新技术革命的迅速发展对东北振兴的积极影响是多个方面的。首先，东北地区众多传统工业产能亟须新技术的升级改造，其市场空间和发展潜力巨大。东北地区仍然具有较为雄厚的工业基础，通过新技术对传统工业产能的改造升级能够重新焕发东北老工业基地的活力。其次，新技术革命发展迅猛且在多个领域齐头并进，为东北等后发地区抢占新技术革命发展先机提供了众多机会。东北地区若能够在新一轮技术革命中抢占先机，将现有的老工业基础与新兴技术进行融合发展，加大力度促进新旧动能转换和传统产业升级，并在更多的新兴领域抓紧布局，将有望在新一轮技术革命中占领技术和产业高地。再次，新技术革命将带来全球产业链、价值链和创新链的深度调整，带来了众多新技术、新产业、新模式和新业态，为东北地区产业转型提供了更大的可能性，也为东北地区深度嵌入全球产业链，提升自身价值链和创新链提供了更大的发展空间。

3. "一带一路"建设进入新阶段，为开放洼地带来更多开放机遇

"一带一路"倡议推行6年多后，一个更加开放包容的国际经济体系逐步形成，"一带一路"建设正成为带动全球经济复苏与价值链提升的强劲动

力，同时也为中国产业走出去提供了更广阔的空间。随着"一带一路"建设的持续推进，沿线国家经济融合度和自由度不断提升。我国与各国间的投资贸易便利度和自由度获得持续改善，积极与我国商谈自由贸易协定的国家越来越多，双边乃至多边自由贸易区的建立、拓展与升级为"一带一路"的持续推进奠定了坚实的制度基础。截至2018年底，我国已与25个国家和地区达成了17个自贸协定，与24个国家建立了82个境外经贸合作区，一个以自贸区网络为构架的开放型经济新格局正在形成。与此同时，随着"一带一路"建设进入制度合作的新阶段，中国的制度和标准将加快走出去成为国际标准，并为中国产业走出去提供更加顺畅的制度支撑。当前经贸摩擦等对经济全球化造成了冲击，无论是发达国家还是发展中国家都面临众多棘手的结构性问题，重振经济、推进改革仍然是当前各国的紧迫任务，开放和合作还是世界经济的主流思想。

东北地区在"一带一路"建设布局中是面向北部开放的窗口，对俄罗斯和朝鲜半岛的开放优势更加明显，"一带一路"建设的持续推进为东北振兴带来了多个方面的机遇：第一，东北地区能够通过积极参与"一带一路"建设扩大开放和市场范围。"一带一路"沿线的发展中国家大多还处于工业化早期，基础设施、中低端制造业、重化工业等是发展的重点领域，在制造业、能源、农业、交通运输等多个方面具有巨大的市场需求，而这些领域也正是东北产业的强项。第二，"一带一路"建设有助于东北地区突破封闭式的地域限制，扩大对外开放的通道。特别是，东北地区与俄罗斯远东地区相邻，通过将东北老工业基地振兴战略与俄罗斯远东地区发展战略紧密地联系起来，推动双方公路、铁路和港口等基础设施的建设和互联互通，打通更大范围的国际交通走廊，有助于东北地区突破地理限制形成新的贸易航道，推动更大范围的贸易和投资合作。第三，参与"一带一路"建设有助于推动东北老工业基地转型升级。东北地区的工业基础以能源、原材料、装备制造等重化工业为主，目前面临着技术更新换代较慢、市场化程度低、所有制结构单一、人才流失严重等问题。振兴东北老工业基地不仅需要东北地区持续推进市场化改革，破除不适应市场经济发展的体制机制障碍,还需要东北地区进一步扩大对外开放,通过参与"一带一路"建设对接更多的国际高端生产要素和发展资源,为东北地区产业结构转型升级增添更多动力。面对全球经济合作的新变化和新趋势,东北地区要积极抢抓机遇,坚定开放合作的信心和方向,推动东北地区产业走出去扩大国际市场,有效整合国内国外两个市场和两种资源,不断提升东北地区的对外开放层次,为东北地区产业升级和转型注入新的发展动能。

4. 东北亚经济圈快速崛起将为东北地区参与地区合作打开巨大空间

东北亚地区六国人口占全球人口23%,国内生产总值占全球经济总量19%,在全球经济中的分量举足轻重。东北亚经济合作能够促进区域各国优势互补,对于促进东北亚区域文化融合、经济一体化、增强经济增长活力具有重要的推动作用。作为全球极少数没有达成大区域合作的地区之一,东北亚各国的合作意愿日益强烈,在破除一系列阻碍之后,东北亚经济合作必将进入一个新的阶段。近年来东北亚经济圈发展取得了显著成果。在经济全球化前景不明以及大国博弈日益激烈的背景下,为了应对西方制裁,俄罗斯政府逐渐开始重视开发远东,并且专门设立了自由港和跨越式发展区吸引外资。韩国也积极推动在朝鲜半岛和整个远东与多方在铁路、天然气和电力等领域进行合作。近年来,朝鲜逐渐开始从"先军政治"转向经济发展,对外开放和合作的意愿大幅上升,对建立跨境合作关系、推进东北亚互联互通也展现出不同以往的积极态度。总体来看,东北亚经济圈正朝着积极方向发展,有望成为全球最具潜力、经济增长速度最快的地区之一。

东北地区地处东北亚地理位置中心,是我国面向东北亚全方位开放的枢纽,在我国对外开放格局中具有极其重要的战略地位。东北亚经济圈是东北地区参与国际竞争与合作的重要切入点,没有东北亚地区经济发展和合作的深化,振兴东北就难得真正实现。随着中蒙俄经济走廊、中日韩自贸区等一系列重要合作的达成,东北亚经济圈将快速成长,东北地区的对外开放空间将不断打开,来自六国的生产要素将在东北亚经济圈的不断成型中汇聚到东北,有望为东北地区带来源源不断的技术、资本和劳动力。借助于东北亚经济圈的崛起，东北地区将有可能扭转开放地理上的限制，一跃成为新的开放前沿地区。

（二）不利因素

1. 后金融危机时代世界仍处于缓慢恢复之中，世界经济增长前景面临诸多不确定

金融危机之后，全球普遍采取了大规模的量化宽松和经济刺激计划，虽然这些扩张性的调控政策短期内带动了经济增长，为全球经济稳定注入了一针强心剂。但从长期来看，过于积极的宏观政策干预势必会扭曲经济结构，造成更大范围和更深层次的不平衡结构，很大程度上阻碍了市场的正常出清，不利于经济的长期发展。事实上，从金融危机以来，全球经济仍未从危机中完全复苏过来，主要发达国家尚未恢复至金融危机前的经济增长水平。不仅如此，金融危机还引发了全球经济的一些其他结构性问题，例如欧洲众多国家爆发了债务危机，中国的刺激政策带来了长时期的消化过程，等等。受金融危机影响，原先一些积极推进全球化的国家开始政策转向，投资和贸易保护措施不断增多，甚至一些国家为了自身利益采取"以邻为壑"的政策导向，引发全球经济贸易矛盾不断深化，导致后危机时代的全球经济朝着更加复杂和多变的方向发展。

总的来看，当前世界面临的不确定、不稳定和不平衡问题依旧突出，新的全球经济稳定增长路径还没有成型，世界主要经济体普遍出现了增长放缓态势。尽管新的国际经贸规则正在酝酿和形成之中，新技术革命也在不断为新旧产业注入活力，但资本、劳动和技术在后金融危机时期出现了趋势性变化，不可避免地导致全球的潜在增长率放缓，产能过剩、有效需求不足的结构性挑战可能会在较长时间内困扰全球经济。

不确定的全球经济发展态势可能让东北地区面临更加复杂的开放环境，使得东北地区产业结构升级的任务更重、时间更加紧迫。全球增长动力不足引发国际投资贸易进入缓慢增长期，东北地区对外开放将面临更大的难度和风险。金融危机造成的外部需求萎缩是造成东北地区产能过剩和工业发展低迷的一个重要外部因素。尽管金融危机后我国出口下降主要表现在东部沿海地区，但东北地区的主要工业部门在产业链上大多处于上游原材料和初级产品生产环节，外需放缓会通过产业链间接传导至上游环节。同时，东北地区工业由于技术水平相对较低，研发和关键环节上的国际竞争力较弱，更加难以成为全球产业链上的必需品，遭受产业链调整的冲击相对更加严重。目前，全球经济下行风险加大，投资贸易增速持续放缓，未来一段时期内外部需求仍会继续保持低迷状态，加之全球经贸摩擦不断加剧，紧张的外部环境势必会加大东北地区产业和外贸结构调整的难度。

2. 全球化在局部遭遇阻力，对全球产业链调整带来较大挑战

金融危机后，发达国家经济普遍遭受了不同程度的冲击，原有的经济政策和国际经贸规则面临越来越多的质疑，贸易和投资保护主义、逆全球化思潮也在部分发达国家抬头，国际经贸摩擦此起彼伏，导致国际投资和贸易发展陷入低迷。特别是，美国特朗普政府贯彻"美国利益优先"的政策主张，在全球范围内掀起贸易战，世界主要大国和经济体纷纷卷入，不仅深刻影响并改变了全球贸易格局，而且对全球供应链、产业链和价值链体系产生长远的冲击和影响，正在引发全球产业链体系的分化与重构。随着全球化的深入发展，全球产业链联系的紧密度远超以往，任何一个国家都难以独自完成所有产品的全产业链布局，各国对国际产业链的依赖性显著上升。在此背景下，逆全球化对全球经济贸易所造成的负面影响更是超出单个国家的界限，其关联影响效应将对全球产业链造成广泛冲击。

美国政府发动的中美经贸摩擦对全球产业链的影响则更加深远。2017年美国国家安全战略报告中，将中国列为战略竞争对手，其针对中国的措辞之严厉在近几届政府中罕见。2018年以来，美国政府挑起中美经贸摩擦，试图打压以中国为代表的新兴经济体崛起，对全球经贸格局造成了极大的负面影响，对经济全球化进程造成了相当大的冲击。2018年，全球贸易增速为3%，而世界贸易组织（WTO）在最近一次的全球贸易增长预期中将2019年贸易增速下调至1.2%，并预测2020年全球贸易增速为2.7%。与此同时，WTO称，随着贸易紧张局势和关税上涨继续对进出口造成压力，全球跨境商品流动将以金融危机以来最慢的速度增长。不断蔓延的全球贸易战更是让当前低迷的全球经济复苏进程雪上加霜，势必会让全球贸易投资变得更加谨慎和保守。

对东北地区而言，经贸摩擦等逆全球化因素将从多个方面对东北地区产业升级带来调整。第一，东北地区的贸易对象主要是亚洲、大洋洲和欧洲，因此受到中美经贸摩擦的直接影响较小，但负面影响也必然会通过产业链对东北地区产业产生间接影响。第二，经贸摩擦将有可能引发部分企业外迁来规避风险，其中中低端产业技术水平和赢利能力较低，更加难以承受经贸摩擦的冲击，短期内外迁意愿更强。而东北地区当前的产业结构偏向于中低端，且以货物贸易为主，这部分的影响不得不及早应对。第三，不断恶化的外部环境也会对东北地区传统产业升级造成巨大的外部压力，压缩传统产业转型的时间窗口，迫使东北地区要加快产业转型升级步伐。

3. 新的国际经贸规则重构可能会对东北地区经济转型升级带来更大的制度压力

全球经济格局的变化正在导致南北经济实力的对比变化，进而引发原有世界分工体系分化重组，全球经贸规则也随之出现重大调整。新一轮国际经贸规则回应了全球价值链竞争的制度需求，呈现出的高标准、宽领域、多元化等特点，对我国参与全球经济治理构成了严峻挑战。过去国际贸易以成本驱动的商品和要素流动型开放为主，而新一轮贸易规则重构正将规则调整范围从边境措施向边境内措施延伸，全球经济正在进入从边境开放向边境内体制性开放的新阶段。

作为经贸大国，我国已深度参与国际分工体系，经贸利益也已延伸至世界各地，国际经贸规则的新博弈不仅关系到一国是否能够延续其国际分工利益，而且决定了未来国际竞争的地位。改革开放后尤其是加入WTO以来，我国侧重于推动商品、服务方面的进出口，体现为以商品和要素流动为主要形式的对外开放。随着我国对外开放逐步进入更加注重质和量结合的发展阶段，原有开放模式难以适应商品和要素国际流动的要求。由于高端和创新型生产要素对制度环境所决定的交易成本等更为敏感，仅仅依靠低成本和优惠政策形成"成本洼地"对于高端要素与产业的吸引力远远不够，只有通过制度创新推动迈向规则等制度型开放，才能吸引更多高端要素，汇聚更多高端产业，为建设高水平开放型经济打开通道。

面对国际经贸规则向着更高水平和层次调整的新趋势，如何推动制度创新、加强与国际先进规则衔接成为新时期东北振兴的重要主题。更高标准的国际经贸规则将显著抬高东北参与经济全球化的门槛，如果难以适应新的国际经贸规则调整方向，那么东北地区将有可能被排除在新的国际贸易体系之外，丧失继续融入全球产业链的机遇。一方面，国际经贸规则调整更加注重制度性因素，制度创新对于国际产业分工的影响将会越来越大。而近年来东北地区在制度建设上滞后于产业发展需要，已成为影响东北地区经济转型的重要因素，这一劣势将在国际经贸规则重构中更加凸显。另一方面，目前国际经贸规则重构仍然是由发达国家主导，TPP、TTIP、TISA等均是发达国家构建新国际经贸规则的尝试，其必然会朝着能够发挥发达国家比较优势的方向发展，这对于已经在国际分工中处于相对劣势的东北地区而言更加难以适应，将会很大程度上削弱东北的比较优势，对东北地区的国家产业分工地位造成进一步的打击。另外，美国希望通过新的双边或多边合作关系重构亚太经贸格局，也会使亚太合作形势更加复杂。

二、国内环境因素

面对全球经济形势的变化，国内经济发展也进入了新的阶段，各种结构性矛盾显现带来了巨大的挑战。但同时，我国经济发展的质量不断提高，面对外部冲击的韧性不断增强，开放水平不断提升，既给东北振兴和对外开放带来了新的历史机遇，又让东北振兴变得更加紧迫。

（一）有利因素

1. 地区间开放比较优势发生变化，全面开放新格局加速成型

受限于地理条件和经济基础，改革开放以来我国对外开放的重点是东部沿海地区，这些开放前沿地带也成为改革开放后发展最快的区域。过去我国主要是向发达国家开放，一边吸收发达国家的资本和技术，在沿海地区形成高度聚集的制造工厂；另一边将生产过剩的产品销往海外发达国家

市场，而与其他发展中国家主要是大宗商品和资源的供求关系。随着传统比较优势减弱和新技术革命兴起，旧的开放空间和红利基本释放完毕，加之世界经济格局正在发生深刻变化，我国对外开放的重点地区和领域也发生调整。新一轮高水平对外开放要求适应国内外经济形势的变化，在区位上更加广阔、领域上更加丰富、层次上更加高端。

新时期，面对国内外经济形势的转变，我国通过"一带一路"倡议等开放战略调整对外开放策略，逐步打通与更多发展中国家的商品和要素市场，持续推动我国企业、技术和资本走出去开拓国际市场，正在形成更加广泛的全球利益共同体。在"一带一路"倡议等重大国家开放战略的推动下，开放重心逐渐从沿海地区向内陆及欠发达地区偏移，越来越多的新开放红利被不断释放并惠及更多区域和主体。陆海内外联动、东西双向互济的全面开放格局正在形成，原来的开放洼地有望一跃成为开放高地，并在新的开放机遇下谋取更大的发展空间。与此同时，众多内陆和沿边地区的经济合作区正在逐步形成，这些地区成为我国新时期对外开放的重要方向。

作为我国对东北亚开放的前沿地区，东北地区漫长海陆边境线上有许多沿边沿江沿海口岸开放城市，对俄罗斯远东、朝鲜半岛、日本以及北极圈开放的区位优势明显，发展对外经济合作具有非常大的空间。顺应新时期国家开放战略的调整，充分利用地理区位优势，将东北振兴与"一带一路"建设等开放战略深度融合，不断深化与东北亚及中亚、欧洲的深度与广度联系，增强东北地区的内外联动能力，必将为下一阶段的东北振兴开辟更多的发展机会。

2. 对外开放战略不断升级，新一轮高水平对外开放正在开启

近年来，我国启动了一系列对外开放战略，对外开放的力度和范围越来越大。从2013年9月至2019年8月，我国已经分多批次批准了18个自由贸易试验区，初步形成了"1+3+7+1+6"的基本格局，形成了东西南北中协调、陆海统筹的开放态势，推动形成了新一轮全面开放格局。2018年4月，海南自贸区和自贸港成立，要求海南逐步探索、稳步推进中国特色自由贸易港建设，分步骤、分阶段建立自由贸易港政策和制度体系。自贸区设立以来，各自贸区大胆探索、积极创新、勇于突破，形成了一大批改革创新成果，充分发挥了全面深化改革的试验田作用和示范引领作用，推动形成了开放型经济新体制和全面开放新格局，为我国全面深化改革、进一步扩大开放积累了新经验、探索了新路径。自贸区和自贸港的相继设立，标志着我国开放格局的不断完善、开放力度的不断增强，新一轮高水平对外开放正在推动我国进入全面开放的新阶段。

东北地区是我国自贸区建设中的重点地区，辽宁和黑龙江已经分别于2016年8月和2019年8月设立了自由贸易试验区，成为我国自贸区网络的重要组成部分。其中，辽宁自贸区的定位是"以制度创新为核心，以可复制可推广为基本要求，加快市场取向体制机制改革、积极推动结构调整，努力将自贸试验区建设成为提升东北老工业基地发展整体竞争力和对外开放水平的新引擎"。黑龙江自贸区的定位是"以制度创新为核心，以可复制可推广为基本要求，全面落实中央关于推动东北全面振兴全方位振兴、建成向北开放重要窗口的要求，着力深化产业结构调整，打造对俄罗斯及东北亚区域合作的中心枢纽"。辽宁和黑龙江两个自贸区的建立指明了东北地区向北开放的发展方向，明确了东北地区在我国对外开放大局中的重要地位，同时也进一步说明东北振兴与对外开放息息相关，没有更深层次、更大范围的对外开放，东北振兴就无从谈起。随着自贸区建设的不断推进，一大批可复制可推广的制度创新将在东北地区落地，促进东北地区更加高效地学习其他地区开放经验，同时也能够因地制宜地进行制度突破，破除对外开放的各项制度型障碍，进一步释放东北地区面向东北亚得天独厚的区位与交通潜力，为东北地区构建对外开放新格局奠定更加坚实的基础。

3. 国家高度重视东北振兴，政策力度不断加码

近年来，东北地区经济问题获得中共中央、国务院高度关注，国家也相应出台了一系列政策文件加大对东北振兴的支持力度。目前，针对东北地区经济发展中的科技创新、国有企业改革、对外开放、制度改革与创新等多方面症结问题，从国家到省市地方层面均出台了一系列政策，且更具持续性和导向性。2016年4月，《中共中央 国务院关于全面振兴东北地区

等老工业基地的若干意见》印发。11月,《国务院关于深入推进实施新一轮东北振兴战略 加快推动东北地区经济企稳向好若干重要举措的意见》(国发〔2016〕62号)印发。2016年8月和12月,《推进东北地区等老工业基地振兴三年滚动实施方案(2016—2018年)》和《东北振兴"十三五"规划》经国务院同意后印发。据统计,针对东北振兴及相关政策已有1000余项,其中国家政策200项左右,目前已经形成了多元化的政策体系结构。从省域情况看,辽宁省集中在创新创业、功能区发展等;黑龙江省集中在开放政策、国企政策和政府改革策略;吉林省更多关注基础设施建设和社会保障性政策。在推动区域协调发展方面,新一轮东北振兴正在多方面推进与京津冀协同发展、长江经济带发展、粤港澳大湾区建设等国家重大战略的对接融合,东北地区与东部地区开展对口合作,在土地跨省交易和发展飞地经济等方面持续进行政策探索。随着东北振兴政策的不断加码,政策叠加效应将进一步激发东北地区的人才、资本、技术等资源要素,东北地区新一轮全面振兴蓄势待发。

(二)不利因素

1. 国内经济下行压力加大,传统动能逐渐失速

金融危机爆发后,我国及时调整了宏观政策,采取了大规模的经济刺激计划,经济增长在一段时期内保持在了较高的水平上。但与此同时,我国旧的经济增长模式逐渐走向尽头,随着劳动力成本的不断上升、资源环境约束的不断加大以及技术引进空间的持续缩小,依靠大规模技术引进和投资带动的经济增长已经难以为继,全球市场的萎缩也引发了国内大规模的产能过剩,经济下行的压力持续增大。随着我国经济发展的结构性矛盾不断爆发,经济增速从过去的高速增长阶段步入中高速增长阶段,经济发展进入了新常态。当前,我国经济增速持续下滑,下行压力持续加大,从2018年一季度开始,我国GDP增速呈现持续下降态势,从6.8%下降至2019年第三季度的6%,经济增长已经处于即将破6的关口。全国整体经济增速的下滑既有长期趋势性因素也有短期结构性因素,而随着我国经济转型逐渐进入深水期,未来将面临更加复杂的内外部环境,保持现有经济

增长的难度将进一步上升，这必然会对全国各地的经济发展均有不同程度的不利影响。

在全国整体经济增速下滑的背景下，东北地区的经济增长面临更加不利的形势，率先出现经济增长失速的现象。从2014年开始，东北地区经济增速出现了大幅度下滑，东北三省经济增速均在短期内出现了2%—3%的下降幅度。2018年，辽宁的经济增速为5.7%，吉林为4.5%，黑龙江为4.7%，均低于全国平均增速，在全国31个省市自治区中排名倒数。不断走低的地区经济增速表明东北地区还未适应新常态发展阶段，在旧的动能逐渐失速后并没有及时培养出新的增长动能。东北地区在经济结构上更加偏向于中低端制造业，对内外部环境变化的适应性较差，经济转型的任务较重而且难度更大。从国内整体发展趋势来看，经济增长有进一步下探的趋势，需求不足的状况在短期内难以获得明显改善，这意味着东北振兴的时间窗口将进一步缩紧，尽快提升东北地区经济发展内生动力已经时不我待。

2. 南北经济走势出现分化，经济重心有向南方转移的趋势

随着我国经济进入新常态，区域间经济发展出现了一个新的趋势，即南北经济增长出现了明显分化。在区域发展上，我国大致经历了三个阶段的转变：在改革开放初期，东部沿海地区借助于开放优势，深度融入全球产业链，推动了经济的快速发展，这一时期表现为"东快西慢"；金融危机后，外部环境的调整引发了我国对外开放环境的变化，东部沿海地区的比较优势逐渐弱化，部分产业开始逐渐转移至中西部地区，此时区域经济发展表现为"西快东慢"；从2013年开始，随着我国经济进入新常态，经济增速整体放缓的同时，南北省份之间经济差距不断拉大，呈现出"南快北慢"的新趋势。及至2018年，南北省份间的经济总量差距达到了23.04个百分点。南北经济走势分化背后反映的是南北省份在新动能培育上的差异。北方省份在经济结构上主要以能源化工为主，国有经济占比较高，经济转型的负担较重，而且经济下行带来的大宗商品价格下降也对北方的资源型产业造成了较大打击。总的来看，北方省份在产业结构调整、政府体制转型等方面仍然存在较大劣势，短期内难以扭转发展态势，南北分化的

趋势将在一定时期内继续保持并深化。

南北经济分化不仅仅意味着经济增速的不同,更重要的是,这个现象反映出南北经济结构的巨大差异。北方省份的产业结构以中低端产业为主,地区间的竞争性大于合作性,无法形成大区域的协同发展,而在遭受外部冲击时经济韧性较低,不能通过内生循环来抵御冲击。面对新形势,东北等北方地区要加快发展,缩小与南方地区的差距,要更多地在构建跨区域的产业链、引导南方动能传导等方面下功夫。而东北地处北方沿边地区,与南方各省份在地理上距离较远,对内开放的劣势明显,在动能梯度传导上处于相对劣势地位,更加难以与经济发达地区构建紧密的经济联系,因而也就难以吸引发达地区的产业链进入东北布局。而一旦南北经济分化持续加深,北方地区的生产要素在市场力量的推动下会源源不断地流向南方,进一步削弱北方地区的发展资源和经济基础,这可能会对东北振兴和对外开放带来非常大的负面影响。

第二节 东北地区对外开放的内部影响因素

从我国工业最发达的地区到如今东北工业的艰难转型,东北地区经济发展是新中国成立以来我国工业化的一个缩影。新时期继续推动东北振兴,要理性认识东北地区经济问题的主客观原因,精准把握东北地区未来的发展方向,坚定树立东北振兴的信心,用更加务实的态度、积极的行动和坚强的定力应对东北地区存在的深层次矛盾和挑战,以更高水平的开放和创新为东北振兴注入更加强劲的动力。

一、结构性因素

东北地区是我国的老工业基地,经济发展起步早、底子厚,为我国的工业化进程做出了巨大的贡献。但在新时期,东北地区经济的结构性矛盾逐渐凸显,经济结构难以适应国内外经济形势的转换,成为制约东北地区经济转型的重要因素。未来,东北地区要深度挖掘自身发展潜力,大力补齐各方面短板,为下一阶段的东北振兴和对外开放奠定基础。

(一)有利因素

1. 工业体系完善,资源环境条件较好

东北地区工业起步较早,历史上是我国工业相对集中、实力最强、资源最丰富的地区,在国家"一五""二五"时期是经济建设的前沿阵地,曾经拥有相对完善和齐全的工业门类。尽管当前东北地区的很多工业基地在技术上已经老化,难以适应现代经济体系的发展,但至今东北地区在一些大型装备制造上还占据重要地位,汽车、飞机、航天等产业在全国仍然具有一定竞争力。应该看到,东北振兴并不是完全重新建立一套工业体系,不是一个农业地区工业化的过程,而是利用新技术改造旧产能,重塑东北工业优势的过程。因此,东北地区巨大的沉没工业资产既给东北产业升级带来了一定的历史包袱,但同时这些雄厚的工业基础也是东北振兴的强大支撑,其关键在于如何通过更加有效的市场体系和开放环境来重新激发东北地区的工业活力。

另一方面,东北地区基础资源相当丰富,在我国工业化过程中向其他地方输出了大量工农业原料与工业装备,曾经被誉为"共和国的装备部"。目前东北地区粮食产量约占全国20%,东北的粮食外调量占到全国的60%以上,是全国粮食产量增长最快、贡献最大的区域,在全国粮食安全中占有举足轻重的地位。东北地区生态环境基础较好,工业化进程减缓后生态环境也获得一定程度改善,为东北地区发展生态型产业奠定了良好的基础。

2. 开放平台体系建设较为完善,开放渠道逐渐畅通

为加快东北振兴,国家在对外开放方面给予东北地区高度关注和政策

支持，2016年出台的《中共中央 国务院关于全面振兴东北地区等老工业基地的若干意见》明确提出，努力将东北地区打造成为我国向北开放的重要窗口和东北亚地区合作的中心枢纽。国家先后支持东北地区建立了众多国家级开放平台，如自由贸易试验区、开放型经济试点、服务贸易创新试点、服务外包示范城市、边境（跨境）经济合作区、国家级新区等。2014年，国务院批准设立东北地区第一个国家级新区——大连金普新区；2015年《国务院关于支持沿边重点地区开发开放若干政策措施的意见》发布，丹东和珲春、图们、龙井、和龙、集安、临江市等地被列为沿边重点地区，其中珲春、和龙、丹东都设有边境经济合作区；2016年，另一个国家级新区长春新区设立；8月，辽宁自由贸易试验区获批；11月，国务院出台《关于深入推进实施新一轮东北振兴战略加快推动东北地区经济企稳向好若干重要举措的意见》，提出规划中俄、中蒙、中日、中韩产业投资贸易合作平台以及中以、中新合作园区；2019年8月，黑龙江自由贸易试验区获批，等等。

同时，东北地区近年来积极融入"一带一路"建设，重点面向东北亚搭建了多个互联互通国际大通道和合作大平台，不断加快互联互通综合运输体系建设，与周边国家和地区的经济联系不断上升。辽宁正在打造三条面向欧洲的跨境运输大通道，即"辽满欧"通道、"辽蒙欧"通道和"辽海欧"通道[1]。吉林规划了贯穿中、蒙、朝等大图们江国际通道。黑龙江则重点推进东部陆海丝绸之路经济带的发展，积极打造中蒙俄经济走廊。这些开放平台的建设有力地促进了东北地区对外开放，在未来东北地区参与国际竞争中都将扮演着重要角色。

3. 城市群建设初具雏形，区域协同性不断增强

东北振兴战略推进以来，东北地区已形成四大城市群，包括辽宁沿海城市群、辽宁中部城市群、吉林中部城市群和哈大齐城市群。另外，黑龙江东部城市群也在规划建设中。东北地区城市群处于全国"两横三纵"城

---

1. "辽满欧"通道以大连港、营口港为起点，途经满洲里再到俄罗斯和欧洲；"辽蒙欧"通道以锦州港、丹东港为起点，途经蒙古国再到达欧洲；"辽海欧"通道以大连港为起点，至白令海峡向西航行，到达挪威北角附近，再前往欧洲各港口。

市化战略格局的北部、京广线纵向"动脉"的北线终端，是全国主体功能区的重要组成部分，在我国新型城镇化建设、区域协调发展等战略中占有极其重要的地位[1]。哈尔滨、长春、沈阳、大连四个东北地区核心城市，也是副省级城市，正积极谋划城市升级，均提出建设国际化城市目标。其中，哈尔滨计划建设成为东北亚具有重要影响的现代化城市和哈长城市群核心城市；沈阳计划建成东北亚国际化中心城市、科技创新中心、先进装备智能制造中心、高品质公共服务中心；长春计划建设东北亚区域性中心城市；大连计划建设成为东北亚国际航运中心、国际物流中心。总的来看，东北地区在城市群建设上具有一定的发展基础，具有向北开放的区位优势，与京津冀城市群也能够形成互补联动效应，未来随着环渤海经济圈以及京津冀一体化等发展战略的持续推进，有望形成东北地区与京津冀的战略对接，全面带动北方地区的发展和东北振兴。

（二）不利因素

1. 产业结构不平衡问题突出，产品市场竞争力较低

过去东北地区经济发展主要依靠要素投入增长，属于粗放型增长，造成了东北地区在产业结构上的不平衡。当前，东北地区在产业结构上过于偏重资源型、传统型、重化工型产业，多数处于产业链的低端环节，市场竞争力较弱，转型难度较大。首先，过于偏重的产业结构需要通过不断地扩大再生产以消化过剩的产能，而且受外部环境影响较大，在外部产业链发展较大调整时就会出现积重难返的局面。其次，东北地区生产的产品大多数集中在产业链的中上游，多是为生产者提供生产配套，但技术含量相对较低，不具有不可替代性，容易被其他地区的产业链所替代。再次，东北地区服务业发展较为滞后，不仅生产性服务业难以形成对工业部门的有效支撑，生活性服务业也不能够对人才形成有效的吸引作用。最后，东北三省战略性新兴产业普遍规模较小，尽管近年来发展出现了良好的势头，但新旧动能转换的任务和压力仍然会维持较长时间。东北地区产业结构低

---

1. 张敏，胡建东. 以立体化城市群建设带动东北全面振兴的对策［J］. 经济纵横，2019（7）：57-62.

端表现在对外开放方面就是东北地区目前对国外高端中间品的依赖程度较大,这就使得当前东北地区对外开放更多的是进口国外的中间品,造成了进出口的不平衡发展。

2. 国有经济占比过高,市场竞争活力不足

东北地区经济崛起于计划经济时期,是我国承接苏联技术和产业转移而发展起来的。长期的计划经济让东北地区的国有经济色彩愈加浓厚,难以孕育出适合民营经济发展的制度和空间。据统计,辽宁省的国有经济占比超过30%,吉林省超过40%,黑龙江省超过50%,都远远高出全国平均水平。东北地区国有经济占比过高带来的一个后果就是市场竞争性不足。一方面,国有企业往往集中于传统产业,对资源的依赖性较强,垄断性较高,企业创新和提高效率的动力不足;另一方面,国有企业往往能够获得更多的政策支持和政府信任,民营经济发展往往受到诸多体制机制约束,在市场竞争中天然处于劣势地位,导致民营企业的投资意愿不强。尽管目前东北地区国企比重已有所降低,但在一些关系国民经济命脉的关键领域和重点行业上还具有相当大的影响力,对整体经济的影响力不容忽视,而如何培育民营企业的发展环境也仍然是一个漫长且艰巨的任务。

在对外开放中提升国际竞争力的前提在于自身具有良好的市场竞争机制,能够有效激发各个要素活力。从长三角和珠三角等沿海开放前沿地区的发展经验来看,这些在全球产业链中占据一席之地的地位无不是民营经济发达的地区。只有激发更多的市场主体活力,充分发挥市场在资源配置中的决定性作用,才能够真正有效利用国内国外两个市场和两种资源,才能够在对外开放的过程中实现自身发展。在东北地区进一步扩大开放的过程中,缺乏市场竞争力的国有企业将难以适应日益激烈的国际竞争,也就难以在全球产业链上占据有利地位。

3. 科技与经济发展融合不够,创新驱动能力不足

经济转型、产业升级归根到底靠的是创新。过去东北地区经济发展主要依赖于从苏联引进技术而建立起来的工业底子,改革开放后技术引进的重点转向东部沿海地区,导致东北地区技术引进的比较优势减弱,东北地

区的对外开放陷入低潮。金融危机后,创新在我国经济发展中逐渐占据核心地位,创新能力更强的地区正在汇聚更多的高端要素,将成为未来我国的经济重心。

东北地区经济起步较早,经济结构较为稳定,一定程度上形成了对旧发展模式的路径依赖,创新对于经济发展的驱动能力较弱。首先,东北地区具有良好的创新资源和基础,但创新成果转化率较低。东北地区在发展初期建立了一大批高校和科研院所,至今仍拥有 4 所"985 高校"、11 所"211 高校"、4 所双一流世界一流大学建设高校和 7 所双一流世界一流学科建设高校,成为我国基础研究的重要集聚地,这些研发力量至今仍然在国内占有重要分量。坚实的教育和科研基础也让东北地区成为科技成果的产出高地,辽宁和黑龙江的科技成果产出能力均能位列全国前 10。但另一方面,受限于较低的发展水平、制度环境和市场环境等因素,东北地区科技成果多但转化率低,大多数科技成果在外地转化,出现了"墙里开花墙外香"的现象。其次,东北地区创新投入较低,无法形成大规模的市场创新力量。在研发投入强度方面,东北三省均低于全国平均水平,2018 年全国研发投入强度为 2.19%,而辽宁在东北三省中研发投入强度最高,但也仅为 1.82%,而黑龙江和吉林则分别仅有 0.83% 和 0.76%。在研发投入经费上,2018 年东北三省的总研发投入不到广东、上海、浙江、山东等沿海省份的一半。在产业结构上,东北三省高技术产业规模占比、企业数量占比、主营业务收入占比、利润总额占比等数据均低于全国平均水平。再次,东北地区创新环境和体制机制不完善,抑制了创新的活力。东北地区民营经济占比较低,市场竞争能力弱,经济与科技的融合度不足,与创新相关投融资渠道狭窄,加之体制机制上的障碍和观念上的认识不足,造成了东北地区创新不足与发展水平低的恶性循环。

过低的创新投入和效率导致创新对东北地区经济发展贡献严重不足。由于创新能力不足,东北地区不少产品还处于中低端,附加值较低,原创的新技术和产品很少,一些关键零部件还受制于人、主要依赖进口,在国际市场上缺少竞争力。随着我国劳动力成本的上升以及资源环境压力的加大，东北地区如果不能够尽快形成创新驱动能力，奠定科技上的比较优势，那么东北地区在全球产业链上的地位将有可能被进一步削弱，甚至被其他地区取代，从而丧失新一轮全球产业链调整的历史机遇。

4. 人才、资本等生产要素流失严重

人才、资本等要素流失问题一直是东北振兴中的难题。尽管近年来国家对于东北振兴的关注度持续上升，但受经济状况等因素影响，人才、资本等生产要素持续流失的问题并没有得到有效解决。近年来东北地区人口持续向外流失，三省均经历了不同程度的人口负增长，辽宁省2017年人口减少4.6万人，黑龙江省2017年人口减少12.18万人，吉林省2017年人口减少20.29万人，三省合计减少37.07万人。比人口流失更为严重的是人才的流失，据哈工大发布的二〇一八届毕业生就业质量报告显示，2016—2018年度，哈工大毕业生（包括本硕博）在东北地区签约就业的比例为25.85%、16.63%、14.44%。东北地区优质的教育资源培养出了大量的人才，这些人才如果能够留在东北地区，对东北振兴将会是极大的促进力量。人口向发达地区的流动实际上是市场经济下追求更高收入和生活水平的正常现象，但这一现象如果得不到高度重视，那么将会逐渐掏空东北地区的发展资源，再难实现东北振兴。

东北地区要素流失既有经济发展滞后的客观原因，也有体制机制等主观原因，需要综合看待这个问题。一方面，近年来东北地区经济发展不景气，产业发展艰难，就业空间缩小，造成本地培养的人才难以找到合适的工作和发展机遇；另一方面，东北地区营商环境建设不完善，体制机制的制约因素还较多，让许多有意来东北地区投资和就业的人望而却步，更有"投资不过山海关"的说法。人才、资本流失背后所反映出来的是东北地区对于生产要素的集聚效应不强、配置效率不高的问题。在东北地区未来的对外开放中，如果不能够形成吸引生产要素集聚的环境和机制，那么不仅不能够利用开放集聚更多国际高端生产要素，反而可能进一步造成东北生产要素流失，更加不利于东北振兴。

二、制度性因素

随着国际经济环境的变化和国内经济发展进入新阶段，东北地区体制机制等深层次问题进一步显露。东北地区体制问题既受计划经济遗留因素的影响，同时也与改革开放后东北地区发展模式的选择密切相关。在我国从商品和要素流动型开放转向制度型开放的新时期，如何破除体制机制障碍，建立起适合现代化经济体系发展的制度体系，这是继续实施东北振兴的关键所在。

（一）有利因素

1. 制度创新取得较大进展

在我国新一轮高水平对外开放中，辽宁和黑龙江同样被赋予了建设自贸区的新任务。借助于自贸区的开放红利，东北地区在制度创新上取得了阶段性进展，为东北地区下一阶段的对外开放起到了很好的探路作用。截至2018年末，辽宁自贸区实有企业4.7万家，其中内资企业4.6万家，注册资本6438亿元；外商投资企业1300余家，累计实际使用外资36亿美元。国家总体方案中赋予辽宁自贸区的123项试验任务已有113项落地，落地率达到91.8%。另外，辽宁自贸区共有4项创新被列入国家创新改革试点，包括大连片区的"保税混矿"监管创新和进境粮食检疫全流程监管、沈阳片区的优化涉税事项办理程序和营口片区的集装箱风险分级管理制度创新。另外，在转变政府职能、投资领域改革、贸易便利化、金融领域创新、特色任务等方面辽宁自贸区都实现了多项开创性的制度创新。总的来看，辽宁自贸区正在不断释放制度红利，努力成为提升东北老工业基地发展整体竞争力和对外开放水平的"新引擎"。

2. 区域间合作形成良好的机制

2016年，国务院发布《国务院关于深入推进实施新一轮东北振兴战略加快推动东北地区经济企稳向好若干重要举措的意见》，其中提出"组织辽宁、吉林、黑龙江三省与江苏、浙江、广东三省，沈阳、大连、长春、哈尔滨四市与北京、上海、天津、深圳四市建立对口合作机制"。2017年发布的《东北地区与东部地区部分省市对口合作工作方案》中进一步细化了东北地区与其他地区对口合作的具体机制和内容。目前，东北地区已经建立起省市间的对口合作机制，包括东北三省与东部三省的对口合作（辽宁省与江苏省，吉林省与浙江省，黑龙江省与广东省），东北四市与东部四市的对口合作（沈阳市与北京市，大连市与上海市，长春市与天津市，哈尔滨市与深圳市）。经过两年多的合作，对口合作在干部交流、创业创新、产业合作、园区共建等方面取得了重要的阶段性成果，逐步构建政府、企业、研究机构和其他社会力量广泛参与的合作体系，并在实践中积累形成了一批可复制可推广的经验。通过对口合作机制，发达地区的发展经验能够快速传授给东北地区，双方优势资源能够实现有效组合，有利于东北振兴与国家重大区域发展战略的对接融合，加速东北地区对发达地区的追赶。

（二）不利因素

1. 计划经济思维较重，制约经济转型的体制障碍较多

历史上，东北地区在计划经济时期获得了国家工业建设上的高度倾斜，形成了如今的东北工业基础。但同时，长时期的计划经济也让东北地区形成了路径依赖，计划经济因素至今仍在东北地区经济社会的各个方面产生巨大影响。东北地区在体制上仍然延续了较多的计划经济思维，习惯于通过有形的手干预市场正常运行，产生了较为严重的官本位思想。得益于计划经济时期的经济发展成果，东北地区形成了较为严重的路径依赖，制度改革的难度较大且动力不足，在行政管理、营商环境等方面离适合市场经济发展的体制机制相距较远，造成了市场经济难以发挥有效的作用，造成了东北地区大量资源的浪费和错配。东北地区体制的形成与固化有其历史原因。在金融危机之前，我国对外开放呈现出迅猛发展的势头，这一时期也正是东北地区经济高速增长时期。但应该看到，这一时期的东北地区经济增长并非得益于东北地区的体制优势和产业竞争力，而是我国在资源、劳动力等方面的低成本形成的对外比较优势，但正是在这一时期东北地区的产业结构和体制机制不断固化，造成了如今的积重难返。当前，我国包括东北地区的对外开放形势已经开始转变，制度创新成为新时期的开放比较优势，不能够形成与国际接轨的制度体系和营商环境就难以在新时期参与国际竞争。

2. 基层政府思想观念不够解放，对经济形势的认识不足

习近平总书记强调，冲破思想观念的障碍、突破利益固化的藩篱，解放思想是首要的。东北地区在体制机制上相对固化、难以适应开放要求的一个重要原因在于基层政府思想不够解放，对东北振兴的认识不够深刻。改革开放后，我国开放重心转向东部沿海地区，东北地区与国际前沿理念的接触逐渐变少，一定程度上造成了思想观念上的封闭与保守，而随着东北地区经济不平衡结构的不断深化，思想上的惯性被进一步强化了。当前，部分东北地方政府在思想观念上的短板集中表现：一是对发展市场经济不够重视，不能够真正地让市场在资源配置中起决定性作用，习惯于用计划经济思维思考问题、解决问题，行政管理中还存在许多计划经济的影子，还需要下大决心破除体制机制障碍；二是对当前形势的紧迫性理解不深，面对国内外形势的快速转换，东北振兴的时间窗口趋紧，亟须加大改革力度，但目前在推进制度创新方面反而不及沿海省份；三是对未来发展方向认识不清，对新经济缺乏足够的认识，不能够在新的领域抢先布局，难以及时把握住机遇突破现有困难。未来东北地区要想进一步扩大开放，必须要首先解放思想、转变观念，厘清政府与市场和社会的关系，打破开放的思想观念束缚。

3. 过于依赖国有经济，造成东北地区国企的"大而不倒"

东北地区的国有企业占据了国民经济的主导行业，对于整体经济社会发展起着决定性的作用，造成了政府对于国有企业的依赖过重，天然缺少市场经济发展的空间，二者相互影响，形成了特殊的共同体，衍生成为东北地区的"大而不倒"问题。民营企业在东北地区生存困难，无法与大型国有企业公平竞争，而这又反过来加强了国企的垄断性和怠惰。由于国企主导了东北地区经济，造成了东北地区政府在发展经济和解决社会问题方面不得不依赖于国企，并在体制上进一步形成了有利于国企发展的制度环境，一定程度上造成了"制度固化"，无法形成对支撑民营经济发展的良好营商环境。而国企在东北地区的特殊地位又渗透至东北地区经济社会的方方面面,束缚了东北地区思想观念转变的动力,比如东北地区民众中普遍存在一种国企情结,在就业选择上大多偏向于进入国企或政府部门。国企并非一定代表着低效率,但由于特殊的体制因素,东北地区大量的国企低效运行,甚至一些大型国企在市场上已经不具有赢利能力,但依然能够依靠着政府救济存活。这不仅造成了政府公共资源的浪费,而且破坏了正常的市场竞争环境。据辽宁省国资委的一份资料显示,目前仅辽宁省这类企业就有830家,涉及职工16.5万人,而其拖欠各类债务的具体数额则难以统计[1]。

---

1. 体制问题不解决,东北振兴是纸上谈兵. https://www.yicai.com/news/5087033.html.

第七章

东北振兴中的对外开放新前沿建设

东北振兴与"一带一路"倡议

开放是发展的必由之路。东北地区的全面振兴必须放在经济全球化的大背景下考虑，不断拓宽开放领域，加深开放层次，以更高水平的双向开放，为经济发展注入新动力。东北地区同俄罗斯、朝鲜、蒙古接壤，同日本、韩国隔海相望，同欧洲陆海通道相连，但长期以来，东北地区经济在对外开放方面还存在开放进展不快、步伐不大的问题，融入共建"一带一路"的大格局尚未形成。2018年9月，习近平总书记在调研东北三省并主持召开深入推进东北振兴座谈会时发表重要讲话，突出强调开放合作在东北振兴中的重要作用，提出"深入融入共建'一带一路'，建设开放合作新高地"。这为东北地区深度参与"一带一路"建设，主动融入全国发展大局，统筹推动东北地区协调发展，加快东北地区与"一带一路"沿线国家融合发展，实现东北地区全面振兴、全方位振兴，指明了前进方向，提供了根本遵循。

第一节 "一带一路"建设中东北地区的定位

东北地区处于东北亚经济圈与"一带一路"之间的陆海接合部，拥有陆路连接欧洲、海路伸向亚太的水陆两栖优势。在"一带一路"建设中，东北地区是我国向北开放的重要窗口，是我国推进东北亚协同合作的主力军，是我国推进区域经济高质量创新发展的新动能。自"一带一路"倡议提出以来，东北三省依托共享开放理念，纷纷结合自身经济特点及发展实际提出了新的定位，积极缩小区域发展的不平衡和不充分，以陆海重要节点地位融入东北亚经济圈对外开放走廊，推动东北地区的全方位振兴和对外开放新高地建设。

一、东北地区是我国"一带一路"建设中向北开放的重要窗口

2015年3月,国家有关部门联合发布了《推动共建丝绸之路经济带和21世纪海上丝绸之路的愿景与行动》,明确了各省在"一带一路"中的地位和对外合作的重点方向,并依据地理位置等相关因素,对东北三省及内蒙古、北京等地作了明确定位,即我国向北开放的重要窗口,同时强调完善黑龙江对俄铁路通道和区域铁路网,以及东北三省与俄远东地区陆海联运合作。作为我国向北开放的重要窗口,东北三省一直在积极展开行动,努力寻求对接"一带一路"倡议的突破口。自《推动共建丝绸之路经济带和21世纪海上丝绸之路的愿景与行动》提出以来,东北三省分别对参与"一带一路"建设提出了规划,并依据各自不同的区位特点,确定了各自的工作重点和主攻方向:辽宁主要是加快"辽满欧""辽蒙欧"等综合交通运输大通道建设;吉林主要是深入实施长吉图开发开放先导区战略;黑龙江主要是加大铁路、公路、口岸等互联互通及电子口岸建设力度,推动跨境通关、港口和运输便利化,加强对俄全方位交流合作。随着东北三省深度融入共建"一带一路"的力度不断增强,老工业基地的"朋友圈"不断扩大、发展动能持续增强、全方位振兴的步伐逐渐加快,一个对外开放的新高地正在加速形成。

二、东北地区是我国"一带一路"建设中推进东北亚协同合作的主力军

在经济全球化时代,对外开放水平的高低决定着经济发展水平。东北亚地区面积辽阔,资源丰富,经济联系十分紧密,交流合作空间巨大,地区六国人口占全球人口23%,生产总值占全球经济总量19%,是亚洲经济与文化最发达的区域,和欧盟、北美一起并列为当今世界最发达的三大区域,是世界上最具发展潜力、最富经济活力的区域之一。我国对有利于促进地区稳定、发展、共赢的多边合作均持开放态度。东北亚地区的经济合作包括双边、多边以及次区域合作等多个层面,在许多领域都与"一带一

路"倡议存在契合点。自倡议提出以来,俄罗斯、蒙古、韩国等区域国家纷纷提出希望与中国加强"一带一路"合作。在当前部分发达国家贸易保护主义抬头的大背景下,加强东北亚地区合作既是时代的呼唤,也是大势所趋。

我国东北地区是东北亚地区的核心,与日本、韩国为邻,与俄罗斯、蒙古、朝鲜接壤,且与各国贸易需求互补,具有良好的地缘优势。但长期以来,东北地区一直受对外开放水平规模不大、质量不高的影响,低迷的对外贸易严重地制约了东北地区振兴。积极践行"一带一路"倡议,扩大对外开放对于东北振兴意义重大。在俄罗斯"大欧亚伙伴关系"倡议、蒙古"草原之路"倡议、韩国"欧亚"倡议的国际背景下,"一带一路"倡议深刻影响着东北地区产业布局和经济发展方向。东北亚地区的合作直接或间接关系到中国的战略利益。以东北地区为重点,推动东北亚地区更好地参与"一带一路"建设,有助于我国东北地区进一步扩大开放和振兴东北老工业基地。当前,在朝鲜半岛局势出现缓和的背景下,东北亚区域合作迎来了新机遇,需要各国进一步创造合作的氛围和条件。我国可根据半岛和平的进展,立足区位优势和东北亚国际局势,率先推动我国东北地区与俄罗斯、朝鲜、韩国、日本、蒙古共同参与东北亚区域合作,并与中国东北振兴战略实现互动,打造东北亚区域合作中的中国东北通道。东北亚区域合作的重心在于通过基础设施建设进一步联通中国、俄罗斯、朝鲜、韩国、日本和蒙古,打通与"21世纪海上丝绸之路"和建设中的北冰洋航线的连接,实现东北亚互联互通和经贸投资的高水平发展。将东北亚区域合作有效融入"一带一路"建设中,夯实东北亚合作基础,扩大东北亚合作范围,凝聚区域开发的合力,实现东北亚命运共同体。

三、东北地区是我国"一带一路"建设中推进区域经济高质量创新发展的新动能

东北地区地处东北亚经济圈的关键地带,地理位置独特,资源禀赋优良,交通体系发达,有较强的工业实力。东北地区与"一带一路"的

对接是以自身为基点，向东、向西、向南、向北的共同推进。东北地区融入"一带一路"、扩大对外开放，将有助于老工业基地更好地"走出去""引进来"，兼收并蓄，为自身的高质量发展注入了新动能。东北地区要融入"一带一路"建设，就必须大力发展东北特色经济，东北地区企业应主动参与供给侧结构性改革，加大产业升级创新投入力度，积极融入共建境外消费品工业园区的建设，主动对接园区产业链，形成集群化发展，从简单提供加工产品向品牌塑造、产品研发、高端营销等全产业链扩展，从劳动密集型产业向技术密集型、高附加值产业跃升，不断提高自主品牌价值和核心竞争力。黑龙江省作为联系蒙俄经济走廊的核心区域，具有独特的区域优势，可以把打造具有本省特色的加工制造业作为新的发力点，以边贸带动创业、就业，建设集贸易、加工制造、旅游等于一体的综合发展模式。吉林省边疆近海，可利用地理区位与周边少数民族开展区域合作。此外，作为长—满—欧货运专线的起点和终点，可以加快建设区域化物流集散枢纽与连接欧洲与东北亚地区的国际通道。辽宁省可以充分发挥辽宁自贸区与自身装备制造优势，以经济管理体制创新，进一步带动人才技术的交流引进，利用丹东、大连、营口、锦州、盘锦、葫芦岛等沿海城市在内的辽宁沿海经济带扩大对外开放格局，发展海上运输与对外贸易。

四、东北各省在"一带一路"建设中的具体定位与规划

根据"一带一路"倡议对东北三省的定位，东北地区作为我国向北开放的重要窗口，承接"一带一路"带来的重大机遇。可以通过开通西伯利亚铁路，促进黑龙江、吉林、辽宁三省与俄罗斯远东地区的陆海联运合作；通过新欧亚大陆桥，联通中国东北、俄罗斯及欧洲的经济合作，促进整个欧亚腹地的经济整合；通过"一带一路"，促进东北三省内部的区域经济协作，打破以往相互孤立的区域经济体，努力打造哈长城市群，促进区域互动合作和产业集聚发展。具体来说，三省的定位与规划如下：

黑龙江省通过构建中蒙俄经济走廊黑龙江陆海丝绸之路经济带，对外

辐射欧洲各国及邻近的东北亚国家,重点抓住俄罗斯及欧盟两大经贸伙伴;对内则是在辐射东北地区的基础上,继而延伸到华北、华东甚至华南地区。黑龙江省政府于2015年4月出台了《"中蒙俄经济走廊"黑龙江陆海丝绸之路经济带建设规划》,对黑龙江省积极融入国家"一带一路"倡议作出了重要的战略布局和产业布局。其中,战略布局的重点是构建哈满俄欧铁路跨境运输体系,完善对俄铁路通道和区域铁路网的建设,打通对俄跨境物流通道。产业布局中,重点以沿线中心城市、交通枢纽和商贸重镇为节点,依托哈长城市群,构建"一带一路"沿线城市重点产业园区建设,形成能够承接国内外产业转移的重要支撑点,促进跨境产业链的快速发展,最终形成"一核、四带、一环、一外"的产业发展空间布局。

吉林省通过加快建设珲春—扎鲁比诺跨境经济合作区,依托俄罗斯扎鲁比诺万能海港区和珲春国际合作示范区,开展两个地区之间的贸易加工、物流运输等产业合作。此外,长吉图开发开放先导区是东北亚区域的核心区域和新欧亚大陆桥的中心,且在此次"一带一路"规划中,长吉图作为丝绸之路经济带的北线起点,是吉林省开展对外经贸合作的重要窗口。吉林省省会长春市是"一带一路"规划中中蒙俄经济走廊的节点城市,在长吉图开发开放战略中也将发挥着重要的支撑作用。

辽宁省依托中蒙俄经济走廊,加快推进三大通道建设,加强与"一带一路"沿线国家的经贸合作。根据辽宁省政府办公厅下发的《贯彻落实"一带一路"战略 推动企业"走出去"的指导意见》的重要精神,辽宁省将三大物流通道建设作为重中之重加以推进:一是建设"辽满欧"海铁联运大通道,即建设以营口港为核心、以连接辽鲁陆海甩挂运输通道为主干线,经过沈阳、长春、满洲里,继而到俄罗斯乃至欧洲各地的多式联运通路;二是建设"辽蒙欧"综合交通运输大通道,即以锦州港为起点,经辽宁省到蒙古国的乔巴山铁路出海通道,继而再到达欧洲各地的通道;三是建设海上运输大通道,即以大连港为海上起点,经南海、到东南亚的印度尼西亚,继而辐射整个南太平洋地区的海上物流通道。此外,辽宁省还将通过企业"走出去"积极融入"一带一路"倡议,引导省内电力、冶金、装备制造、资源开发等优势企业开展境外投资合作。积极参与俄罗斯远东地区和蒙古的开发建设；推进在俄罗斯、哈萨克斯坦的工业园区建设；引导企业入驻中东欧和中亚地区，并在基础设施开发建设中与东盟、南亚国家进行合作。

第二节 东北地区参与"一带一路"建设的优势与阻碍

作为我国向北开放的重要窗口，东北地区在我国"一带一路"建设中占有十分重要的战略地位，主动融入、积极参与"一带一路"建设，协同推进与沿线国家战略互信，经贸合作、人文交流，加强与周边国家基础设施互联互通，将对东北地区进一步扩大对外开放、促进经济发展起到重要的推动作用。

一、东北地区参与"一带一路"建设的优势

东北地区参与"一带一路"建设，具有区域优势、要素禀赋优势、产业链优势、开放优势、经贸优势等。

（一）区域优势

东北地区在"一带一路"建设中具有特殊的地缘区域优势，主要体现在东北三省地处东北亚的中心区域，自然条件优越、资源丰富、人口稠密，向西通过俄罗斯与欧洲联系起来，向东与朝鲜、韩国、日本或直接相连，或隔海相望。辽宁省濒临渤海和黄海，有丹东、大连、营口等优良港口，是通往朝鲜、日本、韩国的主要通道；吉林省珲春市与俄罗斯、朝鲜陆路相连，出图们江进日本海可直达日本西海岸和韩国东海岸；黑龙江省

是亚洲与太平洋地区通往俄罗斯远东和欧洲大陆的重要陆路通道。东北亚是世界多极结构中的重要一极，但区域合作潜力远没有得到充分发挥。在经济全球化的影响下，俄罗斯、朝鲜、韩国、蒙古等国均有进一步提升合作空间的共同诉求。要素禀赋优势和地理位置优势结合，使得东北老工业基地融入"一带一路"建设成为必然。这意味着"一带一路"沿线的东北亚地区开发的空间很大，东北地区需要抓住时机，对接好"一带一路"倡议，发挥好自己具有的中介环节的功能，适应这种新的开放格局调整经济结构，以更好地对接并开拓"一带一路"建设项目，特别是在通道建设方面和通道吸引力方面下功夫，在中蒙俄经济走廊、冰上丝绸之路经济带的建设中发挥积极的作用，让更多的商品流、信息流、资金流在经过东北地区的通道中流动，走出一条对外开发的新路。

（二）要素禀赋优势

东北地区拥有丰富的自然资源，森林、矿产、水资源等门类齐全，且藏量丰富，在"一带一路"建设中具备要素禀赋优势。首先，东北三省以农林牧渔代表的第一产业发达，水肥物美，有"中国的粮仓"之称，特别是在当前东北地区开展的农业现代化，林下、林中经济带动下，未来将为国内外提供物种多样、优质味美的农副产品，弥补俄罗斯、蒙古、朝鲜、韩国、日本农业资源相对紧缺的劣势。其次，东北三省的第二产业门类齐全，有完整且较为先进的重化工业体系，且集聚效应明显，具备对外输送产能、带动区域经济发展的能力，这为工业体系尚未健全的蒙古国、亟待开发的俄罗斯远东地区以及朝鲜的工业升级都提供了潜在合作潜力。最后，相对于蒙古国、俄罗斯远东地区以及朝鲜，东北三省拥有更为丰富、较高素质的劳动力资源，具备多所高等院校，同时近年来东北三省的服务业与周边区域相比，呈现增长态势，为辐射带动周边区域发展，提振东北三省经济质量奠定了基础。

（三）产业链优势

"一带一路"沿线国家，特别是东北亚各国的经济发展水平存在两极化现象，技术实力与资源条件各不相同，但区域内各国间具有很强的互补性。日本、韩国在技术、资金、信息等方面较为领先，但劳动力相对缺乏、矿产资源稀少；俄罗斯远东地区、蒙古国地广人稀，各类资源丰富；我国东北地区拥有相对丰富和廉价的劳动力与潜力巨大的消费市场。在产业技术方面，伴随着产业技术结构的优化，日本、韩国的劳动和资源密集型产业正逐渐向国外转移，而我国东北地区的产业基础牢固，劳动力相对充足，适合产业对接。东北亚各国在资源、技术和劳动力上的互补，将为东北地区发挥我国向北开放窗口功能创造有利条件，也为各国加深贸易往来提供有利条件。此外，随着我国经济的开放程度不断提高，我国的制造业产品面临着来自国际市场的竞争压力。东北地区制造业长期处于价值链的中低端位置，缺少核心技术与竞争力，在"一带一路"倡议下，东北地区制造业企业要想在在国际市场竞争中获得一席之地，可以充分利用"一带一路"倡议带来的新的机遇，充分吸引国际高端创新要素集聚，打造高端产业链，在国际分工中占领高端价值链环节，从而提升区域经济的韧性和高质量发展水平。

（四）开放发展优势

从开放基础看，在中共中央统一部署下，东北地区面向东北亚的多类型、多层级、广覆盖对外开放平台体系已见雏形。在大平台建设方面，东北三省相继设立了大连金普新区、哈尔滨新区、长春新区三个国家级新区，成立了辽宁自由贸易试验区并建设沈阳、大连、营口三个片区，哈尔滨、长春、沈阳、大连等城市均提出打造东北亚区域中心城市的目标，东北老工业基地整体竞争能力和对外开放水平不断提升。在大通道建设方面，东北地区高铁已初步呈现蛛网状，辽宁正在打造"辽满欧""辽海欧""辽蒙欧"三条承南启北、面向欧洲的综合交通运输大通道，快速发展的互联互通基础设施建设有效帮助了东北地区连接日本、韩国、俄罗斯和欧洲各地。从开放成效看，黑龙江省与近60个"一带一路"沿线国家开展经贸合作，扎实推进中蒙俄经济走廊建设，与俄罗斯共同建设18个经贸合作区，成为雀巢、沃尔沃等众多外资企业的重要投资目的地，初步构建起以对俄合作为重点的全方位对外开放格局。吉林推进大图们江区域经贸合作成为我国参与东北亚地区合作的重要平台，新能源汽车、智能网联汽车等吉林"智"造走向国际市场。辽宁扎实推进自贸区建设，123项改革试点任务已落地96项，落地率达78%，在伊朗、印度、印度尼西亚、罗马尼亚、乌干达等国投资建设的境外园区初具规模，东北电力孟加拉电站、中远船务巴西石油等一批重大国际合作项目取得实质性进展。

（五）经贸合作优势

在经贸方面，东北三省也存在显著的优势。一方面，国家间政策对接为东北三省与"一带一路"沿线国家深化经贸合作创造了条件。中国的"一带一路"、韩国的"欧亚倡议"、俄罗斯的"跨欧亚大铁路"、蒙古国的"草原之路"等政策都存在着相同或相近的优先领域，包括跨境基础设施建设、吸引国外资金、区域经济一体化等，这些相同或相近的优先领域东北亚各国都可以在"一带一路"这一框架下进行商讨，为东北三省深化经贸合作打下了基础。另一方面，在区域内贸易往来方面，我国依托东北三省，与周边国家存在稳固的经贸合作。东北三省地处东北亚的中心地带，沿边沿江优势使得黑龙江省、吉林省、辽宁省对俄罗斯、朝鲜、韩国拥有长久的边贸往来，并且边民互市已经成为当地民生的重要方面。同时，与中国贸易前十位的国家中，东北亚国家占据了3个，分别为日本、韩国和俄罗斯。我国已连续六年成为俄罗斯最大的贸易伙伴，更是连续十几年保持着蒙古国的最大贸易伙伴国地位。随着俄罗斯对远东地区开发的日益重视、朝鲜的对外开放政策逐渐明朗、中日关系的不断改善，未来东北三省在推进"一带一路"沿线国家经贸合作方面增长潜力巨大。

二、东北地区参与"一带一路"建设的劣势

改革开放以前，东北地区由于其特有的物产资源以及偏远的地理位置，经济发展主要是以重工业为主，大力发展农业。与其他城市的经济发展相比，东北地区的钢铁以及农作物产量相对于全国其他地区而言始终处于较高的水平，一部分用于自给自足，另一部分则向外销售，经济发展较为平稳。然而，现阶段东北地区的经济体制发展还存在一定的问题，这对

于东北地区参与"一带一路"倡议是极其不利的。

（一）主导产业国际竞争水平有待提升

东北地区主导产业国际竞争力不强。东北地区的主导产业有：装备制造业（交通运输设备制造业和机械工业）、石化工业（石化产品、化工产品）、原材料工业（钢铁、有色金属、非金属制品）、农产品加工业、医药工业、煤化工业，等等。首先，装备制造业竞争力有待进一步提高。东北地区装备制造业主要集中在交通运输设备制造业和机械工业，存在的主要问题有：东北三省汽车工业存在地区之间的合作交流欠缺，科技资源与人力资源的浪费；汽车零部件的配套能力较弱等问题；船舶工业国产化率不高、核心竞争力不够强；机械工业自主创新能力不强、国际竞争力较低；劳动生产率低下等。其次，高耗能产业和资源型产业面临困境。东北地区作为中国能源、原材料生产基地，生产的能源产品和高耗能产品在全国一直占有重要地位，如石化产品、钢铁、化工产品、有色金属、非金属制品等。然而，近年来，石化、钢铁行业在全国的地位呈现价降趋势，这与东北地区资源逐步枯竭存在较大关系，另一方面还与东北石化工业、钢铁工业产业链短、加工深度不够有关，导致其竞争力下降，市场萎缩。

（二）市场制度体系有待完善

东北地区是我国进入计划经济最早、退出计划经济最晚的地区。与其他地区相比，计划经济思维惯性强大，体制和机制性包袱更为严重。一些政府管理部门还存在职能错位和"官本位"思想，主动服务意识不够强，直接干预企业具体经济活动现象依然存在；市场体系建设亟待完善，市场竞争还不充分不透明，部分领域仍然存在准入隐性壁垒，一些地方在招商引资时承诺的优惠和保护政策难以兑现；企业创新动力不足，知识产权保护不够到位，科研人员积极性受到影响。由于新中国成立初东北地区重工业体系主要依靠一批国企支撑建立，在建立之初有利于充分发挥凝聚资源的能力，但是随着工业体系建立和全国的市场化改革，其垄断因素逐渐阻碍了资源配置效率。虽然经过多年的发展，东北地区已经在众多领域引入了非公有制成分，但数量依然不足，竞争性依然有待提高。另一方面，国企众多、厂办职工养老等问题,导致整个东北地区市场化改革相对滞后。全面振兴老工业基地已经对东北地区政府调控权力限定和国企改制提出迫切要求。同时,与东北亚其他市场化国家或正在向市场化转型的国家接轨,也会存在体制衔接障碍。

(三)区域协调合作机制有待健全

长期的区域不平衡发展将造成资源过度集中于发达地区,欠发达地区的人才、资金、技术等资源更倾向于流往发达地区,导致不发达地区经济缺乏活力、增长滞缓,最终加剧地区间的矛盾。由于东北三省省际间先天条件存在差别,且产业基础和国家政策支持力度不同,因而,就东北三省区域内部而言,吉林和黑龙江两省更多的资金、技术以及高素质人才等资源将偏向流入辽宁省,导致东北三省区域经济发展不平衡,差距不断拉大。由于长期受计划经济的影响,东北三省计划经济体制和运行模式及其衍生的思想观念、行为方式等依然根深蒂固,行政区际关系与市场性区际关系之间存在难以消除的矛盾。而由此带来的地方保护主义和行政壁垒,以及以 GDP 为主导的干部考核制度等体制,使经济运行带有一定的地方利益特征,尤其是在招商引资上,各地竞相出台优惠政策,省际和城市间缺乏协调,存在不良竞争。在外贸进出口上又竞相压价,导致过度竞争,由此损害了区域整体利益。现存的针对企业跨部门、跨行业、跨地区进行联合协作所制定的政策和规章制度,执行力弱,执行起来的效果不十分明显,尤其是关于财税和金融领域的政策。同时,由于东北三省区域合作内部的社会权益保障和服务等方面的政策制度缺失,也给"一带一路"倡议框架下东北三省的区域合作带来一定难度。

此外,从城市群联动来看,城市群已经成为我国推进城镇化的主体形态,是区域经济发展的重要增长极。哈长城市群是东北地区重要的城市群,是东北地区经济高质量发展的重要平台,然而哈长城市群在人口规模、经济规模方面均远远低于我国沿海三大城市群,偏资源型、重化工型、传统型产业较多,对东北地区的带动作用乏力。

(四)产业关联度和集群优势有待提升

产业集群是激发区域发展活力,提高区域竞争力,实现产业科学、合理布局的有效途径。东北地区虽然产业集聚程度高,但是产业技术关联度不够,难以保持持续的增长动力。以省域为单位建立的老工业体系,虽然各有特色,但是省域之间相对独立,关联度不高,难以实现有效分工和专业化,抑制了创新的空间。因此,东北振兴和承接"一带一路"建设,必须实现跨省、跨境产业合作和专业化分工,释放创新的空间。同时,从产业自身发展而言,也存在以下两方面局限:一方面,尽管东北三省区域产业在一定程度上与腹部经济形成产业链,但仅局限于空间上密集,主导产业相互雷同、规模较小、链条较短、相关配套设施较为落后,且多而散的产业既没有形成统一、相互依存的整体,又未构建成共同协作、互利共赢、专业化发展的产业集群;另一方面,与产业集群发展密切相关的中小企业受国有企业束缚,市场竞争力较弱,且生产多为初级产品,高技术、高附加值产品少。

(五)产业结构调整有待深化

产业结构优化是东北地区经济结构优化的核心。但由于历史遗留问题及体制因素等影响,东北地区的产业结构还存在一系列问题,制约了东北地区的对外开放及经济增长。长期以来,东北地区产业结构以汽车制造、化学原料、石油加工等传统重工业为主,第二产业比重明显高于全国平均水平,先进制造业、现代服务业等第三产业比重则远低于全国平均水平,与国内国际部分地区相比存在严重的滞后性。东北地区产业雷同程度较高,且多集中在上游产业,地区经济结构呈现出明显的重型化特征。由于各省优势资源的相似性导致其主导产业结构雷同,且相关配套产业发展比较成熟,缺乏发展其他产业成为主导产业的可能性。从东北地区各省产值最大的五个主导行业看,黑龙江省的主导产业有:石油天然气开采业、石油加工及炼焦加工业、电力热力生产及供应、农副食品加工业、交通运输设备制造业;吉林省的主导产业是:交通运输设备制造业、有色金属矿采造业、化学原料及化学制品制造业、农副食品加工业、电力热力生产及供应业；辽宁省主导产业有：黑色金属冶炼及压延加工业、石油加工及炼焦加工业、专用设备制造业、交通运输设备制造业、农副食品加工业。由此可见，东北地区在产业结构上有严重的趋同现象。传统产业发展支撑了东北经济发展，为国民经济体系的建立做出巨大贡献，但在产能过剩的情况下，也导致东北经济增速缓慢以致经济下行。

（六）产业转型压力依然较大

东北地区产业转型，基本上都是从既有的优势产业出发，通过高新技术投入延伸产业链，提高生产效率和产品附加值。因此，这种意义的"产业转型"既不能摆脱主导产业对资源的强烈依赖，也不能改善同质性的产业结构，无法达到产业转型的根本目的。东北地区丰富的自然资源使其形成了一大批以矿产资源开采、加工为主导的资源型产业。在绝对的资源优势和旧体制残余的双重因素影响下，以资源型为主导的国有经济成为东北地区经济发展的主力军。自改革开放以来，东北地区的经济实力和比重，在全国范围比较中却呈现出迅速下降和停滞态势。虽然近年来在产业转型方面与过去相比有所起色，但由于资源的急剧消耗和工业化程度不断加深，产业发展的后续能力严重不足，投资动力深度陡降，经济下行压力与产业转型难度持续增大。从长期沿袭的以 GDP 数字论英雄的政绩考核制度看，因产业转型在短期内会形成沉没成本、降低产值和增长速度，某些地方官员为了体现自己的政绩也不愿强力推进产业转型。此外，我国人口众多，就业负担特别繁重，作为提供大量就业岗位的资源密集型产业对劳动就业具有至关重要的意义，如果不能妥善解决产业转型所带来的就业压力，将会直接影响我国社会秩序的稳定。所以，不论是产业转型期间的经济增长压力，还是摆脱就业困境，都在一定程度上制约着产业转型的推进。

（七）企业创新能力有待提升

创新是发展的灵魂，是一个国家、地区、企业进步的牵引力，主要包括思维创新、体制创新、技术（产品）创新。东北地区产业发展主要依赖于资源优势，特别是拥有自主知识产权的高新技术产业不多，大多数高新技术产业都依附于技术进口或承接基础零部件加工，核心技术和重要装备对外依存度较高。自主核心技术和重要设备的缺乏使得东北地区高新技术产业在市场竞争中处于被动地位，最终只能停留在高新技术产业的低端环节，走依靠价格取胜的道路。

东北三省企业普遍创新意识落后、创新能力不够的原因具体为：一是比重偏大的国有经济抑制民营企业发展。在计划经济体制的历史背景下，东北大部分国企长期以资源开发、产品初加工为主，处于市场垄断地位，民营企业多依附国有企业，处于产业链的底端，因而，企业普遍缺乏培育尖端技术和打造企业核心技术的意识，导致企业设备更新和技术改造相对缓慢。二是东北三省劳动力和人才外流，缺乏创新活力。城市良好的经济发展不仅可以带来更多的就业机会，而且还可以为人才提供更好的发展机会，因而，"人往高处走"，劳动力与人才以经济发展为导向来选择生存与发展的城市，无可厚非。劳动人口是区域经济发展的基础，良好的经济发展吸引着劳动人口的流入，反之，缓慢的经济发展也会导致劳动人口的流出和创新能力的不足，进而制约当地经济的发展，形成恶性循环。近年来，随着东北三省经济发展呈现出断崖式下跌趋势，人力资本大量外流严重，劳动力的绝对规模缩小。

（八）开放程度有待进一步提升

东北地区对外开放时间晚、程度低，加之人们的观念、意识和思维习惯等方面受计划体制影响较深，单纯依靠企业自我技术更新或产业发展难以完成发展模式转变。与东中部省市相比，东北地区对外开放还相对滞后。一是对外开放程度较低。2018 年，地区生产总值占全国 GDP 的比重约为 6.2%，但进出口总额仅占全国比重的 3.5%，其中进口占 2.3%、出口占 4.8%，远低于东中部地区，甚至落后于西部地区。2018 年，辽宁对外贸易依存度为 29.81%，略高于全国平均水平，但黑龙江、吉林仅分别为 10.68%、9.04%。二是市场开放进程较慢。东北地区仍未完全改变国有经济和传统工业占主导地位的产业格局，产业市场向民营经济开放的程度未达到全国平均水平。在全国工商联发布的 2018 年中国民营企业五百强中，东北地区仅有 7 家，占比仅为 1.4%。三是社会各界配套还不完善。企业对于开放合作热度不高，企业负责人相关知识匮乏，企业追求利润的导向突出。政府公共服务平台不完善，信息不对称甚至出现信息孤岛，传统的观念对于深度融入"一带一路"会形成严重的掣肘。东北地区对外开放的滞后和开放程度不高，既影响了体制改革的推进，又滞缓了产业的转型和发展。四是对外开放国家还有待拓展。从对外开放的国家看，东北地区以往对外开放侧重于对日本、韩国、德国、美国等发达国家及周边的朝鲜、俄罗斯的开放，与蒙古、中亚、中东、南亚、非洲、拉美等国家之间的开放程度低。融入"一带一路"后，随着朋友圈的扩大，由于对与之开放的国家认知较少，合作交流机制缺乏，势必带来沟通的不便，加之开放的基础设施薄弱，增加了开放的难度。

（九）所有制结构仍然不够合理

国有企业是东北三省经济社会发展的顶梁柱，所占比例远超全国其他城市。但国有企业活力不足、民营经济发展不充分仍是东北地区所有制结构的显著特点。东北地区国有企业根深蒂固，中小企业受优惠政策扶持小，对经济的带动作用弱。东北地区过去受国家优惠政策的覆盖成为全国重要的粮食生产基地和重化工业基地，振兴东北经济战略实施以后，东北地区经济出现先增后跌的情况，但为了维持东北地区传统的工农业地位，国家实施"倾倒式"优惠政策力图巩固东北地区国有企业的地位，这不仅导致国有企业官僚体系臃肿、运行效率低下，甚至捆绑了东北地区经济结构的调整和经济机制的市场化运营。与此相反，中小企业难以得到国家优惠政策扶持，存在境外迁移状况，并伴随着严重的人才流失。

随着国家方针、政策的颁布与制定，尽管东北三省也陆续开展了国有经济混合所有制的改革与实施，但改革进程较慢，甚至停滞不前。目前，东北三省呈现出的所有制结构仍以国有经济为主，央企、国企规模庞大，数量较多，以致民营企业的发展受到制约，难以形成规模，且多依附于国有企业下游，吸引外资能力较弱，发展缓慢，严重限制了其地区的经济对外开放。东北三省国有企业近几年来的利润总额明显低于民营企业，经营效率低下，内部管理体制僵化、不健全，企业文化形式多于实质，缺乏市场经济意识，人浮于事，创新能力不够，单一的产业结构困难重重，难以在短期内迅速、有效地做出调整。加之，国有企业的发展严重依赖于路径和国家政策——在获得商业机会、贷款规模、税收减免、土地的使用权和年限等方面通常具有绝对优势，几乎无须市场竞争就获得了其地区的垄断地位，导致国有企业在很大程度上对成本、价格敏感不够。尽管在重工业方面很"突出"，但国内外市场，仍毫无竞争力可言。因此，大力深化国有企业混合所有制改革是东北三省现阶段的必然要求和现实选择。

（十）对资源消耗型发展路径依赖较重

新中国成立初期，东北三省曾以富饶的生态资源推动了制造业的高速发展，但其长期粗放型的发展模式也严重地破坏了生态环境。随着东北经济长期粗放式发展，其生态环境面临五个严峻的问题：一是以能源型为主的工业生产，产生大量的煤气型大气污染，对人与自然造成严重的伤害；二是野生动植物资源处于极度濒危状态，且森林生态功能严重衰退；三是矿产资源遭到过度开发，后备不足，开采成本上升；四是由于政府过度开垦，湿地资源锐减，"北大荒"不复存在；五是水土流失严重，部分地区土地沙漠化，如东北西部平原地区，该地区土地沙漠化程度已到达土地总面积的22.2%，且日趋严重。

东北三省资源丰富，原材料充足，所以各地区的经济发展多数以未经加工或只是进行简单加工的初级产品输出为主，而很少对原材料进行精深加工，使得东北地区的高附加值产品相对较少，产业链条延伸的长度明显太短，难以带来良好的经济效益。尤其是在东北三省合作区域内的各省和各地区，还没有建立统一、高效的协作基础。产业链条短，直接导致了产业集群效益差，这就严重阻碍了东北三省区域合作的发展。同时，由于东北老工业基地产业链条延伸长度不够，使东北三省合作区域在经济转型的过程中盲目地追求经济效益，而忽视了社会效益和环境效益，使得生态经济和循环经济的理念还没有真正贯穿于经济发展的整个过程上，在资源开发与利用上，长期积累的环境问题仍然比较严重。

第三节 "一带一路"倡议为东北地区带来的新机遇

"一带一路"建设的定位是我国扩大对外开放的重大战略举措,也是我国推动全球治理体系变革的主动作为。"一带一路"逐渐从理念转化为行动,从愿景转变为现实,为新的发展阶段经济外交提供了旗帜引领,开创了成功实践,也为东北地区新时期全面振兴、全方位振兴带来了诸多新的机遇。

一、对外经贸合作新机遇

"一带一路"倡议有利于推动东北地区新一轮高水平对外开放。随着我国的对外开放进入新阶段,东北地区提高对外开放水平的步伐亟待加快。积极推动铁路、电力等国际产能合作和装备制造合作,不仅有利于东北地区加快融入"一带一路"、充分利用国内国外两个市场;同时,还有利于增强东北地区相关产业的国际竞争力,提升开放型经济的发展水平。从地域上看,"一带一路"横跨欧、亚、非三大洲,囊括了五条沿线上的几十个国家,为东北地区进一步加强国际间合作提供了巨大的市场及空间;同时,东北地区紧邻俄罗斯和蒙古国,具有独特的地缘优势,是中蒙俄经济走廊建设的主力军。参与"一带一路"建设,不仅能扩大东北地区与东北亚国家的区域经济合作,同时也为进一步扩大与欧洲及非洲部分国家的经贸合作提供了便利,有利于扩大东北地区的进出口贸易额、外资的引进和利用以及"走出去"扩大对外投资合作,进而提高东北地区的对外开放程度。

"一带一路"建设为东北地区开放合作搭建了新平台。"一带一路"是对古代丝绸之路的继承和发展,"东北亚丝绸之路"和"万里茶道"在贸易史上的贡献不容忽视。目前,东北亚是"一带一路"建设的重要节点之一,东北地区扩大对外开放是加快推进"一带一路"建设的重点内容。《推动共建丝绸之路经济带和21世纪海上丝绸之路的愿景与行动》中对东北三省的定位是与俄远东地区陆海联运合作,建设向北开放的重要窗口;中蒙俄经济走廊是"一带一路"重点建设国际经济走廊。东北地区应抓住"一带一路"建设机遇,以中俄蒙经济走廊建设为抓手,以推进基础设施投资合作和互联互通为依托,以制造业产业园区为平台,以建立东北亚自贸区网络为目标,加快构建东北对外开放的大通道、大平台、大布局,为东北老工业基地创新发展提供良好条件。融入"一带一路"倡议,加大合作与开放的步伐,创新对外开放新格局,全面深入地同周边国家进行经贸合作,在成套项目等方面带来更大市场的同时,通过多层次互通渠道拓展进口,引进先进技术、稀缺资源;引入国际投资,鼓励外资更多投向高新技术产业、节能环保产业和现代服务业等领域,促进产业与贸易的优势互补。

二、东北亚开放合作新机遇

东北亚地缘政治格局的日趋稳定为东北地区开放合作营造了新环境。当前,逆全球化思潮正在发酵,保护主义的负面效应日益显现,世界经济新的不稳定不确定因素增多。与此同时,东北亚地区局势相对稳定。朝鲜半岛形势发生积极变化,朝韩关系持续缓和并展开一系列经济合作。中俄全面战略协作伙伴关系处于历史最好水平,树立了大国、邻国交往的典范,各领域合作保持强劲势头,2018年中俄贸易额创历史纪录。中日关系破冰回暖,重回正常轨道、重现积极势头。中韩关系保持良好发展态势,两国元首就发展中韩关系等重大问题达成的重要共识正逐步得到落实。2018年以来,朝鲜劳动党委员长金正恩四次访华,中朝关系掀开了新的历史篇章。中蒙关系处在历史新阶段,两国发展战略积极对接,各领域合作和人文交流不断深入。东北亚地区各国经济发展各具优势、互补性强。东北地区作为我国向北开放的最前沿,是东北亚的交通和物流枢纽,在东北亚区域发展中具有不可替代的作用,各方都很重视与我国东北地区合作。近年来,中日韩、中俄蒙等三方合作已取得良好成效,远东开发、长吉图开发开放等次区域合作提速并取得阶段性成果。中日韩自贸区谈判已进行7轮,有望达成一个现代、全面、高水平、互惠共赢的自贸协定,为地区发展提供稳定、自由、法治化环境,促进区域价值链融合。中俄蒙三国自2016年举行首次元首会晤以来,围绕战略对接这条主线推动合作取得阶段性成果,这有助于我国加快建设陆海联运通道和境外经贸合作区,以"走出去"推动去产能和转型升级。

三、国内区域协同发展的新机遇

区域协调发展是高质量发展的重要方面。区域协调发展战略强调"四大区域"之间的经济联系,融入了京津冀协同发展、长江经济带发展和"一带一路"建设。而东北地区在区域协调发展战略中承担着诸多国家战略功能,既是"东北振兴"的实施区域,又是"一带一路"建设中的重要组成部分。在高质量发展背景下,国家战略布局调整以及国家对东北地区的政策扶持,为东北振兴带来了新的发展机遇。东北振兴是我国区域发展四大板块之一。四大板块中,京津冀地区、长江经济带发展与粤港澳大湾区均是我国经济创新活力最强、开放程度最高、人口最为密集的区域板块;东北板块区位条件优越,产业基础雄厚,但在市场化与开放程度等方面存在明显差距。2018年,东北地区第三产业增加值仅占6.4%,社会消费品零售总额仅占8.2%,低于东中西部地区。对此,既要推动区域内部资源共享与分工协作,加快资源和市场要素的自由流动,为本区域发展降低成本、提高效率;又要推动地区间产业协同发展,厘清东北地区与其他区域板块产业间的承接和互补关系,强化产业协同发展的利益纽带和调整机制,形成合理的差异化竞争合作格局,形成"1+1>2"的区域协同效应。

在"一带一路"倡议框架下,推进东北三省的区域经济合作,有利于拓展东北区域的经济发展空间。在区域内，以基础设施、能源、环境与生态等跨省区的合作为开端，形成资金、商品、技术、人才和信息等要素的自由集聚与扩散，使东北地区进行整体性的区域资源优化配置逐渐成为趋势。随着区域内资源和产业配置的不断优化，在优化资源配置的基础上，推动劳动力转移、资本流动、技术流转等要素的跨省配置，促进产业之间的跨省区合作与重组，使东北地区整体逐渐形成了较高的生产力，并聚集了一批优势产业和大量竞争力较强的企业，不但带来了巨大的集聚效益和巨大的商业机会，增加了区域内部的经济收入，拓展了东北区域内部经济发展空间，也加强了该区域的整体经济对外的竞争力。同时，积极参加东北亚区域经济合作，实现"一带一路"倡议引领下的外向型发展，不断拓展了东北三省区域合作对外经济发展的空间。

四、东北三省协同发展新机遇

区域经济合作已成为东北地区各级政府的共识。要充分挖掘、发挥东北三省依托"一带一路"倡议进行区域经济合作的优势，利用经济合作带来的产业融合、分工与专业化和错位发展，不断创新思维和行动，进而推动东北区域经济的发展、东北地区的城市化进程，缩小东北地域经济发展的差距，全面推动东北老工业基地的振兴。东北区域经济依托"一带一路"倡议的整合和一体化，有利于实现东北老工业基地的全面振兴。综合来看，"一带一路"建设是一项系统工程，共商、共建、共享是其基本原则。东北三省定位为我国向北开放的重要窗口，主动融入"一带一路"成为东北三省的必然选择。东北三省空间地域相连，经济结构相近，对俄、对蒙、对朝、对日、对韩经贸活动各有优势，在参与"一带一路"倡议建设工作中可以互为平台、互相借鉴、开展合作，可以通过互通有无、优势互补来协力打造中蒙俄经济走廊等重要区域布局，促进东北三省对外经贸、支柱产业的共同发展。

要使东北地区在新一轮经济发展中占有一席之地，成为我国经济的第四增长极，必须在区域经济一体化的多个方面开展实质性的合作，要从

"一带一路"倡议视域下更大空间范围内整合区域资源,促进分工协作和优势互补,将原来各自竞相出台的区域规划上升为国家战略,以此改变区域规划碎片化和盲目攀比现象,充分吸收和引进区域内外经济和新技术的积极因素,使生产要素达到最佳组合,形成新技术产业,实现区域的整体发展。充分发挥东北三省各省份的比较优势,加强基础产业和优势产业的合作,培养出一批具有国际市场竞争力的优势产业和规模企业,打破由于长期行政分割形成的行政区经济,促进形成适应市场经济要求的经济区经济。通过统筹运用经济杠杆,加强"一带一路"倡议视域下东北区域经济的综合平衡和治理,进而加强区域内的经济联系和合作,提高东北区域的整体竞争力。

五、区域创新发展新机遇

"一带一路"倡议将为东北地区在产业创新、金融创新、区域创新以及要素引入等方面带来新的机遇。在产业创新方面,随着"一带一路"倡议的实施,东北地区产业创新涉及产业转型升级和产业转移等带来红利,一些优质过剩产业可以转移到其他地区。在国内,因市场供求变化,一些过剩产业,在其他国家能恰好被合理估值;因要素成本上升而使一些产业、产品失去价格竞争力,在其他国家,较低的要素成本会使这些产业重现生机;因产品出口受限而影响整个产业发展,在其他国家就能绕开这些壁垒;等等。此外,由于产业转移引致的产业转型升级更是机遇无限,比如技术改造、研发投入、品牌塑造等都给投资者带来无限机遇。在金融创新方面,"一带一路"倡议的实施首先需要有充足的资金流,巨量资金需求只能通过金融创新来解决。沿"带"沿"路"国家和地区的各种金融创新将为东北地区高质量发展带来新活力,包括发行各种类型证券、设立各种类型基金和创新金融机制等。在区域创新方面,"一带一路"本质上是一个国际性区域经济的范畴,随着"一带一路"倡议的实施,必将引发不同国家和地区的区域创新,蕴含无限机遇。东北地区与周边国家的地缘优势、经济互补优势、文化相通优势将逐步转化为务实合作优势。此外,"一带一路"

倡议也将为东北地区提供必要的资金和技术。面向"一带一路"沿线国家扩大对外开放，特别是扩大与东北亚地区的经济合作，东北地区不仅可以通过吸引外资，完成设备等条件的改造，还可以通过对外开放的技术溢出效应，来促进产业结构的调整：一方面，承接、吸收日韩在制造业以及电子科技等方面技术转移，促进东北老工业基地的传统产业结构升级改造；另一方面，通过加快高新园区以及高新经济开发区的建设，扩大与周边国家之间的经济合作，能够推进电子信息、生物技术、节能环保等高新技术产业的升级。

六、产业转型升级新机遇

"一带一路"有利于东北地区经济转型升级。新常态下，东北地区经济发展已进入"平台"期，产业结构失衡、体制机制束缚、产能过剩等问题十分突出，东北地区的经济转型升级迫在眉睫。"一带一路"倡议的提出和实施，为东北老工业基地经济转型升级、实现新一轮振兴带来了重要机遇。一方面，融入"一带一路"，扩大与世界经济的合作与市场竞争，会给东北地区带来最先进的发展理念，进而推动体制机制的不断完善和改革创新；另一方面，"一带一路"倡议将有望实现"欧洲经济圈"与"东亚经济圈"的东西贯通，在全球范围形成具有巨大影响力的经济发展轴，为东北地区解决产能过剩，实现产业转型升级提供了前所未有的机遇。东北地区现有的能源、原材料和大型装备制造等产业可借助"一带一路"沿线国家及地区的基础设施建设历史机遇，调整产品结构、创新产业技术，促进产业转型升级。东北三省企业与"一带一路"沿线国家的合作不仅限于将过剩产能通过煤炭、钢铁、水泥、电力、食品、冶金等转至沿线国家，而且要利用好优势企业的经济辐射能力，借助国际产业链融合优势建构多层次产业分工体系，培育当地企业自身发展的能力，大力推进高端产业的发展，把东北三省的优势产能、先进产能与沿线各国人民共同分享，达到互利共赢的效果。因此，东北地区融入"一带一路"倡议，对促进新兴产业及生产性服务贸易发展，加快产业结构转型升级速度，提高东北三省企业竞争力具有重要的现实意义。

东北地区作为我国重要的老工业基地，受益于改革开放前的"赶超战略"，加之拥有丰富的资源，仍然具有强大的工业实力和雄厚的制造业基础，尤其在重型机械和大型成套设备、数控机床、发电和输变电设备、汽车整车和零部件制造、船舶制造、轨道交通设备制造等方面优势明显。但是，近些年来东北地区制造业在全国地位不断下降。装备制造业是东北地区的主导产业之一，在全国具有举足轻重的地位。从产业链角度来看，东北地区制造业仍然以组装和制造为主，处于产业链附加值比较低的阶段。新常态下，东北地区经济增长乏力、装备制造业产能过剩、技术创新能力不足等问题也进一步显现。《中国制造2025》《东北振兴"十三五"规划》提出要提高制造业（尤其是装备制造业）的创新能力，这有利于促进东北地区的优势向创新转变。扩大国际产能和装备制造合作为东北地区装备制造业过剩产能的化解以及结构的升级带来了机遇。从短期来看，加快推进装备制造业国际合作，可以把东北地区过剩的装备制造业产能转移到欠发达国家和地区的基础设施建设当中，形成新的经济增长点，从而破解东北地区经济增长困局、化解产能过剩危机。从长期来看，加快推进装备制造业国际合作，可以积极承接发达地区先进的技术、人才及管理经验，增强东北地区装备制造业企业核心竞争力和国际竞争新优势，从而进一步促进其结构调整和产业升级。

七、基础设施建设及大通道的机遇

根据"一带一路"建设规划，国家将支持加强与周边国家基础设施互联互通，努力将东北地区打造成为我国向北开放的重要窗口和东北亚地区合作的中心枢纽。"一带一路"倡议沿线包含了亚欧非等60多个国家和地区，沿线国家对于基础设施建设需求巨大，为振兴东北开拓了新的市场空间。东北地区积极参与"一带一路"倡议中一系列重大基础设施工程的投资与建设，将促进一个由铁路、公路、航海、航空、输电线路、通信网络组成的综合性的中国与世界互联互通网络的构建实施。这不仅将极大地推动钢铁、水泥、机械设备等出口，为东北地区优势产业拓展国际市场空间,增加就业、提高税收、扩大出口创汇,也将促进东北地区优势企业与沿线国家的产能合作,实现与对方资源配置的深度融合,享有降低物流费用、节省建厂成本等资源及政策优势。

八、跨境旅游发展新机遇

东北三省北面毗邻俄罗斯,西连蒙古国,东接朝鲜半岛,地缘优势明显,拥有多个民族多种文化相融合的待开发旅游资源。随着朝鲜转向优先发展经济,东北三省的周边环境日趋稳定,边境旅游的吸引力会显著上升。"一带一路"倡议将从促进跨境旅游、搭建跨国旅游交流平台、传承和弘扬丝路合作精神、打造国际精品旅游线路和旅游产品、创新智慧旅游新模式等方面推进东北地区旅游业的发展。在促进跨境旅游发展方面,"一带一路"倡议的提出及我国旅游产业的迅速发展,将大大促进东北地区边境旅游项目的开发。伴随"一带一路"倡议的不断推进,东北地区跨境旅游产业将实现稳定发展,跨境旅游人数也越来越多。在搭建旅游交流平台方面,"一带一路"跨越了众多区域、文化和宗教信仰,但它给旅游带来的并不是文明的冲突,而是各文明间的交流与学习,在"一带一路"倡议背景下,发展旅游的层次将不断提升。在传承和弘扬丝绸之路合作精神方面,在"一带一路"倡议下,广泛开展文化交流、人才交流合作、媒体合作、志愿者服务等,能为深化旅游双边、多边合作奠定坚实的基础,进而传承和弘扬丝绸之路的合作精神。在打造国际精品旅游线路和旅游产品方面,东北地区积极融入"一带一路"倡议,将有助于加强旅游合作,扩大旅游规模,打造国际旅游精品。在大力提倡"互联网 + 旅游"模式下,"一带一路"倡议大大推进了东北地区开发智慧旅游新模式,营造友好的旅游氛围,从而吸引大批国外旅游者入境。同时,东北三省作为我国发展冬季冰雪特色旅游的根据地,冰雪运动在东北三省具备深厚的技术积淀和群众基础。随着 2022 年冬奥会日益临近,老百姓体验冰雪旅游的需求越来越大。因此,充分并合理利用东北三省在我国这一独有的纬度特点和边境文化优势,开发一系列特色的文化之旅和冰雪之旅产品,增强东北的旅游业竞争力，必将源源不断地吸引国内外旅游者到东北三省旅游度假，在未来长时间内促进东北地区旅游业的可持续增长。

九、农业发展新机遇

农业经济是东北地区的主导产业，不仅对我国粮食安全具有重要支撑作用，而且也是自身经济发展的重要载体。在"一带一路"倡议下，东北地区农业经济发展迎来了发展机遇。一方面，东北地区在发展农业经济的过程中，通过融入"一带一路"倡议，能够使东北地区农业经济的"外向度"更高，特别是通过农业化与工业化的有效结合，积极推动农产品出口，将有利于促进东北地区农业经济步入转型升级的轨道；另一方面，由于"一带一路"倡议最重要的就是"走出去"和"引进来"，这也将有利于促进东北地区农业经济与"一带一路"沿线国家的合作，进而促进农业经济发展模式的创新。

第八章

东北振兴中的对外开放新前沿建设

东北振兴与东北亚区域经济合作

随着亚洲崛起，全球权力重心正在逐渐向亚洲转移，东北亚地区正在受到全世界的瞩目。美国太平洋战略聚焦亚太，朝核问题牵动着各国神经，中国、日本、俄罗斯和韩国等国家在全球话语权不断提升，经济影响力不断增强。随着国际贸易保护主义抬头，东北亚地区各国积极寻求深化合作。我国东北地区在东北亚区域经济合作中地位突出，党和国家将东北地区进一步定位为国家向北开放的重要窗口和东北亚区域的中心枢纽，并打造成为我国开放前沿。东北地区参与东北亚区域经济合作，具有国内外政策优势，并具有联系东北亚各国的独特区位优势，雄厚的产业优势和人才优势，同时，面临着区域局势不稳定因素和经济发展不均衡等阻碍。东北地区有基础且有能力迎接诸多挑战，在世界贸易保护主义抬头，全球价值链整合以及中日韩自贸区进程加快等时代背景下，赢得发展重大机遇并取得东北新一轮振兴的新的突破。

第一节　东北亚区域经济合作中东北地区的定位

随着东北振兴和对外开放战略的不断实施，东北地区在东北亚的影响力不断增强，其重要地位不言而喻。在"一带一路"倡议中，东北地区被定位为国家向北开放的重要窗口；在中央政策文件中，进一步明确了将东北地区建设成为面向东北亚中心枢纽。新时期，国家对东北地区参与东北亚区域合作的定位，彰显了将东北地区打造成为对外开放新前沿的决心。东北地区将通过国家区域战略不断提升东北亚影响力，并通过提升四大区域中心城市能级和发展特殊经济区，推动东北亚一体化进程。

一、东北亚区域经济合作的重要窗口

近年来,东北地区积极融入东北亚区域经济合作,不断推动一体化进程,区域影响力日益增强。在"一带一路"倡议中,东北地区被确定为国家"一带一路"向北开放的重要窗口。具体而言,向北开放就是面向东北亚开放,进而与北美、欧洲市场建立全方位的对接。东北地区应当围绕面向东北亚区域经济合作的重要窗口定位,发挥自身优势,积极拓展与东北亚各国经济合作的路径,打造成为中国面向东北亚开放的"大门户",实现东北振兴与东北亚区域经济合作协调互动,通过积极参与东北亚区域经济合作,为东北振兴注入强大的动力。

东北三省在东北亚区域经济合作的重要窗口定位中,应进一步明确定位,黑龙江省要发挥地缘区位优势,全力打造对俄开放的主要窗口,着力推进以对俄沿边开放为重点的全方位对外开放优势;吉林省则发挥地处东北地区地理中心的优势,借港出海、借道出港;辽宁省应该利用沿海经济带和港口优势,打造海陆空联运体系,引领东北地区成为开放前沿。同时,东北地区应进一步加强省级合作,共同推进中蒙俄经济走廊建设,全面推动东北亚区域经济合作一体化的进程。

(一)辽宁:发挥航运枢纽作用,推进经济走廊建设,打造东北亚经贸合作先行区

辽宁省是东北地区唯一沿海省份,拥有大连港、锦州港、营口港、丹东港、葫芦岛港和盘锦港六大海港,港口优势明显,应以辽宁沿海经济带为支撑,以六大港口为重要节点,积极拓展综合性交通大通道,推进经济走廊建设,打造东北亚经贸合作先行区。

一是以辽宁沿海经济带为重要支撑。《辽宁沿海经济带发展规划》于 2009 年 7 月 1 日获得国务院批准,作为整体开发区域被纳入国家战略。辽宁沿海经济带包括大连、营口、锦州、丹东、盘锦、葫芦岛等沿海城市,地处东北亚经济圈关键地带,资源禀赋优良,工业实力较强,交通体系发达,加快辽宁沿海经济带发展,对于东北振兴,促进区域协调发展和扩大对东北亚区域开放,具有重要战略意义。

近年来,辽宁沿海六市协同发展迈入实质性阶段,2018年,沿海六市外贸进出口总额占全省总量76%,同比增长12.6%,高于全省平均0.8个百分点,生产总值占全省比重50%以上。2018年8月,辽宁沿海经济带六市共同签署了《辽宁沿海经济带六城市协同发展行动计划(2018—2020年)》,该协议在规划体系协同、产业协作协同、创新政策协同、园区发展协同、生态环境协同等方面达成共识,进一步明确了沿海六市协同发展的合作方向、重点领域,为把港口资源优势转化为经济优势、竞争优势、发展优势,加快建成东北亚开放高地提供了有力的保障。

二是拓展综合性交通,打通区域经济合作大通道。近年来,辽宁着力打造内连外通、设施完备的交通运输大通道,积极推进综合交通运输大通道多式联运示范工程建设,为辽宁全方位扩大对外开放提供了重要载体。其中,"辽满欧""辽蒙欧""辽海欧"三条大通道对辽宁进一步融入东北亚区域发展意义重大。

"辽满欧"综合交通运输大通道是以大连港、营口港为起点,途经内蒙古满洲里,再到俄罗斯乃至欧洲各地的通道,将形成陆路物流干线的综合交通运输网络,开展国际海铁联运业务,实现货物在不同节点间的快速转运。该通道能够有效联动大连和营口,发挥轨道交通互联互通作用,辐射联通俄罗斯,并进一步直达欧洲。"辽蒙欧"分为西部、东部两条通道,分别以锦州港和丹东港为起点,通过跨境通道的建设带动周边经济发展,加深中蒙以及沿线各国之间的贸易合作。"辽海欧"通道又称为北极东北航道,以大连港为起点,至白令海峡向西航行,前往欧洲各港口,北冰洋通航全面开通,将会改变现在世界经济格局,对于中国北方通往欧洲和北美快捷而便利通道而言,其意义不亚于欧亚大陆桥。

(二)吉林:深入推进长吉图战略,打造面向东北亚开放的核心区

吉林省地处东北地区中部,北部与俄罗斯接壤,东南与朝鲜接壤,境内边境口岸可辐射至其他东北亚五国,其中图们江流域发起于中朝边境长白山,流经朝鲜和俄罗斯,在俄朝边界处注入日本海,吉林省边境距图们江入海口仅15公里，与日本隔海相望，该区域是俄罗斯、朝鲜、中国的特殊三角洲之地，有着重要的战略意义。

2009年，国务院批复《中国图们江区域合作开发规划纲要——以长吉图为开发开放先导区》，长吉图开发开放先导区建设上升为国家战略。近年来，长吉图国家战略稳步推进，在吉林省内，以长春和吉林为直接腹地，以延边地区为开放前沿，以珲春为开放窗口，形成了点状、线状、面状的分层级发展格局。随着吉林省"东联西进""借港出海"等战略举措实施，助推了吉林省乃至东北地区向东进入日本海，拓展国际合作，在扩大开放、面向东北亚国际合作、振兴东北老工业基地等方面日益发挥出重要作用。其中，珲春市位于图们江下游，中国、俄罗斯、朝鲜三国交界地带，是吉图开发开放先导区的"窗口"城市、吉林发展的新引擎、东北振兴的新亮点、中国面向东北亚的新门户、东北亚国际合作的新平台，在东北亚区域格局中具有不可替代的重要作用，承担着我国沿边开发开放和国际合作开发的双重历史使命。目前，经俄罗斯扎鲁比诺港至韩国釜山"铁海联运"航线的开通，实现了吉林"借港出海"的梦想。随着中俄达成"冰上丝绸之路"建设共识，珲春正在不断提升开放合作水平，成为吉林融入东北亚区域发展的典范。当前，东北亚区域合作正迎来崭新阶段，深入推进长吉图战略，打造面向东北亚开放的核心区，将进一步推动吉林发挥区域核心作用。

（三）黑龙江：推进陆海丝绸之路经济带建设，打造对俄及东北亚合作中心

2015年，黑龙江推出《"中蒙俄经济走廊"黑龙江陆海丝绸之路经济带建设规划》，提出充分发挥黑龙江省与俄罗斯远东地区毗邻的地缘优势，利用国内国际两种资源、两个市场，以哈尔滨为中心，以大（连）哈（尔滨）佳（木斯）同（江）、绥满、哈黑、沿边铁路四条干线和俄罗斯西伯利亚、贝阿铁路形成的"黑龙江通道"为依托，建设连接亚欧的国际货物运输大通道，吸引生产要素向通道沿线聚集，发展境内外对俄产业园区，打造跨境产业链，构建发达的外向型产业体系，构筑区域经济新的增长极，为我国扩大与俄欧、东北亚合作提供重要平台。到2020年，将黑龙江陆海丝绸之路经济带打造成国内连接亚欧最便捷、最通畅的国际大通道；2025年，全面建成面向俄罗斯、连接亚欧的综合跨境运输网络，形成经济规模较大、带动能力较强的外向型经济体系。

目前，"龙江丝路带"建设成为横贯东中西、联结南北方对外经济走廊的重要组成部分。推进黑龙江陆海丝绸之路经济带建设，将重点加快启动和推进以下工作：一是加强通道布局。以大哈佳同、绥满、哈黑和沿边铁路为主骨架，以周边公路、水运、航空、管道、电网、光缆为辅助，以相关车站、港口、机场为节点，通过我国东南沿海和日韩港口联通俄罗斯远东符拉迪沃斯托克、纳霍德卡、东方港等港口，再经绥满铁路至哈尔滨、满洲里，从满洲里出境后至俄罗斯西伯利亚大铁路，抵达波罗的海沿岸和汉堡、鹿特丹港，建设连接亚欧的国际陆海联货物运输大通道。二是加快产业布局。依托黑龙江陆海丝绸之路经济带国际货运通道和主要交通干线，以中心城市和交通商贸重镇为节点，以沿线城市重点产业园区为支撑，依托哈长城市群等重点区域，打造承接国内外产业转移聚集区，发展跨境产业链，形成以"一核""四带""一环""一外"为主要内容的产业发展空间布局。三是促进要素集聚和交流合作。充分发挥黑龙江陆海丝绸之路经济带重要枢纽作用，吸引生产要素向经济带及周边地区聚集，打造跨境产业链，构建外向型经济体系，带动经济、科技、人文等全方位交流合作。未来，黑龙江省在东北亚区域经济合作中的地位将越发显著。

二、东北亚区域经济合作的中心枢纽

中国东北地区产业基础雄厚，具有沿边沿海优势，在经济、科技、文化等方面与东北亚各国交流频繁，具有成为东北亚区域经济合作中心枢纽的条件和基础。2013年，国务院发布《中国东北地区面向东北亚区域开放规划纲要（2012—2020年）》（下文简称《纲要》），指出东北地区是我国面向东北亚开放的重要门户和核心区域，新时期东北地区实行更加积极主动的对外开放战略，对提高东北亚区域合作水平，实现东北地区老工业基地全面振兴以及营造和谐稳定的周边环境具有重大意义。《纲要》将东北地区定位为面向东北亚开放的重要枢纽，要求进一步完善区域基础设施，提升产业整体水平，扩大对外开放，增强综合发展实力，培育东北地区面向东北亚开放合作的重要优势，发挥服务全国、面向东北亚、辐射亚太的重要枢纽作用。2016年出台的《中共中央 国务院关于全面振兴东北地区等老工业基地的若干意见》明确提出，努力将东北地区打造成为我国向北开放的重要窗口和东北亚地区合作的中心枢纽。为推动东北地区新一轮振兴，实现高质量发展，2019年，国务院发布《关于支持东北地区深化改革创新推动高质量发展的意见》，提出要将东北地区打造成为东北亚地区合作中心枢纽，推进重大跨境基础设施项目建设，支持辽宁沿海经济带扩大开放，打造中日、中韩开放合作重要平台；支持吉林加快长吉图开发开放，推动图们江区域国际合作；支持黑龙江与俄罗斯全方位合作。《意见》的发布标志着东北地区在东北亚经济合作中的定位将从面向东北亚开放的重要枢纽向打造成为东北亚地区合作中心枢纽转变。

（一）发展战略实施彰显区域影响力

自2009年以来，东北地区的辽宁沿海经济带、长吉图开发开放先导区、沈阳经济区、哈长城市群先后获国务院批复，体现了东北老工业基地在国家经济发展中的重要地位和作用，同时，为将东北地区打造成为东北亚地区合作中心枢纽创造了有利条件。东北地区应进一步加强东北地区沿海与内陆的协同发展，形成东北地区沿海沿边全面开放新格局。一是加快沿海经济带开放。辽宁沿海经济带是东北区域发展的重要一极，已成为中国对外开放的重要热点区域，正在着力建设东北亚航运中心和重点发展临港产业、海洋经济。东北地区要充分利用沿海经济带的沿海优势、产业优势及人才优势，突出东北亚区域开放合作的战略高地作用，发展国内先进、特色鲜明的产业带、城市带、旅游带，与东北腹地良性互动，深度参与国际分工与合作，扩大与东北亚各国在港口物流、海洋经济等方面的贸易和投资合作，进一步提升了东北地区的竞争力。二是加快长吉图地区开放。长吉图开发开放先导区，以珲春为窗口、以延龙图为前沿、以长吉为腹地，不断扩大开放力度，成为大图们江区域合作的核心地区，未来要进一步加快图们江航运建设，发挥珲春开放龙头作用，以边境经济合作区为窗口，依托产业基础，吸引境外投资者，打造东北亚经济技术合作的重要平台，扩大与朝鲜和俄罗斯的港口联运合作，扩大东北地区的对外开放。三是推动沈阳经济区建设。发挥沈阳经济区城市群协同发展、产业基础雄厚的优势，以边境经济合作区为窗口，依托产业基础，吸引境外投资者，构建科技创新中心、专业物流体系和智慧城市群，打造东北亚经济技术合作的重要平台，具有国际竞争力的先进装备制造业基地，高加工度原材料工业基地，全国重要的技术研发、转化、创新基地，东北地区现代商贸、物流、金融中心。到2020年，沈阳经济区基本实现区域经济一体化，综合实力达到中等发达国家水平，成为东北亚地区重要的经济中心，为东北地区的对外开放提供支撑。四是加快哈长城市群发展。哈长城市群地处东北亚腹地，以哈尔滨、长春两个省会城市为核心，辐射黑龙江省西南部、吉林省中部等多个城市，是沟通东北亚、中亚和欧洲的重要通道和枢纽。到2020年，哈长城市群整体经济实力明显增强，功能完备、布局合理的城镇体系基本形成，城乡区域协调发展格局基本形成，区域分工协作的产业发展格局初步形成，开放型经济向更广领域和更深层次拓展。到2030年，城市群城镇体系更加完善，改革创新持续深化，对外开放水平进一步提升，建成在东北亚区域具有核心竞争力和重要影响力的城市群。

（二）区域中心城市提升能级支撑东北亚中心枢纽建设

新形势下促进区域一体化发展，要调整完善区域政策体系，发挥各地区比较优势，促进各类要素合理流动和高效集聚，增强创新发展动力，加快构建高质量发展的动力系统，增强中心城市的经济和人口承载能力。

当前，东北地区面向东北亚区域建设国际合作的大平台、大通道已见雏形，中心城市正在成为承载发展要素的主要空间形式，沈阳、长春、哈尔滨、大连四大副省级城市辐射作用越发突出并相继出台了城市规划，提升东北亚区域中心城市定位。近年来，长春市主动融入国家和省对外开放发展战略，不断提升利用两个市场、两种资源的能力和水平，切实在市场准入、营商环境、配套政策、体制机制等方面创新举措，努力构建大开放格局，加快把长春建设成为东北亚区域性中心城市和对外开放新高地。2017年，黑龙江省委、省政府出台《关于支持省会哈尔滨市建设的若干意见》，提出把哈尔滨市建设成为哈长城市群核心城市，国家先进制造业、绿色食品产业、高新技术产业、通用航空产业和健康服务业五大基地，以及对俄合作中心城市、现代商贸物流中心城市、国际交通枢纽。力争到2020年，使哈尔滨市对黑龙江省的辐射功能、外溢效应和带动作用得到较大提升；到2025年，努力将哈尔滨市建设成为东北亚地区具有重要影响的现代化城市和哈长城市群核心城市。同年12月，沈阳市委十三届六次全会暨经济工作会议提出，到2030年，沈阳要建成东北亚国际化中心城市：综合实力进入东北亚先进城市行列，具有较强辐射带动能力；形成国际一流的营商环境，实现国际贸易自由化、便利化，打造"一带一路"东通道枢纽，建成具有较高外向度和广泛知名度的东北亚开放门户。围绕东北亚国际化中心城市建设目标，沈阳市将推进打造先进装备制造业基地、金融商贸重镇、科技创新高地、交通信息枢纽、国际交往门户、国际化人才集聚地等重点任务，积极开展跨地区合作、引进培育国际一流企业，着力构建高层次产业体系；加大金融业对外开放，补齐高端服务业短板；促进科技协同创新，深化科技创新合作，完善创新生态环境，引领沈阳经济区同步建设成为东北亚核心城市群之一。《大连市城市总体规划（2001—2020年）（2017年修订）》提出大连是北方沿海重要的中心城市、港口及风景旅游城市，要逐步把大连市建设成为经济繁荣、和谐宜居、生态良好、富有活力、特色鲜明的现代化城市和东北亚国际航运中心、国际物流中心。东北地区四大中心城市明确在东北亚区域发展中的定位，将进一步发挥区域中心城市辐射带动作用，共同推动东北亚区域经济协同稳定发展。

（三）自贸区建设助推打造中心枢纽

2017年，为全面深化改革、扩大开放和推动东北振兴，国务院印发《中国（辽宁）自由贸易试验区总体方案》，提出以制度创新为核心，以可复制可推广为基本要求，加快市场取向体制机制改革、积极推动结构调整,努力将自贸试验区建设成为提升东北老工业基地发展整体竞争力和对外开放水平的新引擎,形成与国际投资贸易通行规则相衔接的制度创新体系,营造法治化、国际化、便利化的营商环境,巩固提升对人才、资本等要素的吸引力,努力建成高端产业集聚、投资贸易便利、金融服务完善、监管高效便捷、法治环境规范的高水平高标准自由贸易园区,引领东北地区转变经济发展方式、提高经济发展质量和水平。其中,大连片区重点发展港航物流、金融商贸、先进装备制造、高新技术、循环经济、航运服务等产业,推动东北亚国际航运中心、国际物流中心建设进程,形成面向东北亚开放合作的战略高地;沈阳片区重点发展装备制造、汽车及零部件、航空装备等先进制造业和金融、科技、物流等现代服务业,提高国家新型工业化示范城市、东北地区科技创新中心发展水平,建设具有国际竞争力的先进装备制造业基地;营口片区重点发展商贸物流、跨境电商、金融等现代服务业和新一代信息技术、高端装备制造等战略性新兴产业,建设区域性国际物流中心和高端装备制造、高新技术产业基地,构建国际海铁联运大通道的重要枢纽。

截至 2018 年底,第三批自贸区完成率总体超过 70%,辽宁自贸区完成《中国(辽宁)自由贸易试验区总体方案》总体任务(中央+地方事权)123 项中的 113 项,完成率 91.8%,位居首位,有效地提升了投资贸易领域开放水平,引领了东北地区的深度开放。

2019 年,国务院印发《中国(黑龙江)自由贸易试验区总体方案》,提出以制度创新为核心,以可复制可推广为基本要求,全面落实中央关于推动东北全面振兴全方位振兴、建成向北开放重要窗口的要求,着力深化产业结构调整,打造对俄罗斯及东北亚区域合作的中心枢纽。经过三至五年改革探索,对标国际先进规则,形成更多有国际竞争力的制度创新成果,推动经济发展质量变革、效率变革、动力变革,努力建成营商环境优良、贸易投资便利、高端产业集聚、服务体系完善、监管安全高效的高标准高质量自由贸易园区。哈尔滨片区重点发展新一代信息技术、新材料、高端装备、生物医药等战略性新兴产业,科技、金融、文化旅游等现代服务业和寒地冰雪经济,建设对俄罗斯及东北亚全面合作的承载高地和联通国内、辐射欧亚的国家物流枢纽,打造东北全面振兴全方位振兴的增长极和示范区;黑河片区重点发展跨境能源资源综合加工利用、绿色食品、商贸物流、旅游、健康、沿边金融等产业,建设跨境产业集聚区和边境城市合作示范区,打造沿边口岸物流枢纽和中俄交流合作重要基地;绥芬河片区重点发展木材、粮食、清洁能源等进口加工业和商贸金融、现代物流等服务业,建设商品进出口储运加工集散中心和面向国际陆海通道的陆上边境口岸型国家物流枢纽,打造中俄战略合作及东北亚开放合作的重要平台。从地理位置看,黑龙江自贸区是我国最北端的自贸区,随着黑龙江自贸区正式成立,东北地区将同时拥有两大自贸区,打造东北亚区域中心枢纽将迎来新局面。

第二节 东北地区参与东北亚区域经济合作的优势与阻碍

东北振兴战略的实施为东北的发展提供了重要支撑,为适应时代发展要求,振兴政策的出台更加重视东北的改革开放力度,并不断通过政策红利构建开放新格局以全面开放引领全面振兴。其他东北亚国家也积极推出政策,推动东北亚区域经济合作。东北地区具有区位优势、资源优势、产业优势和人才优势,为进一步融入东北亚区域发展奠定了基础。然而,由于历史遗留问题和大国博弈,东北亚地区各国之间的关系存在较大的不确定性,加之东北亚区域经济发展相对失衡,基础设施和合作基础薄弱,对东北地区参与东北亚区域经济合作带来了阻碍。

一、东北地区参与东北亚区域经济合作的优势

长期以来,我国重视与东北亚国家的经贸合作,并出台大量政策支持东北参与东北亚区域合作并发挥前沿阵地的作用。同时,东北亚积极推动区域合作,且各国纷纷推出开放战略,例如俄罗斯的"新东方政策"、韩国的"新北方政策"、蒙古国的"草原之路"以及朝鲜的"改革开放"等,为东北参与东北亚区域经济合作创造了政策优势。东北地区凭借自身区位优势和资源禀赋优势,经过多年发展不断转型升级,形成了产业优势和人才优势,为东北地区参与东北亚区域经济合作奠定了基础。

(一)政策优势

我国在推动东北地区振兴以及扩大与东北亚区域合作过程中一直采取积极的支持政策,及时把握国际经济发展态势,并根据东北地区自身相对优势资源,不断制定和完善各项相关政策措施,为东北地区的振兴发展以及支持进一步加快推进与东北亚区域合作的进程创造优越的条件和环境。同时,东北亚各国也纷纷制定国家战略,推进区域深度合作。

1. 我国推动东北地区参与东北亚区域经济合作的相关政策

近年来,党和国家高度重视东北地区的发展,不断出台政策推动东北振兴和对外开放。中共十六大将加快东北老工业基地的改造和振兴作为一项重大战略决策开始实施。2003年,国务院出台了《关于实施东北地区等老工业基地振兴战略的若干意见》,首次明确了基本指导思想及方针政策。2007年,国务院进一步批复了《东北地区振兴规划》,明确了总体发展思路、主要发展目标和任务。2009年,国家又颁布了《国务院关于进一步实施东北地区等老工业基地振兴战略的若干意见》,为推动东北地区全面振兴,全面适应时代发展,提出了具体意见。在进一步扩大对外开放方面,提出加快推进辽宁沿海经济带和长吉图地区开发开放,将沿海沿边开放和境外资源开发、区域经济合作、承接国内外产业转移结合起来,建设边境贸易中心、经济合作区、出口加工区、进口资源加工区,推进黑龙江、吉林江海陆海联运通道常态化运营。加快推动大连东北亚国际航运

中心建设，促进东北地区保税物流和保税加工业的发展。2013年，为落实"十二五"规划精神，国务院又制定了《全国老工业基地调整改造规划（2013—2022年）》，进一步深化振兴规划和方针政策。2014年，国务院印发《关于近期支持东北振兴若干重大政策举措的意见》，提出要扩大向东北亚区域及发达国家开放合作，加强东北振兴与俄远东开发的衔接，支持哈尔滨打造对俄合作中心城市，发挥地缘和人文优势，务实推进对韩、蒙、日、朝合作；打造一批重大开放合作平台，研究设立重点开发开放试验区，支持重点开发开放试验区和中国图们江区域（珲春）国际合作示范区建设，并建设综合保税区和跨境经济合作区；加强重点边境城市建设，增强对周边地区的辐射力和吸引力，支持建设保税物流中心，促进东北腹地与沿海产业优势互补、良性互动，优先支持东北地区项目申请使用国际金融组织和外国政府优惠贷款，加快建设大连东北亚国际航运中心。2016年，国家印发《关于深入推进实施新一轮东北振兴战略加快推动东北地区经济企稳向好若干重要举措的意见》，提出东北地区要扩大开放合作，打造重点开发开放平台、开展对口合作，规划建设若干中外产业合作平台。国家相继出台的一系列东北振兴政策，为东北地区参与东北亚区域经济合作指明了方向和提供了重要支撑。

在政策指引下，国家相继批复了《辽宁沿海经济带发展规划》《中国图们江区域合作开发规划纲要——以长吉图为开发开放先导区》《黑龙江和内蒙古东北部地区沿边开发开放规划》等规划纲要，并设立了一批国家级新区和平台。2014年6月，国务院设立大连金普新区。这是东北三省第一个国家级新区，其任务是引领辽宁沿海经济带加速发展，带动东北地区振兴发展，进一步深化与东北亚各国各领域的合作。2015年12月，国务院批复同意设立东北第二个国家级新区哈尔滨新区，其定位是中俄全面合作重要承载区、东北地区新的经济增长极、老工业基地转型发展示范区。2018年6月7日，新区管委会正式挂牌，这标志着哈尔滨新区建设进入新阶段。长春新区设立于2016年2月，作为中蒙俄经济走廊的重要节点，长春新区的重要定位是深化图们江区域合作开发，加强与东北亚各国的经贸合作，深化与俄罗斯远东地区的全方位合作。毋庸置疑,这些国家级新区和平台,将在东北地区开放中担当重要角色。除此之外,国家还建设了一批边境口岸和经济合作区,并在辽宁和黑龙江分别设立自由贸易试验区,极大地增强了东北地区参与东北亚区域经济合作的影响力和竞争力。

面对新的国内外环境,2018年辽宁出台了《关于加快构建开放新格局以全面开放引领全面振兴的意见》,提出以参与服务"一带一路"建设为重点,以辽宁沿海经济带开发开放为支撑,以大连东北亚国际航运中心和沈阳东北亚创新中心建设为龙头,以建设高水平自由贸易试验区和探索建设自由贸易港为引擎,以建设沈抚创新发展示范区为突破口,统筹推进"一带五基地"建设、深入实施五大区域发展战略,以海洋经济带动内陆经济发展,以内陆经济推动海洋经济发展,构建内外联动、陆海互济的全面开放新格局,将辽宁打造成为面向东北亚开放的大门户,统筹推进"五大区域"全面开放,优化提升全面开放载体支撑,建设开放型现代产业体系,着力培育外贸竞争新优势。黑龙江和吉林也在重点边境口岸、大通道建设、特殊经济区、产业合作园以及营商环境等方面推出了大量的政策措施,为推动东北地区参与东北亚区域经济合作提供了良好的政策环境。

2. 东北亚各国参与东北亚区域经济合作的相关政策支持

在推动东北亚区域合作上,东北亚区域各国家都根据本国国情制定了相关政策。1995年,为促进和加强图们江经济开发区的合作,改善各项开发活动和贸易的协调,中俄韩朝蒙五国副外长签署了《关于建立东北亚和图们江开发区协调委员会的协定》,开启了东北亚区域合作新篇章。

2003年,中日韩三国签订了《中日韩推进三方合作联合宣言》,为拓展和深化三方合作,进一步推动三国间双边关系的稳定发展,实现东亚的和平、稳定和繁荣提供基础。2008年,中日韩签订了《三国伙伴关系联合声明》,提出三国合作应对全球经济与金融市场的严峻挑战,在政府和非政府框架内,开展政治、经济、社会和文化等领域的全方位合作。中日韩《关于促进、便利和保护投资协定》于2014年正式生效,该协定囊括了国际投资协定通常包含的所有重要内容,包括投资定义、适用范围、最惠国待遇、国民待遇、征收、税收、争议解决等条款，为三国投资者提供更为稳定和透明的投资环境，对促进和保护三国间相互投资、进一步深化三国投资合作、推动三国经贸关系发展具有积极作用。2012年，中日韩自由贸易协定（简称中日韩FTA）启动协商。2019年，中日韩第八次领导人会议中，三国同意致力于促进区域经济一体化进程，推动区域全面经济伙伴关系协定（RCEP）早日签署，加快推进中日韩自贸区谈判，如果中日韩达成自贸协定，中日韩自贸区将成为继北美自由贸易协定和欧盟之后的世界第三大经济贸易区。

2011年，中俄蒙三国签订促进旅游事业发展议定书，通过建立区域性地方合作机制，搭建区域性合作地方政府、旅游企业代表交流平台，促进三方旅游企业在跨境旅游领域的合作交流，以此加强边境旅游合作、促进边境旅游稳定发展，推动三方毗邻地区经济共同发展。同年10月，中俄共同签署《关于经济现代化领域合作备忘录》，建议在创新领域开展平等互利经贸合作、共同开发环境友好型突破性技术，加速实现两国经济现代化、向创新和高科技发展模式转型，为双方深化经贸合作，实现优势互补指明了方向。2014年，中俄共同签署了《中俄关于全面战略协作伙伴关系新阶段的联合声明》，提出双方将采取新的措施提高务实合作水平，推进财金领域紧密协作，建立全面的中俄能源合作伙伴关系，提高高新技术领域合作的效率，扩大农业合作，积极推进地方合作，加快发展跨境交通基础设施，将中俄全面、平等、互信的战略协作伙伴关系提升至更高水平。2015年，中俄两国签署《关于丝绸之路经济带建设和欧亚经济联盟建设对接合作的联合声明》，双方努力将丝绸之路经济带建设和欧亚经济联盟建设相对接，确保地区经济持续稳定增长，加强区域经济一体化。2016年，中蒙俄三国共同签署了《建设中蒙俄经济走廊规划纲要》，经济走廊以建设和拓展互利共赢的经济发展空间、发挥三方潜力和优势、促进共同繁荣、提升在国际市场上的联合竞争力为愿景，推动经济走廊建设将促进地区经济一体化，并为基础设施互联互通、贸易投资稳步发展、经济政策协作奠定坚实基础。中俄双方还将积极落实《中俄在俄罗斯远东地区合作发展规划（2018—2024年）》，在俄远东地区开展中俄经贸合作，包括天然气与石油化工业、固体矿产、运输与物流、农业、林业、水产养殖和旅游等七个优先领域。

2012年，中朝宣布成立罗先经济贸易区管理委员会和黄金坪、威化岛经济区管理委员会，并签署了成立和运营管理委员会的协议、经济技术合作协定，以及农业合作、对罗先地区输电、园区建设、详细规划等相关协议，继续积极稳妥推进两个经济区开发合作，将两个经济区建设成为中朝经贸合作示范区和与世界各国开展经贸合作的平台，进一步巩固和发展中朝传统友好合作关系，带动各领域交流与合作，促进两国经济发展、地区稳定与繁荣。

此外，我国不断与俄罗斯"新东方政策"、蒙古"草原之路"构想、韩国"新北方政策"和"半岛新经济构想"进行战略对接，共同为深化东北亚区域经济合作而努力。

（二）区位优势

东北地区是中国对东北亚地区开放的窗口，地处东北亚中心，与俄罗斯、朝鲜、蒙古国接壤，与日本、韩国隔海相望，具有开拓东北亚市场的优越地理位置。整体来看，辽宁省位于东北地区的最南端，是东北地区唯一的沿海地区，沿海经济带地处东北亚经济圈的关键地带，其北部毗邻俄罗斯，东部同日本、韩国隔海相望，南部又与朝鲜相邻，充当着东北亚各国之间产业链和经贸合作的中间环节，与东北亚区域内各国的贸易发展潜力巨大。同时，辽宁省大连市在建设东北亚国际航运中心中发挥重要的作用，丹东、营口、锦州、葫芦岛在沿海港口开放中心都发挥着特别重要的作用。吉林省地处中国东北地区中间地带，东部接壤俄罗斯，其东南部以鸭绿江和图们江区域为边界，与朝鲜隔江相望，是东北亚的腹心。另外，黑龙江省以东可直接与俄、日、朝、韩等亚太地区国家相连，以西联合内蒙古与蒙古国相通。黑龙江省地处东北亚中心腹地，是中国内陆沿边开放的重要省份，与俄罗斯有着近3000公里的边境线，拥有国家一类边境口岸15个，对俄贸易总量占全国的四分之一左右。随着自由贸易试验区的建设，黑龙江将全面提升对外开放水平，推动中俄合作迈向更深层次。

在交通方面，国家对东北地区的区域定位提升为面向东北亚地区的中心枢纽。目前，辽宁沿海经济带拥有四通八达的铁路、公路以及航运系统，为辽宁沿海经济带的全方位开发开放提供了重要支撑。另外，辽宁省港口建设和运营体系已经成为临港经济发展的重要枢纽。位于大连的东北亚国际航运中心和港口群的建设正在稳步推进过程中，货物吞吐量已经位居世界十强，营口港货物吞吐量已经居于全国前十位，丹东港是辽宁沿海唯一的东部港口，在中蒙对外开放中居于重要地位，盘锦港、葫芦岛港具有重要的战略地位。黑龙江已形成了以江海、陆海联运为主，借港、借地出海的国际物流通道优势。吉林省长吉图开发开放先导区连接中、俄、蒙、朝的图们江的国际大通道建设已初具规模，极大地促进了东北亚区域贸易量的增长，加之中朝通道、边境口岸和跨国陆海联运航线的开发和利用，使吉林省的物流航线成为连接东北亚各成员国的运输线，为吉林省扩大与东北亚合作的物流发展带来了比较优势。

（三）资源优势

东北地区幅员辽阔，拥有丰富的土地资源，同时是全国人均耕地面积最大的地区，对于大规模开发利用具有相对优越的基础条件。在矿产资源方面，东北地区拥有丰富的矿产资源，主要体现在总量丰裕且种类齐全，矿产资源相对比较集中且储量巨大。黑龙江省的煤炭、天然气、石油等丰富的能源资源能够为装备制造业、石化产业等临港优势产业提供基础支撑。

东北地区所具有的资源优势能够与周边国家形成良好的互动发展态势，日韩两国属于资源相对匮乏，而资源利用率又相对较高的国家，俄罗斯拥有丰富的能源储备，蒙古因拥有丰富的矿产资源，中国东北地区可以充分发挥自身在资源上的比较优势，与其他各国形成良好的资源配置，为东北地区的发展和参与国际经济合作的进程奠定了坚实的基础。

（四）产业优势

东北地区是我国工业发展的摇篮，具有坚实的工业基础和相对完善的工业体系，这为应对后金融危机时代的产业升级压力以及促进区域一体化的产业结构调整起到了一定的推动作用。

东北三省是全国重要的重化工业基地,产业聚集度高,辐射区域广。东北老工业基地制造业产业技术基础雄厚,其装备制造业特别是重大装备制造业,具有产业优势和产业实力。东北地区整体产业经济水平的提升伴随着国家关于东北老工业基地的振兴计划的逐步实施,工业化发展道路由粗放式外延型发展逐步向新型工业化道路迈进,特别是在长吉图开发开放先导区、辽宁沿海经济带、沈阳经济区等国家战略实施以来,东北地区的沿海经济带与腹地经济互动发展,从而带动了一系列传统产业的升级和新兴产业的形成发展。

改革开放以来,东北地区的产业结构逐步合理,结构调整速度加快,形成了相对完善的工业体系。自振兴东北老工业基地规划实施开始至今,东北地区已经逐步形成了以机械制造、冶金冶炼、汽车制造、钢铁、化工、能源开发等为支柱的重化工业产业集群。其中包括以汽车零部件、发动机为主的汽车制造相关产业集群,以数控机床、工程机械等为主的传统装备制造产业集群,以航空装备、轨道交通装备、卫星及应用装置以及智能制造装备为代表的高端装备制造产业集群,以医药、精细化工为主的化工产业集群等。东北地区各省在相关产业之间形成了强烈的互补性,辽宁省便利的港口资源和坚实的工业基础,吉林省较具规模的汽车制造和化工产业,黑龙江省的能源、森工和石化,各主导产业间的关联性为整个东北地区较为完善的产业体系的建立创造了优越的具有比较优势的条件,成为中国东北地区与东北亚地区各国形成产业互动的重要基础条件。东北地区的优势产业与日韩等国形成了产业结构的垂直分工,又与俄、蒙、朝保持着密切的水平分工关系,这种独具的混合式产业分工关系使东北地区完全能够承接来自东北亚各国的产业和技术的转移,进一步推进产业结构的优化和升级。

(五)人才优势

东北振兴战略实施以来,东北地区已经形成了雄厚的产业技术人员及科技实力的储备。东北地区的高等院校较为密集,教育体系相对比较完善,科研院所相对较多,具有较高的科研创新和开发能力。此外,东北地区的劳动力成本比沿海地区低,劳动力素质较高,人力资源丰富,人力资本优势强，已经拥有一批具有高层次水平和技术能力的人才大军，为实现高质量发展创造了扎实的人力资本。

但由于近年来，东北地区经济活力相对不足，存在人才流失严重的问题。随着东北亚一体化的进程加速，东北地区将进一步汇聚优势资源，实现有效供给，形成具有一流竞争力的人才制度，进而发挥人才优势，为东北振兴奠定人才基础。

二、东北地区参与东北亚区域经济合作的阻碍

多年来，东北亚地区形势跌宕起伏，大国博弈聚焦于此且各国存在历史争议和制度差异，错综复杂的关系为东北地区参与东北亚区域经济合作带来了阻碍。此外，东北亚各国之间经济发展相对不够均衡，不对等性也影响了区域一体化进程，并且基础设施不够完善，在一定程度上也阻碍了东北地区参与东北亚区域经济合作。

（一）大国关系与制度因素

东北亚各国之间由于历史遗留问题和领土纷争，加之美国全球战略的影响，一直存在着错综复杂的对峙局面。朝鲜半岛的局势多年以来都是影响东北亚各国之间进行全面合作的核心因素，区域内的大国关系则是影响东北亚区域一体化的根本因素，错综复杂的局面形成了阻碍东北亚区域一体化的主要因素。

东北亚区域汇集了中国、美国、日本、韩国和俄罗斯等大国之间形成的复杂关系，而这些关系的发展对东北亚区域的经济合作有着至关重要的影响。东北亚区域内各国之间的经济往来，乃至东北亚区域合作一体化的形成都会因为大国关系的变化而发生不同程度的改变。尽管各国对于历史遗留问题和领土争端等都保持冷静的解决态度，但是复杂的国际政治因素导致各国之间缺乏彼此的信任，政治互信严重缺失，成为东北亚区域和平发展的一大隐患，如这一隐患不能够彻底消除，那么，东北亚区域一体化的形成很难有实质性的进展。

由于东北亚区域内各国的经济发展类型复杂多样，会在一定程度上导致

合作松散，阻碍东北亚区域合作的进程，从而区域内合作模式出现不稳定性。各国在东北亚区域内尚未建立起一个完善的制度化经济合作机制，基于区域领导者在国际制度建构中不可或缺的作用，在区域合作中，具有区域内所有成员认可的领导轴心能够对区域合作进程起到推动作用，是区域内合作制度化的必要条件。在东北亚区域内，俄蒙朝三国经济实力相对较弱，中日韩三国虽然经济实力较强，但是由于各种原因的存在，三国都不能独立承担主导国的角色，从而使东北亚区域经济一体化模式的发展受到制约，甚至会阻碍一体化合作的速度。

（二）经济因素

东北亚区域内六个成员国的总体经济发展水平、对外经济贸易以及利用外资水平差异悬殊，从而制约了区域经济一体化的进程。从国际区域合作的一般规律可以看出，经济发展水平与国内生产总值相近是建立高层次区域经济一体化的充分条件之一。如果国家之间总体发展水平差别太大，将不利于协调多边关系的建立，从而阻碍区域一体化的形成。东北亚区域内各国之间的经济发展水平具有相当大的差异，这为探寻区域内六国之间利益的协调，实现有效合作增添了极大的难度。

东北亚区域内六国的经济发展水平参差不齐，差异化显著，表现在总体经济国内生产总值以及人均生产总值的差别、对外经济贸易发展的冷热不均以及利用外资水平的层次不同。这种极度不均衡的经济发展水平，极大程度地限制了东北亚区域内各国之间贸易的进展以及经济政策相互之间的协调余地，区域内部的差异性是区域经济合作的重要障碍。

（三）交通因素

东北亚区域内各国虽然地理位置毗邻，但与欧盟和北美自由贸易区相比，经济相对落后，基础设施建设相对比较滞后，成为制约东北亚区域合作进程的又一基础要素。目前，各国或毗邻地区之间的交通运输条件正在逐步改善过程中，各条通道、桥梁的修建，以及公路、铁路的畅通都在进行之中，虽然实现完全畅通快捷的交通运输条件仍需时日，但是对于这一制约东北亚区域合作的瓶颈会通过各国的共同努力加以解决。

第三节　东北亚区域经济合作为东北地区带来的新机遇

随着东北亚地区和平发展所需的安全环境得到了大幅改善,面对外部贸易保护主义及国内经济压力,维护自由贸易和地区秩序成为各国共识,孕育多年的中日韩自贸区协定不断取得新进展。美国保护主义,促进了东北亚区域加强区域合作。全球价值链不断深化,为东北地区参与东北亚区域合作带来了新的机遇。

一、中日韩自贸区协定谈判加快

2002年在中日韩三国领导人峰会上提出建立中日韩自由贸易区,扩大同东亚的经济协作一体化进程,促进东亚区域经济发展。2012年11月20日,在柬埔寨金边召开的东亚领导人系列会议期间,中日韩三国经贸部长举行会晤,宣布启动中日韩自贸区谈判。在经历了艰难谈判之后,东北亚区域合作将取得新的突破,2019年12月22日在北京举行的第十二次中日韩经贸部长会议中,三方就区域经济一体化、地方合作、"中日韩+"、电子商务、互联互通、能源等领域合作深入交换意见,达成广泛共识。

三方重申,将积极推动签署区域全面经济伙伴关系协定,并在此基础上共同加快推进中日韩自贸区协定谈判。三方将继续加强在亚太经合组织、二十国集团等框架下经贸合作,共同维护以世贸组织为核心的多边贸易体制,推动经济全球化朝着更加开放、包容、普惠、平衡、共赢的方向发展,推动构建开放型世界经济。如若中日韩自贸区协定能成功生效,将对东北亚区域经济一体化起到极大的引领和主导作用,为东北振兴提供重大机遇。

当前，东北地区在基础设施、装备制造等方面具有一定的优势，同时具有比较充足的资金支持，但在发展过程中缺少一定的核心技术。中日韩自由贸易区的推进，将推动东北地区在参与东北亚经济合作的过程中，形成良性的互补机制，有利于东北地区利用日韩的技术优势，不断引进、学习、消化，丰富东北地区贸易层级，促进其产业结构优化升级，通过资源优化整合，形成国际的贸易合作、产能合作，可以为东北亚的共同发展发挥积极作用。

（一）推动东北地区经济增长

东北地区在2003—2012年间，经济稳定且高速增长，但从2013年开始出现了经济下行的状况，经济增长速度低于全国平均水平，经济状况不容乐观。中日韩自由贸易区的设立，可有效降低区域内国际市场交易成本，推动东北亚区域经济一体化进程，提振东北地区的经济活力。

由经济发展规律可知，分工和专业化对经济发展起到了相当大的作用，但国际分工的发展会带来专业化经济与交易成本之间的冲突，比起国内市场，这些都要增加额外交易成本。东北亚国家之间寻求更加紧密的合作直至实现一体化组织是为了让一体化成本低于交易成本，从而更好地利用国际市场促进本国的经济发展，中日韩自由贸易区的设立将会有效地降低国际交易成本，加速东北地区与周边国家和地区的交流合作，包括引进资金、技术以及产品输出等，有利于东北地区产业结构的调整和优化、化解过剩产能，从而有效缓解东北地区经济下行的态势，推动经济的增长。

（二）提高东北地区进出口贸易水平

东北地区经济发展滞后不仅表现在经济增长乏力、市场化水平低，还体现在东北地区对外开放水平低。东北三省的对外贸易依存度长期低于全国的平均水平，不仅反映出东北地区进出口贸易的低水平化，也意味着东北地区参与国际市场的竞争力薄弱以及参与国际市场分工程度低下。东北地区主要进口国家依次为俄罗斯、沙特阿拉伯、泰国；主要出口国家依次为新加坡、马来西亚、印度尼西亚；进出口总额最大的依次为俄罗斯、新加坡、马来西亚。由此可见，与东北地区合作最深入的国家是俄罗斯、新加坡和马来西亚，与日韩的贸易往来较少。从进出口结构来看，近年来，东北地区进口机电产品、原油、汽车零配件占据前三位，农产品与高新技术产品紧随其后；出口机电产品、农产品、高新技术产品以及钢材较多。其中，机电产品是东北地区主要的进出口商品，主要进口技术和资源密集型产品，主要出口技术和劳动密集型产品。东北地区与日韩禀赋各异，经济互补性较强，中日韩自贸区的设立，将大幅增加东北地区与日韩的经贸合作，增加东北地区的外贸进出口额度，并有效改善贸易结构，推动东北产业结构的转型升级。

（三）加强与国际合作交流

随着中日韩自由贸易区谈判的推进，东北地区将不断加强参与国际合作。首先，推进中日韩自由贸易区建设，将推动国际大通道建设，为东北地区对外交流合作提供便利；其次，有利于推进跨境经济合作园区创新发展，对于探索跨境经济合作区的运营模式、管理体制机制与多层次跨境协调机制具有重要意义；最后，有利于推进东北地区与其他第三方国家地区的经济交流与合作，实现优势互补，加快形成跨国产业链，能够有效地化解东北地区产能过剩的问题。

二、美国贸易保护主义促使东北亚寻求深入合作

特朗普政府以单边利益为出发点，以美国国内规则与标准作为衡量基准，要求各国营造与美国相近的市场竞争环境。特朗普政府将美国的巨额贸易逆差与伙伴国的"不公平贸易"相挂钩，以此为由接连挑起贸易争端，意在通过伙伴国增加进口或限制出口的方式，降低美国调整贸易逆差的成本，导致美国与贸易伙伴间摩擦愈演愈烈。

在具体实践层面，特朗普政府对"不公平贸易"的界定更加泛化。在实施"反倾销""反补贴"措施外，特朗普政府频繁对多种产品征收高额关税，使其贸易伙伴遭受不同程度利益损失。对以制造业为主体的中日韩而言，这一冲击更为巨大。2018年1月，特朗普政府对太阳能电池板和洗衣机采取保障性措施，基于201条款对相关产品征收最高50%的保护性关税；

3月，美国又以威胁国家安全为由，启动钢铁、铝制品232调查，对进口产品分别加征25%、10%关税。受此影响，根据联合国商品贸易数据库统计，2018年日本对美出口钢铁、铝制品、洗衣机较2017年分别减少9.9%、8%、42.9%，韩国对美出口洗衣机同比减少44.3%。此外，特朗普政府通过双边谈判，针对不同国家采取差异化贸易攻势，导致中日韩对美贸易下行压力加大。

随着中美经贸关系的快速发展，双边贸易摩擦也呈现日益加剧的趋势，贸易不平衡、对华反倾销等问题构成了中美贸易摩擦的主要内容。中国是韩国的第一大贸易伙伴，韩国也是全世界对华贸易顺差最大的国家。韩国对华出口的产品绝大多数是中间产品，很多是经过中方再加工后销往美国，韩国极易受到中美贸易摩擦的"伤害"。除了韩国，被中美贸易摩擦殃及的还有日本。由于来自中国的半导体生产设备和汽车零部件订单减少，日本对最大贸易伙伴国——中国的出口同比下降10%左右。由于美国贸易保护主义、单边主义的影响，全球经济付出了沉重的代价，2019年全球经济增速达到2010年以来最低的水平。

东北亚国家尤其是中日韩三国都是自由贸易和多边主义的推动者和受益者，东北亚国家理应加强合作，推动中日韩自贸区协定谈判进程，共同维护来之不易的全球自由贸易体系以及以规则为基础的多边贸易体制，创造出更加开放包容的经贸投资合作环境。东北亚一体化成本高于利用本地区市场所付出的交易成本，除了难以在短期内克服的政治成本外，东北亚国家内部的阻碍因素不容忽视，东北亚国家期望通过政治、经济制度改革来弥补各自的缺陷，以期在今后的合作中处于有利地位。

当前，东北亚局势整体向好，为加强区域合作创造了更加有利的条件。所以，东北亚国家都在寻求经济体制改革，以形成开放、透明和国际化的商品、服务、劳动力、房地产、金融和财政等各方市场。这必将推动东北地区深度融入东北亚区域一体化的进程，对东北亚区域经济格局的调整带来新的机遇。

三、全球供应链深度调整促进东北产业升级

全球价值链已成为世界经济发展的重要特征，将为世界各国开辟增长、竞争力和就业的新前景。近年来，全球供应链调整在东北亚表现明显，由于国际贸易日益紧密，价值链不断向两头延伸，东北亚各国面临着从产业内分工向产品内分工竞争的转变；基于价值链分工的内在关系从依赖性的合作关系逐步向更有活力的竞争关系转变。

在全球价值链背景下，我国东北地区在装备制造业、现代农业、能源、生态环境保护、管理技术、新技术开发等方面的优势将进一步发挥，延长上下游链条，主动对接东北亚各国的产业。通过招商引资，吸引日本、韩国高端制造和服务业到东北地区特别是辽宁自贸区注册，加强产业合作，推动优势互补。进一步吸引日本、韩国等国优质产品和服务进入东北地区市场，推动"旅游+医疗+养老"领域发展。加强"一带一路"与"欧亚倡议"合作与对接，以"大众创业，万众创新"与韩国"创造型经济"对接，以"中国制造2025"与韩国"制造业革新3.0"对接，深度挖掘东北地区与东北亚其他国家的经贸合作潜力。积极参与中日韩FTA建设，从地缘优势及要素互补视角扩大合作。

此外，便利化措施有助于通过压缩贸易成本，减少延误和降低不确定性，提高一国参与全球价值链的水平。因此，全球供应链调整将促使东北地区积极参与东北亚区域经济一体化，改善区域整体的基础设施建设，提高物流效率，打通阻碍本地区供应链连接的阻塞点，提高区域互联互通水平，提升自身制造业全球价值链参与度。在全球价值链中，服务深入到生产的每一个环节，对货物贸易的贡献十分显著。然而东北地区服务业市场的开放水平还待进一步提升。因此，将进一步推动东北地区电信、金融、供应链管理和物流等影响全球价值链布局的部门开放，使其能够为制造业企业更深层次融入全球价值链提供高效优质的服务。

全球供应链的调整，是东北振兴的一次重要机遇，未来供应链调整是要靠企业力量来推动。东北地区将通过改善营商环境，推动企业成为东北

亚供应链调整的主力军，参与全球分工和全球供应链调整的将在创新方面要取得新的进展，制造和服务融合、货物贸易和服务贸易相融合将为东北振兴创造重要增长点和新的领域。

第九章

东北振兴中的对外开放新前沿建设

东北振兴与周边国家地区的次区域经济合作

第一节　东北地区参与次区域经济合作的现状

东北地区在地缘上与蒙古国、朝鲜、俄罗斯接壤，与日本、韩国相近，近年来在经济合作过程中，已经形成了图们江地区、环日本海经济区、环黄渤海经济区等次区域，合作领域主要涵盖贸易、投资等方面。

一、次区域发展合作现状

（一）东北地区参与图们江地区合作现状

早在1992年，在中国、朝鲜、韩国、俄罗斯和蒙古国的共同参与下，联合国开发计划署制订了图们江地区发展规划，旨在对图们江沿岸进行开发。我国政府先后于1992年和1999年制定了有关图们江区域开发的规划，有力地推动了图们江区域的开发。

长吉图地区是我国面向图们江区域开发开放的重要载体，是沿边对外开发开放的先行区。2009年8月，《中国图们江区域合作开发规划纲要——以长吉图为开发开放先导区》获得了国务院的批复，有力地推动了我国东北地区参与图们江地区合作进程。2012年4月，国务院批准在吉林省珲春市设立"中国图们江区域（珲春）国际合作示范区"，这对推动我国东北地区与周边国家，特别是与朝鲜、俄罗斯的经贸合作具有重要作用。与此同时，国务院又专门出台《关于支持中国图们江区域（珲春）国际合作示范区建设的若干意见》，明确提出了示范区的战略定位、发展目标等内容。2015年5月，中共中央、国务院出台《关于构建开放型经济新体制的若干意见》中将"推进大湄公河、中亚、图们江、泛北部湾等次区域合作"作为构建多双边、全方位经贸合作新格局的重要内容。2018年5月，科技部批准吉林省建设长吉图国家科技成果转移转化示范区，以支撑以长吉图为开发开放先导区的图们江区域合作开发，加快推动新一轮东北老工业基地振兴发展。

20多年来，我国东北地区参与图们江地区合作不断深入，特别是作为东北地区参与图们江地区合作的主要省份——吉林省，大力实施长吉图开发开放战略，全力推动吉林开放发展，在国家部委的大力支持下，各项工作都取得了明显成效。长吉图开发开放先导区建设不断推进、产业结构不断优化、与东北亚各国经贸往来不断加强、与周边国家互联互通大通道不断完善、基础设施承载能力不断增强、各级各类开放合作平台相继设立、多层次交流与合作日益频繁，在"一带一路"、沿边开发开放以及新一轮东北老工业基地振兴中起到了突出的作用。例如，为促进图们江地区经贸往来，位于图们江区域中心支点位置的吉林省延边朝鲜族自治州不断推进对外通道建设，先后开通了多条跨国航线，如延吉至韩国清州、延吉至俄罗斯符拉迪沃斯托克等。

（二）东北地区参与环日本海经济区合作现状

日本海为公海，是西北太平洋最大的边缘海，面积约为100万平方千米，拥有丰富的海洋和矿藏资源。广义的环日本海国家，囊括所有的东北亚国家。而环日本海经济区合作，主要包括日本的西北部、韩国的东部、朝鲜、中国的东北、俄罗斯的远东，这一区域面积为800多万平方千米，人口约为3亿。

早在2002年，中日韩俄蒙五国就设计了"东北亚运送走廊"构想，在经过几年的商量之后，中日韩俄四国于2007年共同召开国际渡轮五城市高峰会，并签署了协议。2008年，四国跨国陆海联运"黄金航线"成功试航，这是我国东北地区第一条横贯日本海直达日本西海岸的航线。这条航线的开通，对促进环日本海经济区人流、物流的形成，加大东北亚地区各国之间的进一步交流合作具有重要意义。

多年来，我国东北地区立足自身优势，不断深化环日本海经济区合作，特别是环日本海的据点城市——延吉、珲春和图们，在推进跨区域经贸合作方面取得了巨大成效。以延边为例，延边立足图们江，充分依托沿边通海优势，全力畅通对外通道，加快开放平台建设，不断深化国际的交流与合作。特别是与环日本海各据点城市在开辟陆海联运航线、发展现代物流、深化人文交流和跨国旅游发展等方面均取得了丰硕成果，为推动区域共同发展奠定了坚实基础。

（三）东北地区参与环黄渤海经济区合作现状

环黄渤海经济区包括我国的黄渤海地区，日本的九州北部、山本地区和韩国的东南部地区。

2002年10月，在韩国仁川举办的市长会议上，成立了"东亚（环黄海）10城市会议"研究部会，该部会的主要任务是制定环黄渤海地区的共同发展计划和重点发展领域。我国环渤海经济圈的大连等城市作为10城市会议成员，与其他会议成员共同研究、探讨环黄渤海地区的共同发展计划和重点发展领域。2006年4月，在环渤海地区经济联合市长联席会第十二次会议上，大连、沈阳等32个环渤海城市市长共同签署了"天津倡议"，表示我国东北地区参与环黄渤海经济区合作进入了一个新的阶段。

二、贸易合作现状

自东北振兴战略实施以来，东北地区对外贸易取得了长足的进展。2018年，东北地区对外贸易总额达到10656.1亿元，其中出口总额3834.71亿元，进口总额6821.68亿元；黑龙江、吉林、辽宁三省的外贸总额分别为1747.4亿美元、1362.8亿美元、7545.9亿美元。近年来，东北地区在参与次区域经济合作过程中，与周边国家地区建立了良好的经贸关系，随着我国新一轮东北振兴战略和东北亚区域战略的实施，东北地区与周边各国（地区）的经贸关系将更加密切。

（一）东北地区与日本的贸易合作现状

近年来，受钓鱼岛等事件和历史遗留问题的影响，东北地区和日本的贸易合作进程受阻。以辽宁省为例，日本是辽宁的第一大贸易伙伴，2012—2017年间，辽宁对日本的贸易呈现波动趋势：进出口总额在2014年出现负增长,一直到 2016 年才出现复苏迹象(如图 9-1 所示)。2017 年,辽宁省与日本的进出口总额达 145.40 亿美元,其中,对日本出口总额为 88.60 亿美元,占辽宁省出口总额的 25.31%,远高于全国 6.06% 的比例。同时,从图 9-1 中可以看出,2012 年到 2017 年间,辽宁省对日本贸易始终是顺差,这说明日本对辽宁的商品有较强的依赖性。2017 年,吉林省与日本的进出口总额为 18.22 亿美元,占吉林省进出口总额的 9.59%,高于全国 7.38% 的比例。黑龙江省与日本的贸易额也有所增加,双边进出口总额由 2016 年的 3.80 亿美元上升至 4.32 亿美元,同比增长 13.92%。

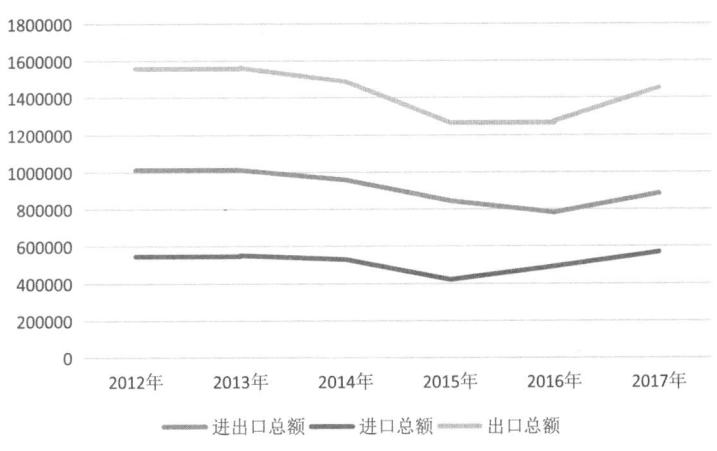

图 9-1 2012—2017 年辽宁与日本进出口贸易(单位:万美元)

从商品贸易结构来看,东北地区向日本出口的产品以传统优势产业产品为主,主要包括原油、木材及木制品、纺织纱线及制品、农产品以及汽车零部件、机电产品等商品,受地震和核辐射的影响,日本对建筑材料、农产品等商品产生了巨大需求;而日本向东北地区出口的产品以化工产品、机电产品等为主,主要包括汽车、发动机及零件、电子管、金属加工机床等商品。

(二)东北地区与韩国的贸易合作现状

近年来,随着中韩合作机制日趋完善,我国东北地区与韩国的贸易往来也日趋活跃。2017 年,辽宁省与韩国的进出口总额接近百亿美元,为 99.9998 亿美元,占辽宁省进出口总额的 10.06%,其中对韩出口总额为50.54亿美元，进口总额为49.46亿美元。吉林省与韩国进出口贸易总额为8.26亿美元，其中对韩国出口总额为5.33亿美元，进口总额为2.92亿美元，贸易顺差较大。黑龙江省与韩国的进出口贸易总额为1.93亿美元，其中对韩国的出口总额为1.19亿美元，进口总额为0.74亿美元（如图9-2所示）。

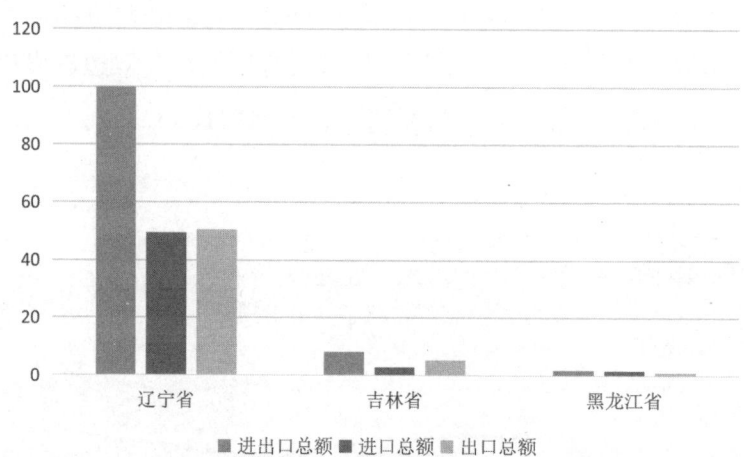

图9-2　2017年东北地区与韩国进出口贸易（单位：亿美元）

从商品贸易结构来看，东北地区向韩国出口的产品以农副产品、机电产品、服装等传统产品为主，而韩国向东北地区出口的产业主要以机电产品为主。

（三）东北地区与蒙古国的贸易合作现状

近年来，随着我国"一带一路"建设推进和蒙古国经济体制转型，中蒙两国之间的联系日益密切，我国东北地区经济发展对蒙古国的影响日益显著，两国经贸领域合作发展迅速。蒙古国将成为我国东北地区发展对外贸易最具潜力的国家之一。辽宁省积极建设"辽蒙欧"国际大通道，并与蒙古国开展经贸合作，目前已与蒙古国的苏赫巴托尔省等地区建立了友好合作关系。吉林省紧抓中蒙俄经济走廊和蒙古国"发展之路"机遇，加快推动与蒙古国的经贸合作。2018年5月，吉林省与蒙古国中央省签署建立友好关系协议书，其目的在于充分依托双方优势，不断扩大高铁、汽车、能源等领域的经贸合作。黑龙江省与蒙古国的贸易合作在全国处于领先的地位，2017年，黑龙江省与蒙古国的对外贸易总额达到0.93亿美元，同比增长23.13%。

从商品贸易结构来看，东北地区向蒙古国进口的产品以畜牧产品和原材料产品为主，向蒙古国出口的产品主要以日用品为主。

（四）东北地区与俄罗斯的贸易合作现状

东北地区与俄罗斯贸易合作在近几年有了长足的发展。2017年，黑龙江省与俄罗斯的进出口贸易总额达到了109.88亿美元，比2016年增长了19.54%。其中，进口总额为93.77亿美元，比2016年增长了25.16%；出口总额为16.11亿美元，比2016年减少了5.25%，贸易逆差明显。吉林省与俄罗斯的进出口贸易为5.77亿美元，其中进出口总额分别为4.04亿美元、1.73亿美元。辽宁省与俄罗斯的进出口贸易为41.21亿美元，其中进出口总额分别为31.97亿美元、9.24亿美元。

从商品贸易结构来看，东北地区向俄罗斯出口的产品以机电、纺织、鞋帽等产品为主，从俄罗斯进口的产品主要是基于资源的产品，如矿物燃料、木制品、金属制品等。基于我国东北地区与俄罗斯在经济结构上的互补性，目前中俄双方已经建立起较为成熟的战略合作伙伴关系，东北地区与俄罗斯的合作领域正在逐步拓展。

（五）东北地区与朝鲜的贸易合作现状

自2000年朝鲜实施改革以来，我国东北地区与朝鲜的贸易合作进入了高速发展阶段，在中朝合作中占据了重要的地位。朝鲜的石油、汽油、焦炭、粮食、食用油、日用百货、家用电器等几乎均从我国进口，而约80%的交易是通过东北口岸进行的，辽宁省丹东市就占了60%左右。朝鲜是吉林省的重要贸易伙伴，近年来一直居前五位。朝鲜的铁矿砂、煤炭有力地支撑了吉林的钢铁生产。

三、投资合作现状

在"一带一路"建设背景下，我国东北地区充分依托自身优势与发展基础，积极参与次区域投资合作，正逐步与周边国家建立良好的投资合作关系。

（一）东北地区与日本的投资合作现状

日本是我国东北地区最大的投资国之一，日本一直位于我国东北地区外商投资国的前列。截至目前，辽宁省已累计批准日本投资企业超过7000家，累计利用日资达240亿美元，占东北地区90%以上。从投资领域来看，主要涉及高端装备制造、医药、新能源等产业，这对提升辽宁省主导产业、先进制造业和现代服务业的竞争力，进一步优化产业结构意义重大。日本是吉林省非常重要的投资伙伴。近年来，吉林与日本交流合作成果显著，日本一批世界五百强企业相继在吉林落户。截至2019年6月，黑龙江省累计批准日本项目827个，合同外资6.85亿美元，实际利用外资7.18亿美元；黑龙江省企业对日本备案设立4家企业，备案投资额71.04万美元，主要从事旅游业务，同时在日本设立4家办事处，主要是外派劳务公司设置在外的服务机构。

（二）东北地区与韩国的投资合作现状

韩国也是我国东北地区最大的投资国之一，也一直位于我国东北地区外商投资国的前列。自中韩建交以来，韩国对辽宁省的投资额不断增长，在辽宁省的投资项目不断增加，韩国企业在辽宁省的投资领域不断拓宽，从最初以劳动密集型产业投资逐步扩展至以技术密集型产业投资为主，现如今已经涉及机械制造业、房地产业、旅游业等。韩国对吉林省的投资也在不断增加，截至2015年6月，在吉林省投资的韩国企业达到615家，累计直接利用外资17.2亿美元，投资领域涉及汽车零部件制造、钢铁制造、农副产品加工等行业。在中韩两国关系不断发展的背景下，黑龙江省与韩国企业间合作具有广阔的空间。截至2016年底，黑龙江省累计实际使用韩资17.9亿美元，韩国企业投资领域主要涵盖食品加工、高新技术、加工制造、旅游、养老养生、商贸物流等。

（三）东北地区与蒙古国的投资合作现状

我国东北地区的对外投资水平相对较低，对东北亚国家（地区）的投资主要集中在俄罗斯、朝鲜、蒙古国等国家。近年来，我国东北地区与蒙古国的投资合作处于快速发展阶段，蒙古国与我国东北地区的经贸、人员往来明显增多，我国举办的东北亚博览会也成为蒙古国参与东北亚合作的重要平台。目前，蒙古国正在加快矿产资源的开发力度并积极推进市场化，同时规划建设铁路、公路等交通基础设施，以期与我国东北地区及东北亚国家（地区）进行投资合作。我国东北地区也紧抓中蒙俄经济走廊建设等历史机遇，以农、林、矿等资源开发合作为基础，加快推动与蒙古国的投资合作。

（四）东北地区与俄罗斯的投资合作现状

近年来，随着我国东北地区与俄罗斯的关系日益密切，东北地区与俄罗斯的投资合作逐步加深。作为我国对俄投资合作的第一大省，黑龙江省对俄投资规模不断扩大，截至2017年底，黑龙江省在俄罗斯投资项目674个，对俄非金融类直接投资存量为29.79亿美元。黑龙江省多年推进的对俄大项目相继建成，如阿穆尔州年产60万吨水泥厂项目已投产运营；还有一些项目处于开工建设阶段，如梦兰星河阿穆尔—黑河边境油品储运与炼化综合体项目等。此外，自1996年以来，黑龙江省在俄罗斯相继推动建设了18个境外产业园区。随着"一带一路"倡议的推进，设立境外产业园成为中俄资本成功运营的象征。近几年，吉林省对俄合作步入新阶段，俄罗斯已经成为吉林省首要境外投资国，吉林省也逐渐成为俄罗斯民众赴华旅游的重要目的地。辽宁省与俄罗斯具有良好的合作关系，近年来双方在投资领域的合作呈现上升趋势。在产能合作方面，辽宁省目前正在投资建设俄罗斯巴什科尔托斯坦共和国石油转机产业园区。

（五）东北地区与朝鲜的投资合作现状

近年来，朝鲜积极推动经济改革，大力吸引外资企业。目前，依托朝鲜资源丰富的优势，我国东北地区企业对朝鲜的投资主要集中在平壤、罗先等地的铁路、重工业，而朝鲜对我国东北地区的投资领域主要包括日用品以及餐饮服务业。

四、平台建设现状

为了深化拓展我国东北地区与周边国家（地区）的次区域经济合作，东北地区积极建设高标准、高水平的经贸合作平台，如积极参与举办"东北亚经济论坛"等论坛，主办"东北亚博览会"等博览会以及召开各种推介会。

（一）积极参与举办"东北亚经济论坛"

一直以来，我国政府高度重视与周边国家地区的次区域经济合作，连续多年举办了高水平的"东北亚经济论坛"，主要研究、探讨了我国东北地区发展和东北亚区域经济合作热点问题。我国东北地区积极参与举办"东北亚经济论坛"，意在为自身发展和参与次区域经济合作寻求助力。2019东北亚经济论坛在辽宁省葫芦岛市举办，来自中国、日本、韩国、蒙古等国家（地区）的政府部门、企业界、科研机构和高等院校的专家学者参加了本次论坛。通过深入探讨新时代东北振兴与区域合作热点问题，为新时代东北振兴和辽宁实现高质量发展注入了力量，同时也为进一步促进东北地区参与次区域经济合作奠定了基础。

（二）主办"东北亚博览会"

在"东北亚经济论坛"的基础上，吉林省政府申请举办东北亚博览会，通过搭建一个高层次、具有权威性和社会影响力的经济技术合作与贸易平台，进一步推进各国之间的交流与合作。截至目前，东北亚博览会已成功举办了12届。该博览会对扩大吉林省对外开放、全面振兴东北老工业基地以及促进东北亚区域合作具有积极的推动作用。2019年举办的东北亚博览会的亮点之一是举办首届中日韩企业家峰会，主要围绕智能网联汽车供应链、医疗器械及先进装备、新材料等领域，构建吉林省企业与日韩先进制造业交流对接与合作平台，进一步深化吉林与日韩经贸合作。

（三）召开推介会

近年来，我国东北地区还积极举办各种推介会，助力东北亚区域经济合作。例如，2015年3月，为深化拓展黑龙江省与韩国的交流合作，进一步增强东北亚区域的发展竞争力,在韩国首尔举办了2015黑龙江—韩国经贸合作推介会。会上,中韩企业在食品加工、加工制造、高新技术、商贸物流、旅游、养老养生等领域进行了洽谈。2018年5月,辽宁省政府和日本贸易振兴机构共同主办了辽宁省投资贸易推介会,旨在让更多的日本企业深入了解辽宁省的投资环境和发展机遇,进一步深化拓展辽宁省与日本的经贸交流和投资合作。2019年11月,辽宁省在"进博会"期间举办了辽宁—东北亚招商推介会,邀请了日本、韩国、俄罗斯和蒙古国等境外客商到会进行洽谈。

第二节 东北地区参与次区域经济合作的优势与阻碍

当前,国内新一轮高水平对外开放纵深推进,东北亚区域经济合作不断深化,次区域经济合作快速发展,区域经济合作效益越发显著。东北地区不仅是中国面向东北亚地区开放的主要门户和重要区域,而且是"图们江经济开发区""环黄渤海经济区""环日本海经济区"三个次区域经济合作的重要组成部分,在推动东北亚经济区域一体化过程中发挥了重要作用。但由于东北亚相关国家政治制度不同、经济发展水平差异较大、地缘政治格局复杂,使得东北地区参与次区域经济合作遭受严重阻碍,在一定程度上延缓了东北亚区域经济一体化的顺利推进。

一、东北地区参与次区域经济合作的优势

东北地区处于东北亚核心地带,是我国参与东北亚区域合作战略的重点地区。从历史上来看,东北地区始终保持着与周边东北亚国家的经贸合

作、文化交流等活动,为新时期东北参与东北亚次区域经济合作奠定良好基础。与此同时,东北地区作为国内最大的重工业基地,依托其丰富的资源禀赋、优越的地理位置以及良好的生态环境,形成了较为扎实、富有特色的产业发展结构,具有参与次区域经济合作的重要产业基础条件。

(一)东北地区是中国与其他东北亚国家合作的重要桥梁

东北地区位于中国东北部,与俄罗斯、蒙古、日本、韩国、朝鲜等东北亚国家地理相近、交通相通、文化相融,具有参与次区域经济合作的重要优势条件。

1. 地理位置优势

东北地区沿海沿边,具有参与东北亚地区次区域经济合作的天然地理优势。整个东北地区位于中国东北部,北与俄罗斯、蒙古、朝鲜陆路接壤,东与日本、韩国隔海相望,具有沿海、沿边优势,是我国面向东北亚经济文化交流的重要门户。其中,辽宁省濒临黄海和渤海,拥有丹东、大连等优良港口,是通向日本、韩国的重要贸易通道。吉林省不仅与俄国、朝鲜陆路相通,而且由图们江经过日本海直达日本和韩国。黑龙江省主要与俄罗斯接壤,从古至今经贸合作与人员交流都较为密切。东北地区得天独厚的地理位置优势为其参与东北亚区域经济合作奠定了良好的基础条件。

2. 交通条件优势

东北地区交通内外通达,为参与东北亚地区次区域经济合作提供便利条件。在内部交通体系建设方面,多年来,东北地区紧紧抓住东北振兴战略,加快交通运输基础设施建设,形成了包含公路、铁路、水运、航空、管道等服务功能健全的立体化交通基础设施网络,为东北地区开展货物、服务贸易提供了多种进出渠道,使得东北地区参与东北亚经济合作得到了极大的便利。在外部交通体系建设方面,东北地区已经开通了直达国内各主要机场的航线和日、韩、俄、美等国际航线,建立了通达国内港口及世界160多个国家和地区的海上运输网络,"辽满欧""辽蒙欧""辽海欧"等国际综合运输大通道建设也已取得突破,为东北地区与多个东北亚国家开展经贸合作提供了便利条件。

3. 文化交流优势

东北地区与东北亚国家人文相通，具有参与次区域经济合作的文化基础。东北地区与东北亚国家地缘相近，为文化理念、文化习惯、文化空间相通提供了基础条件。在古代历史上，东北地区与俄罗斯、朝鲜、韩国、日本等国家的边境贸易和文化交流齐头并进，形成悠久的文化交往历史，极大地带动了中国东北地区工业、商业及文化事业的发展。东北地区与俄罗斯在古代历史上主要以战争为背景推进商队私人贸易与文化交流，尤其是蒙元时期，两国以战争的形式创造了欧亚大陆的"和平"，打通了欧亚大陆的东西界限和南北界限，推动东西方文明连成一体，相互融通，两国在军事、技术、制度、文化等方面得到了极大提升。东北地区与韩国、日本等地都受儒家文化影响，在文化层面各国间都彼此认同，有利于各国间开展经济往来与贸易合作。近年来，在"一带一路"纵深推进的驱动下，东北三省积极加强与东北亚地区各个国家的人文交流合作，开展了东北亚文化艺术博览会、东北亚文化经济论坛、东北亚文化旅游美食节等一系列文化交流活动。东北地区成为担当中国与东北亚国家社会文化交流的重要桥梁，为东北地区参与次区域经济合作提供强力支撑。

4. 国家战略交汇优势

新中国成立以来，中国东北地区就在不同时期承担着国家赋予的各项历史使命。近年来，东北振兴战略、"一带一路"倡议、中日韩自贸区谈判、中蒙俄经济走廊等无不在东北地区交汇聚集。对内而言，2016年《中共中央 国务院关于全面振兴东北地区等老工业基地的若干意见》正式对外发布，拉开了新一轮东北振兴战略的大幕，在战略的指引下，新一轮东北振兴取得积极进展。对外而言，第一，"一带一路"倡议为东北地区参与次区域经济合作疏通了道路。目前，东北亚地区的经济合作存在很多层面，在许多领域都与"一带一路"倡议存在契合点，东北亚各国都表达了对加强区域合作的强烈愿望。韩国提出了"新南方政策"和"新北方政策"，分别与"21世纪海上丝绸之路"和"陆上丝绸之路"相对应。俄罗斯提出了远东发展计划，努力提升远东地区的区域经济合作。第二，当前国际关系出现新变化,建设中日韩自贸区呈现积极面貌。2019年12月24日,中日韩领导人会议在四川成都举行,会议发表了《中日韩合作未来十年展望》,通过了"中日韩+X"早期收获项目清单等成果文件,三国领导人在诸多议题上达成广泛共识,这些共识的形成为中日韩共同推进东北亚区域合作提供了重大转机。第三,建设中蒙俄经济走廊步伐加快。中蒙俄三国已于2016年6月签署了《建设中蒙俄经济走廊规划纲要》,将重点合作共建一批交通基础设施项目。此后,三方通过会议会展、论坛等方式加深经贸合作交流,为中蒙俄经济走廊的建设提档升级,也为东北地区参与次区域经济合作带来新动力。

(二)东北地区与其他东北亚国家具有良好的经贸合作基础

东北地区与其他东北亚国家具有良好的经贸合作基础。2010年,东北地区以沿海、沿边开放和边境繁荣为标志的对外开放继续得到深化,出现了对外贸易高速增长,利用外资跳跃式攀升,经济社会整体大发展的强劲势头。此后,随着中国东北振兴战略和深入推进和对外开放的不断深入,推动东北地区不断深化与周边地区的经贸合作,与东北亚各国之间的经贸关系更加紧密。

1. 东北亚是东北地区外资重要来源地

在实际利用外资方面,东北亚是中国东北地区相对较为稳定的投资来源地。第一,辽宁省是日本企业在中国投资最早的省份之一,截至2019年4月,日本在辽宁累计投资企业超过7000家,投资额达240亿美元。除中国香港外,日本是辽宁省实际利用外资的最大来源国,2017年辽宁省实际利用外资2.9亿美元,同比增长16.7%。随着中日关系呈现新气象,2019年一季度,日本诸多世界五百强企业和优质知名企业相继与辽宁开展高端装备制造、生物医药、新能源等领域的项目合作,有助于辽宁省产业集聚发展壮大,并为产业转型升级奠定了良好的资本、技术、人力基础。近年来,辽宁省与韩国不断加大产业合作力度,合作范围拓展至新能源汽车、港航物流、交通、金融、旅游等诸多领域,吸引大批韩国企业纷纷对辽宁省进行投资,2019年1月至4月,韩国在辽宁省实际投资约4621万美元,同比增长920.1%。2018年，辽宁省全力推进招商引资工程，在俄罗斯举行了一系列推介和经贸活动，中俄粮食走廊等一批重大项目落地辽宁，吸引了诸多俄罗斯企业在辽宁省进行投资。

第二，吉林省与韩国的经济交流占比并不大，截至2017年，韩国累计对吉林省投资额约为12亿美元。但当前吉林省与韩国的经贸合作正面临新契机，吉林省作为"一带一路"面向东北亚的重要窗口，作为连接俄罗斯、蒙古、欧洲地区的交通枢纽之一，拥有长吉图开发开放先导区这一重要对外开放平台，必将吸引更多有实力的韩国企业积极参与与吉林省对外开放建设，扩展两地交流，增进合作。多年来，日本企业积极在吉林省投资兴业，近年来，诸多日本新型业态企业入驻吉林高新区，为区内产业转型升级提供重要助力，例如位于吉林市高新区的吉林智明创发软件有限公司，是一家以海外软件外包及IT技术服务为主营业务的日本全资子公司，2018年实现离岸外包业务210万美元，成为推动吉林市服务贸易发展的典型代表之一。

2. 中国东北是东北亚国家贸易往来较为频繁的地区

中国东北地区地处东北亚经济圈中心地位，与周边各国或地区有着较为长久和紧密的经贸合作。

第一，日本长期以来是东北地区对外贸易的主要伙伴，其进出口贸易额始终处于东北亚各国的首位。2018年，辽宁省对日本进出口贸易额达160.5亿美元，同比增长9.5%；2019年前三季度，辽宁省新增日本投资企业同比增长5.2%，两地合作呈现良好的发展势头。当前，在中日两国推动构建契合新时代要求关系的背景下，辽宁省积极探索双方创新合作模式，规划建设中日经济合作产业园，打造中日开放合作重要平台，并重点围绕高端装备、新材料、大数据等领域与日本企业进行精准对接，不断加强双方合作力度。

第二，黑龙江是国家沿边开放大省，与俄罗斯的经贸往来由来已久。2018年，黑龙江省对俄罗斯进出口总值为1220.6亿元人民币，同比增长64.7%，占全国对俄罗斯进出口总值的17.3%。按细分来看，黑龙江省对俄出口农产品、机电产品、鞋类均超过 10 亿元，占对俄出口总值的 74.1%，2018 年高新技术产业出口俄罗斯成为两国贸易往来的亮点，同比增长 1.4 倍。黑龙江省从俄进口主要是原油，占同期全省自俄进口额的 82.4%。

第三，中国东北地区是韩国对外贸易合作的主要发展对象，尤其是韩国企业，近年来普遍将中国东北地区作为其最大的海外投资对象，同时，韩国也是我国东北地区对外贸易的主要国家。2018 年，黑龙江省对韩国进出口贸易总额达 2.38 亿美元，同比增长 22.9%，经贸往来拓展到汽车、建材、农产品、集成电路等诸多领域。尤其是，得益于黑龙江独特的经济发展基础和资源禀赋条件，吸引了大批韩国知名企业投资黑龙江的制造业、文化、体育和娱乐业，农、林、牧、渔业等项目，为推动中韩两国经贸往来发挥了重要作用。

第四，中国连续多年都是蒙古国最大的贸易伙伴国和最主要出口对象国。2019 年上半年，中国与蒙古国双边贸易额达 45.0 亿美元，同比增长 5.1%，占蒙古国对外贸易总额的 66%。蒙古国对中国出口总额与进口总额比约为 4∶1，顺差高达 26.4 亿美元，可见蒙古国对中国市场的依赖之深。2018 年，黑龙江省与蒙古国之间的贸易额达到 1.5 亿美元，近三年平均每年递增约 40%。随着"一带一路"倡议的深入推进以及蒙古国"发展之路"倡议的有效推进，黑龙江省与蒙古国的经贸关系将更加紧密，合作前景更加广阔。

3. 东北亚地区是东北企业"走出去"的重点地区

东北地区为加快企业"走出去"，纷纷在东北亚国家建立境外园区，推动重大项目合作，加快东北地区企业"走出去"步伐。辽宁省近年来致力于通过在东北亚国家布局建设经贸合作园区，依靠政府、银行、保险等各方主体联手，在产业对接、设施联通、人文相通等方面形成重要合力，带动中小企业抱团儿合作走出去。同时，也积极推进了面向东北亚国家的第三方市场合作。吉林省将建设境外经贸合作园区，作为指导东北地区企业走出去工作的重点，在俄远东地区、蒙古国、朝鲜等国家和地区培育和建设一批海外经贸合作园区，充分发挥产业集群和投资规模效应，带动一批中小企业"抱团出海"。黑龙江自 1996 年以来，在俄罗斯相继建设了多个涉及农业、加工业的境外产业园，包括乌苏里斯克经济贸易合作区、滨海边疆区现代农业经济合作区和俄罗斯龙跃林业经贸合作区三个国家级境外园区，通过境外园区这一平台，助力黑龙江省农业、林业、矿产、能源等大批相关企业"走出去"。

（三）东北地区已具备与其他东北亚国家合作的优势产业基础

东北地区具有丰富的自然资源禀赋，具有发展农业与旅游业的天然优势。同时，东北地区与日本毗邻，拥有当时较为先进的工业发展条件，因此，新中国成立以来，东北地区成为中国推进工业化进程的重要区域之一，同时也极大地推动了东北地区的工业化进程。

1. 厚实的重工业基础成为工业转型升级的重要载体，为东北地区参与次区域经济合作奠定工业合作基础

由于东北地区紧邻苏联、毗邻日本，同时拥有丰富的资源优势和完善的交通网络，因此，自新中国成立以来，国家便将许多重工业建设项目安排在东北地区，促使东北地区形成完整的工业体系，推动其成为全国最重要的重工业基地，产业技术基础扎实，产业聚集度高，辐射区域广，装备制造业特别是重大装备制造业，曾经为中国做出很大贡献。沈飞、大连造船厂、哈尔滨第一机械集团、渤船重工、鞍山钢铁、长春一汽等军工、高端装备制造在全国位数前列。从红旗轿车放眼白山黑水，东北地区创造了太多的新中国"第一"，第一座大型火力发电厂、第一辆汽车、第一台内燃机车、第一艘万吨轮船等等。"一五"时期的156项重点工程中，东北就占了54项。东北地区是新中国工业当之无愧的摇篮，在国家发展全局中举足轻重。进入新时代后，经济迈入高质量发展阶段，东北地区开始致力于将新一代信息技术注入传统重工业转型升级进程中，沈阳新松、沈阳东软等高端产业开始发挥作用，推动当前东北地区的工业转型升级取得显著成效，为与东北亚其他国家的次区域经济合作奠定良好工业基础。

2. 特殊的土壤条件成为发展特色农业的重要基础，为东北地区参与次区域经济合作提供了更加丰富的经贸往来内容

东北地区拥有肥沃的黑土地和广阔的平原地带，适合发展农业种植，尤其是在大米、大豆、玉米、马铃薯、高粱、温带水果蔬菜等方面产量颇丰，如黑龙江的五常大米，辽宁的蟹田大米，大连的樱桃和海鲜，大兴安岭的蘑菇、木耳、人参等农产品，名气响震全国，支撑着黑龙江省和吉林省持续成为我国农业发展的"压舱石"。2018年，东北地区粮食产量达到13332万吨，占全国粮食总产量的20.3%，其中，黑龙江和吉林粮食产量分别为7507万吨、3633万吨，占东北地区比重达到83.6%，为维护国家粮食安全做出重要贡献。迈入新时代后，在绿色发展理念和农业科技创新的指引下，东北地区持续加快发展现代特色农业，在农产品质量提升、农业产业链和价值链开发、农产品深加工、绿色食品开发加工等方面取得明显成效，丰富了东北地区参与次区域经济合作的经贸往来内容，为未来东北地区深度参与次区域经济合作奠定良好的现代农业基础。

3. 良好的生态环境和丰富的旅游资源成为现代边境旅游业的重要支撑，为东北地区深度参与次区域经济合作创造了突破口

在政治制度和经济形势差异显著的背景下，发展跨境旅游是提升对外合作交流层次、丰富跨境合作内容的重要突破口。东北地区山水环绕，东部山地外侧有黑龙江、图们江、乌苏里江、鸭绿江，内侧有由三江平原、辽河平原和松嫩平原组成的东北平原，为发展跨境旅游提供了良好的自然景观基础。近年来，东北三省利用丰富的基础旅游资源，大力发展边境和冰雪旅游业，加强与东北亚国家的互联互通，营造友好的旅游氛围，吸引大批国外旅游者入境，为东北地区旅游产业发展和经济社会发展提供了新动能。2018年，东北三省接待国际旅游者540.45万人次，旅游外汇收入29.66亿美元。其中，辽宁省接待入境过夜旅游者287.7万人次，旅游外汇收入17.4亿美元。吉林省接待入境游客143.75万人次，旅游外汇收入6.86亿美元。黑龙江省接待国际旅游人数109万人次，实现国际旅游外汇收入5.4亿美元。

二、东北地区参与次区域经济合作的阻碍

东北亚地区深受地缘政治和历史遗留问题的强烈影响，至今都没有形

成一个较为稳定的政治经济合作新格局和区域合作制度。东北亚各国经济发展水平差异过大，经济体制各异，增加了合作难度。同时中、日、韩三国的经济结构都以出口为主，经济发展对外依存度较高，相互竞争意识也相对强烈，对于东北地区参与次区域经济合作产生一定不利影响。

（一）东北亚各国尚未形成系统稳定的区域合作制度

近年来，随着全球化及区域经济一体化的持续推进，东北亚国家联系日益紧密，区域经济合作取得长足发展。但由于诸如各国制度与文化差异、缺乏合作共识、各国存在利益分歧、缺乏公认且权威的领导力等因素，东北亚区域合作形式基本上还局限于普通意义上的经济合作关系，各国通常以非制度性的合作机制推动低水平、小范围的区域合作，尚未形成系统稳定的制度化安排。这主要表现在：第一，合作制度数量和构成相对不足，相对于欧洲区域合作，东北亚各国合作领域或合作覆盖范围相对较少，且合作形式多以双边关系或协定为主，缺乏多边形式的合作。第二，东北亚地区现有合作机制通常建立在口头共识、合作备忘录、联合公报或声明等非正式性文件而非正式条约的基础上。第三，已经形成的合作机制缺乏实效性，由于合作往往是建立在各国目前所需的基础上，而非为形成长期且稳定的合作机制而建立，因此合作实效性大打折扣。建立稳定的区域合作制度是区域合作顺利推进、合作关系长期稳定的重要保障，由于东北亚各国缺乏从地区整体利益出发制定长期合作制度的共识，导致东北亚区域无法实现长期、稳定、持续的深度合作。对于我国来说，这严重拖累了我国与东北亚其他国家的合作进程，也极大地阻碍了中国东北地区参与次区域经济合作、进一步扩大对外开放的步伐。

（二）各地区经济发展水平阶段不同

东北亚各国经济发展水平极不均衡，既包括日本、韩国这样的发达国家，也有其他的发展中国家。而在发展中国家，中国、蒙古、俄罗斯与朝鲜的经济发展水平差异也较大。俄罗斯远东、蒙古、朝鲜等地区经济发展水平相对落后，中国东北地区、日本、韩国在经济发展方面都难以独立承担起主导东北亚区域合作的重任，导致各国在参与次区域合作中遇到极大的困难，难以实现各方利益的有效协调，也成为中国东北地区参与次区域经济合作的主要障碍。第一，各国经济制度不同，日本和韩国属于市场经济国家，中国、俄罗斯与蒙古正处于向市场经济的转轨期，朝鲜则属于计划经济国家，区域内不同的经济制度导致东北亚国家在合作进程中无法形成规范的市场秩序，相互之间的经济活动很难顺利对接，不利于东北地区参与次区域合作。第二，各国经济政策和对外开放程度不同。日本和韩国早已融入了国际市场，但中国、俄罗斯、蒙古和朝鲜实行部分或极有限的开放发展战略，不利于东北亚国家进行全方位经济合作，对于中国东北地区而言，同样面临着开放程度与其他国家不相适应的情况，成为参与次区域经济合作的不利因素。第三，产业发展层次与水平存在较大差异。日本和韩国属于发达地区，产业主要以资本密集型和技术密集型为主，产业发展层次和水平相对较高。中国近年来在推动产业结构转型的过程中实现了产业结构的极大优化，但劳动密集型产业仍然占比较高，俄罗斯远东地区、蒙古和朝鲜则仍处于工业化进程初期，产业发展层次较低。各地区差异化较为显著的产业结构层次导致各国在经济合作过程中分工难以明确，进而加大中国东北地区参与次区域经济合作的难度。

（三）地缘政治复杂严峻可能影响合作的可持续性

由于历史遗留问题以及美国在该区域的利益问题导致东北亚区域地缘政治极为复杂，严重影响区域内各国进行长期经济合作。一方面，东北亚地区是冷战遗留问题较多且矛盾较为尖锐的地区，历史遗留问题较多。过去的中日战争、日韩战争等问题成为阻碍当今各国进行经济合作交流的心理障碍。另一方面，美国在东北亚局势中的角色使得该区域的国家关系微妙且复杂，美国凭借与日本、韩国的同盟关系，插手东北亚相关事务，积极参与大国利益争夺，以此遏制中国与俄罗斯的经济发展。此外，美国与朝鲜相互博弈，严重影响着东北亚地区的安全与稳定，严重制约着东北亚区域的经济合作。极为复杂的地缘政治局势导致区域安全不够稳定，成为东北地区与其他各国开展长期经济合作的制约因素。

第三节 次区域经济合作为东北地区带来的新机遇

次区域经济合作是推动东北亚地区一体化的客观要求和规律，已是不可逆转的历史趋势。次区域经济合作的进一步深化与推进，加速了生产要素在东北亚范围内的自由流动和优化配置，促进了东北亚各国之间的相互联系与相互依赖，为我国东北地区优化产业结构、加强资源合作、引进高端要素提供前所未有的历史机遇。

一、中日韩合作推动东北地区产业结构优化升级

韩国和日本属于发达国家，两国在电子信息产业、工业制造业、服务业等方面都具有前沿的科技水平和科学的管理经验，为东北地区尤其是与两国合作关系密切的辽宁省和吉林省的产业结构优化升级带来了新动力。

第一，东北地区以发展重工业为主，面对资源约束趋紧、环境污染严重的严峻形势，其过去粗放的经济发展模式已经难以为继，钢铁、船舶、机械制造等传统产业亟待转型，尤其是对冶金、化工、建材等传统重化工业的改造与升级迫在眉睫。当前，东北地区正在深入推进新一轮对外开放，一方面，能够充分引进日本和韩国的先进技术、设备、管理经验和跨境企业等，为东北地区亟待转型的重化工业企业所借鉴学习和开展合作，推动东北地区重化工产业转型升级。另一方面，依托东北地区的装备制造业集聚区建设，创新发展高技术船舶及配套、汽车装配及零部件、大型运输和起重设备等先进装备制造业，提升重大技术装备以及核心技术与关键零部件研发制造水平，促进相关产业迈向全球价值链更高水平，并有效建立循环

经济模式，降低资源消耗和环境污染程度。

第二，依托东北地区高新技术产业开发区等平台，充分发挥其引领和带动作用，主动扩大与日本、韩国的高端产业合作，大力引进两国的高新技术产业，提升东北地区科技创新能力，不断完善科技创新体系建设，同时加强政策扶持力度，鼓励各类企业开展自主创新，大力发展生物医药、电子信息、技能环保等高新技术产业，努力打造具有国际影响力的产业基地。

二、中俄进一步合作推动东北地区资源开发更加深入

2019年6月5日，中俄元首决定将两国关系提升为新时代中俄全面战略协作伙伴关系，这是中国对外双边关系中首次出现的新表述和新定位，意义重大，含义深远。与此同时，中俄两国资源禀赋优势显著，同属于能源与农业大国，在资源开发与投资领域合作取得了前所未有的进展。黑龙江省作为东北地区与俄罗斯合作最为密切的省份，与俄罗斯建立了长久稳定、友好互动的合作伙伴关系。

第一，在黑龙江省的对外投资中，俄罗斯成为重点投资市场，黑龙江省的沿边地区也成为中国开展对俄贸易的主要通道。2018年，中国连续九年成为俄罗斯第一大贸易伙伴，中俄贸易额突破1000亿美元，同比增长24%，中国对俄出口增长9.1%，自俄进口增长39.4%。黑龙江省对俄贸易总额为1220.6亿元人民币，占同期全国对俄进出口总额的17.3%。

第二，随着中俄双方全面战略协作伙伴关系的进一步加深，黑龙江省对俄罗斯的全方位资源合作进入新时期。一方面，黑龙江省多年推进的对俄大项目相继建成，阿穆尔州年产60万吨水泥厂项目投产运营，梦兰星河阿穆尔—黑河边境油品储运与炼化综合体项目开工建设，中俄同江铁路大桥建成通车，中俄界河公路大桥俄方布拉戈维申斯克段完工，中俄东线天然气管道正式投产通气。另一方面，木材加工是黑龙江与俄罗斯开展资源合作的重要领域，其中，绥芬河市是中国最大的俄罗斯木材进口集散中心，在俄罗斯木材进口落地加工方面具备得天独厚的优势，目前正在致力

于打造年产地板 1000 万立方米、家具 100 万套、交易量 500 万立方米、交易额 150 亿元的百亿级木业产业集群。

第三，近年来，黑龙江借助独特的区位优势与政策优势，不断加强与对俄罗斯农业开发合作，从俄罗斯进口的大豆规模快速增长，并已经成为全省重要的进口大宗商品。2019 年 7 月，我国允许俄罗斯全境大豆进口，与俄罗斯的农业合作与经济交流更加深入，促使更多开发企业在俄建立粮食生产基地，为国家大豆这一重要战略物资的供应安全提供了重要保障。

三、中日韩合作为东北地区提供了有力的科教支持

日本和韩国具有先进的技术和创新的教育模式，学习并借鉴相关经验，对提升东北地区的科教能力具有重要作用。

第一，科技交流有所加强，为东北地区技术进步提供重要助力。改革开放以来，中国就十分注重借鉴发达国家科技发展经验，主动在科学技术领域与发达国家加强合作。一方面，日本与中国一衣带水，尤其与东北地区区位相近，加上两地在科技领域各有优势、互补性较强，因此科技合作更加深入，极大地推动了东北地区的科技发展。许多日本企业把大连作为生产和研发基地，目前，大连已拥有中国城市在海外的第一个软件园区——大连（日本）软件园。作为大连市软件和服务外包企业在日本发展的公共服务平台，大连（日本）软件园为大连市软件和服务外包产业发展做出了贡献，也推动大连市软件产业迈向新的发展阶段。未来随着两地在软件产业合作的进一步深入，大连（日本）软件园将对为大连市引进国际外包人才、推动软件"大连创造"走向国际舞台产生重要作用。当前，随着中日政府间关于共建联合科研平台合作谅解备忘录的签署，两国将在环保、能源等重点领域进一步加强合作研究，为东北地区进一步深入与日本进行科技合作提供了更加广阔的范围和更加坚实的保障。另一方面，近年来，尽管中韩关系由于一些原因使得两国科技合作进程有所延缓，但随着中日韩科技部长会议的召开以及"一带一路"倡议的深度推进，三方积极推进经济贸易合作步伐，中韩两国也在高科技领域、知识产权和标准、环

境污染研究治理等方面展开深度合作。

第二，人才交流与合作呈现良好势头，为东北地区人力资本提升提供广阔空间。在高校合作培养人才方面，从 2005 年开始，日本亚细亚大学就与大连外国语学院达成国际型人才培养项目计划，亚细亚大学每年从在校生中选派 30—50 名优秀的学生到大连外国语学院进行为期半年的学习，同时在大连的日本企业开展实习活动，以此为中日经济和文化交流培养更多实用人才。近些年，辽宁省非常重视与韩国中小企业在创业方面的合作，并充分利用韩国优质的大学资源，为省内培养科技人才。

第十章

东北振兴中的对外开放新前沿建设

新时期以对外开放促东北振兴的政策建议

为抓住新时期新机遇，真正实现以开放促东北振兴的目的，东北地区新一轮开放应综合考虑推进政府建设、国际合作、区域合作等多条发展路径，破除体制机制弊端，提升开放范围、开放水平与开放深度，同时提升竞争优势，优化对外开放环境。

第一节　对东北地区政府转型升级的建议

实现东北振兴首先要求东北地区政府与时俱进，促进公务人员工作与服务思维转变，提升政府管理效率，打破现有体制机制瓶颈，实现政府转型升级。

一、鼓励公务人员思维创新，增强对外沟通与服务意识

增强公务人员对前沿政策、前沿理论、前沿技术的把握能力，鼓励思维创新，增强对人民群众、对企业的沟通与服务意识，以公务人员思维创新带动服务质量和服务效率提升。

（一）推动树立公务人员的互联网思维，增强主动服务意识

互联网思维中最重要的一点是"用户至上"，对应公务人员可理解为"人民公仆"，解决"人情"及不"亲"、不"清"型政商关系问题。一是增强主动意识，鼓励公务人员少坐机关多下基层，主动走向市场调研，了解市场实际发展需求，推动由被动服务向主动服务转变；二是做到有主动态度，鼓励公务人员加强同企业、企业家以及人民群众沟通交流，主动、高效做好沟通、服务工作。

（二）提高公务人员对前沿理论的把握能力，增强优质服务意识

一是改进工作作风，提升服务质量。紧紧围绕"三严三实"、反对"四

风"等要求，开展专题教育、加强监督管理，建设扎实细作、精雕细镂的工作作风，为高质量服务提供保障；二是认真排查整改，提高自身素质。针对工作过程中效率低、满意度低等内容，排查整改并出台整改措施，落实到具体执行机构、部门，提升公务人员素质。

（三）提高公务人员对新一代技术的创新应用能力，增强创新服务意识

新一代信息技术的发展正在不断缩短信息、知识的更新周期，同时市场信息复杂性、多样性特征日益显现，要求公务人员不断创新思想、思路，创新体制机制，增强创新服务意识与能力，有效回应市场需求，确保服务有效性与精准性。一是加强学习，加强本职工作新知识、新理念及相关知识、理念学习，不断实践和创新服务思想、思路与模式，提升自身业务水平和实际工作能力；二是创新工作方法与模式，熟练掌握、运用新一代信息技术，积极借鉴发达地区省、市政府在工作方法与模式创新性措施，结合自身实际情况，推进工作方法与模式创新，增强创新服务能力。

二、引入新一代信息技术，提升区域管理效率

充分利用大数据、云计算等新一代信息技术，推动政务信息化建设，建设数字政府，提升政府服务与政府管理效率。

（一）加强信息化基础设施建设，为政务信息化建设奠定基础

根据全局需要，统筹规划信息化布局工作，聚焦重点问题、重点领域，做好需求分析，合理进行基础设施设置与信息资源布局；推动建设科学、规范、统一的标准化体系，建立、完善政务信息化管理机制、资源共享机制，确保信息化建设的协调推进；建立、完善网络与信息安全体系和管理办法，提升信息安全意识与风险防范意识，做好运维管理与应急体系建设与相关领域管理、技术人才团队建设。

（二）加强政务信息系统整合，清理"僵尸"系统

一是做好政务信息系统整合工作，将功能相同、相似的分散系统进行整合，实现统筹管理，统一门户登录、统一运行维护、统一风险管理与安全防护；二是做好清理工作，根据政务信息发展实际，及时、彻底清理与业

务无关、脱节信息系统，清理使用范围小、频率低、功能可被替代的"僵尸"系统，避免资源重复、功能重复。

（三）推动区域政务数据流动，构建创新型政府治理结构与决策方式

一是建立和完善数据流动和使用监督管理制度、政策，推动跨层级、跨地区、跨部门数据流动，逐步实现数据的互联互通，实现信息共享；二是在数据流动、数据安全保障等建设基础上推动构建数据驱动治理框架，推动政府治理与决策模式创新，提高政府对市场的感应速度与敏感度，改善政府服务水平与质量，优化政府办事流程，提升政府决策质量。

三、借鉴我国发达地区经验，突破体制机制瓶颈

充分借鉴国内发达地区、对外开放前沿地区政府转型升级经验，突破制约性、关键性体制机制障碍。

（一）简政放权，激发市场活力

东北地区突破体制机制瓶颈首先应推动进一步简政放权，推动市场发挥主体地位，释放活力。如上海市在推动行政审批制度改革措施：一是推动取消行政事业性收费、制订实施市场事中事后监管方案、推动取消部分领域行政审批评估评审，推进市场监督、城市管理等领域综合执法体制改革，着力推进科学化管理，科学解决缺位、错位、越位问题；二是以基础性制度创新为着手点，推动解决、破除创新发展堵点、影响干事创业痛点及监管服务盲点问题。再如前海片区推动完善行政服务机制、改善行政运行机制进而推动简政放权措施：一是推进供给侧结构性改革，深化行政审批制度改革，进一步降低企业生产经营制度交易性成本，优化企业营商环境；二是推进政府职能市场化改革，完善"政府职能＋前海法定机构＋蛇口企业机构＋咨委会社会机构"模式，争取更多赋权，提高法定机构运行的独立性。

（二）优化公共服务，打造服务型政府

长期以来，我国服务型政府建设在加强党的领导、坚持以人民为中心、注重政府自身建设、主动适应经济社会条件变化等方面积累了丰富经

验。其中，浙江省服务型政府建设在全国范围内具有代表性，东北地区推动服务型政府建设，可有效结合自身现状与需求，积极借鉴相关经验。一是以公共服务为导向，推动政府职能不断向公共服务倾斜，通过创造稳定的市场秩序进而更好地服务于市场经济的发展；二是持续加码基层改革项目，推动中央政策目标落地，缩短中央与地方政府之间"政策距离"；三是以激发市场活力为重点，持续、动态推动体制机制改革，充分释放市场和社会活力；四是充分借助新一代信息技术，推动政府流程再造，重塑跨层级跨部门跨平台的基层政府治理体系。

（三）推动人才管理创新，深化人才合作

人才作为推动经济创新发展的重要核心要素，其管理合作领域创新是政府推行体制机制创新的重点领域，如江苏省人才体制机制创新措施：一是构筑高层次人才创新创业平台吸引人才入驻，设立转型基金支持中小企业人才培养与技术创新，设立创业风险投资基金分担科技人才创新创业风险；二是在人才服务保障、人才公共服务职能领域加大投入力度，营造人才引入的良好环境。再如福建省人才体制机制创新措施[1]：一是营造先行先试的良好政策环境，为人才引入提供良好环境，牢牢把握国家重大战略机遇，探索引才新模式；二是构建独具特色的人才发展体制机制，为留住人才构建良好环境，破除体制机制障碍，同时完善多元化人才评价机制；三是打造宽松发展的优质生态，为人才充分发展建设良好环境，聚焦重点产业及关键技术研发需求，精准对接相关人才，建立正向的人才激励机制同时营造人才发展的良好营商环境。

---

1. 倪馨. 加快人才制度和政策创新 切实发挥人才制度的显著优势 [EB/OL]. http://fj.people.com.cn/n2/2019/1124/c181466-33571062.html.

第二节　对国际间合作的建议

以开放促改革、促发展是我国改革开放40多年来重要的经验与启示，也是新时期我国实现高质量发展的重要方法。长期以来，我国对外开放一直以东南沿海地区为主，东北地区对外开放则相对落后。当前，随着我国对外开放程度逐渐加深、开放水平及开放层次不断提升，东北地区迎来开放发展新契机。东北地区地处东北亚核心地带，同时是"一带一路"建设节点地区，具有对外开放的良好地理优势。新时期，东北振兴要把握良好优势，增强国际间合作，推动经济转型发展。

一、把握国际发展趋势，以我国发展战略为依托，内外联通，战略均衡，构建东北地区国际合作战略生态

主动顺应国际环境新的变化趋势，深度解读国内发展战略，借势而为，重新布局东北地区新的国际合作生态。

（一）深刻认识百年未有之大变局，以国际环境变化为导向调整国际合作布局

当前世界面临百年未有之大变局，国际环境变化日趋复杂，以新一轮技术革命为主导的产业发展正在发生深刻的变革，产业链、创新链、价值链都在全球范围内进行调整，产业布局也出现发达国家制造业回流，东南亚、南亚、非洲向新的世界工厂发展的趋势。另一方面全球经济治理体系进入加速变革期，治理主体、全球性议题、治理理念、治理机制都发生了变革，并呈现加速趋势，旧的治理体系正在瓦解，新的治理体系逐渐显现。同时大国博弈进一步加剧，以新兴大国与守成大国之间的博弈为主线

的大国博弈愈演愈烈，中美贸易摩擦便是其中重要的代表。东北地区作为我国参与国际竞争的重要组成部分和国际环境影响我国经济社会发展的延展地，要清醒地认识新一轮技术革命、全球治理体系变革和大国博弈合力下的新的国际环境，要积极应对全球产业链、创新链、价值链重塑和全球范围内的产业转移与再布局带来的机遇与挑战，并以此为导向调整国际合作布局。

（二）深度理解我国战略主线，以我国发展战略为依托制定东北地区国际合作的基础战略

中共十八大以来，我国经济社会发展面临新的机遇与挑战，一方面国际环境的变化与综合国力不断地攀升要求我国对外开放的力度进一步加大；另一方面国内经济进入新常态发展阶段，产业转型升级、政府治理能力提升迫在眉睫。在我国进一步扩大开放与国内转型升级的双重压力下，"一带一路"倡议、构建人类命运共同体、供给侧结构性改革、新旧动能转换、高质量发展、振兴东北等国家战略相继出台。东北地区要更好地开展国际间合作，不仅要向外看，也要向上看、向内看，一是要以"一带一路"倡议为对外合作的窗口，在中央"一带一路"倡议的大势下加强与沿线国家的合作；二是要以构建人类命运共同体为全球化新的"价值观"和理念，并以此为合作的格局开展国际合作；三是以供给侧结构性改革为主线，以高质量发展为目标，以新旧动能转换为动力，以五大发展理念为引领，以振兴东北为抓手，全面提升东北地区经济社会发展实力，提高国际合作的能级。

（三）以国际环境变化、我国战略主线、地区战略调整为抓手，寻求东北地区国际合作战略均衡，构建战略生态

在新的国际环境下，世界各国在国际合作方面都有了新的想法与诉求，我国在新的发展阶段也进入了经济社会的深度调整期，对外合作的方式和要求也发生了变化，东北地区近年来经济发展相对滞后，发展动能不足，对外合作乏力，但是在中央高度重视下，东北地区也在积极布局，爬坡过坎。一方面，在新的内外部环境合力下，东北地区要找到国际、国内

与地区的战略均衡，既能适应新的国际诉求，又能顺应国家大势，同时也能突出东北的特点。另一方面，在战略均衡的基础上，构建国际合作战略生态，从合作国、中央、地区、产业、企业等多个维度考虑，构建多位一体的战略生态体系。

二、加大基础设施升级力度，为引商、引技、引智、引资构筑基础

基础设施建设是区域经济发展的重要基础条件，不仅反映区域经济发展现状，也蕴含其未来发展潜力。基础设施水平越高，企业发展、居民生活配套越完善，区域经济未来发展潜力就越大。东北地区实现高水平对外开放发展，应聚焦前沿领域，加大基础设施建设，构建良好引商、引技、引智、引资基础。

（一）立体交通建设

明确目标，高起点规划，推动建设内畅外联互通、智慧绿色高效的现代综合立体交通体系，提升服务水平，增强辐射功能，打造东北亚交通枢纽。第一，完善对内立体交通建设。一是统筹规划，做好公路、铁路、水运交通、通用机场建设，改善原有交通条件，进一步加快推动东北三省交通一体化建设，把握"整合资源、强化功能、提高效率、优化结构"的原则，发挥东北三省综合优势；二是加快推进东北三省高铁建设进程、提升高铁覆盖面，增加同京津冀、长三角等发达经济区域间高铁车次，提升对内开放的便利程度。第二，完善对外一体交通建设。一是整合水运港口资源，进一步完善港口信息化建设，完善东北三省水运港口一体化建设；二是加快建设现代化国际机场，拓宽空中通道。

（二）数字东北建设

第一，推进数字东北建设顶层设计。对标经济发达区域，三省联合进行"数字东北"顶层设计，制定统一的规范标准，规范三省建设标准、数据联通与共享等方面统一规划、统一管理。第二，进一步推进信息化建设，夯实数字东北建设基础。参考数字东北建设标准，建设高速畅通、覆盖城乡、质优价廉、服务便捷的宽带网络基础设施和服务体系，继续推进

宽带普及、提升网络效率、降低网络资费。第三，推动数字经济发展，以数字经济带动东北地区经济创新发展。一是积极鼓励企业对数字经济建设的投入力度，鼓励企业以数字经济发展增强自身核心竞争力。二是加强数字教育和数字技能培训，鼓励企业、高校、科研机构开展相关领域培训课程，提升从业人员技能，为发展数字经济提供人才支撑。三是建立数字经济合作机制，一方面推动与京津冀、长三角等经济发达地区共商共建、加快推动数字发展，提升数字经济对经济引领能力；另一方面推动与"一带一路"沿线国家合作，打造新的合作增长点。

（三）现代服务设施建设

完善现代服务设施建设，做好企业、产业、人才发展配套服务。一是做好商务配套等生活服务设施建设，积极引入国内外知名大型商业购物中心，吸引相关联商务服务业快速集聚，构建集星级酒店、高级商务大厦、产品展示中心、品牌商业街区、大型商业购物中心及餐饮、休闲、娱乐、文化等配套商业服务于一体的现代商业中心；二是做好公共服务平台等企业、产业发展服务设施建设，推动搭建专业化产业发展平台，提供公共研发、技术服务、培训服务、贸易服务等交流、服务平台；三是做好创新创业服务设施建设，建设创新创业基地，搭建线上线下创业渠道，提供资金、人才、培训等创新创业培训，打造创新创业品牌，拓展引智空间。

三、以平台建设为载体，建立东北地区国际资源配置中心

把握东北地区自贸区建设新契机，综合利用自贸区、开发区等多层次合作平台，提升资源集聚能力，建设东北地区国际资源配置中心。

（一）以自贸区建设为契机，推动制度创新

以辽宁、黑龙江自由贸易试验区建设为契机，牢牢把握《中国（辽宁）自由贸易试验区总体方案》《中国（黑龙江）自由贸易试验区总体方案》中的定位与要求，聚焦中央关于推动东北振兴系列要求，推广试验其他自由贸易试验区在金融、法律、服务、知识产权、税收、通关等领域成功经验。一方面重点推动国有企业改革领域制度创新，探索国有企业转型发展

新道路，化解东北地区国资国企重症难题，化解东北地区经济发展历史包袱；另一方面快速推动东北地区政府管理、企业发展、金融等领域制度创新，弥补当前与经济发达地区的制度差距，激发东北地区经济发展潜在活力。

（二）以开发区升级为抓手，推动产业发展转型升级

随着我国开发区建设数量与质量的日益提升，开发区在集聚要素资源、带动区域经济转型发展中的作用日益凸显。新时期，东北地区应以开发区为抓手，推动产业转型、推动高端要素集聚。一是突出高质量，提升开发区建设标准，完善基础设施领域建设标准，强化绿色发展理念，构建智能化、智慧化、现代化园区；二是培育特色主导产业，以新一代信息技术赋能传统产业，推动产业的转型升级；三是强化考核评价，完善开发区现代体制机制建设，建立动态考核评价指标体系，从发展成效、创新驱动、开放水平、集聚能力、生态环保、营商环境等多维度评估发展成效，并完善奖励制度。同时，优化开发区管理模式，推动政府在一定范围内下放管理权限，给予开发区自主创新管理权。

（三）构建国家级合作园区，拓宽资源合作空间 [1]

一是提升国家级边境合作区发展水平，充分发挥边境合作区发展边境贸易的地理、人力、资源优势对对外开放的引领作用；二是推动构建新的国家级边境合作区，高起点、高水平规划，统筹协调各方资源，聚焦边境重点需要，推动建设新的合作点；三是推动构建国家级境外经贸合作园区，推动东北地区与东北亚经济圈的深度合作，率先选择发展较好的开放型园区或大型企业作为开发主体，鼓励其在境外设立经济合作区，合作开展基础设施建设及相关产业布局，逐步引导国内企业、园区的配套及关联企业向境外合作区投资、布局，拓展资源合作空间，打造向北开放的国际资源配置中心。

---

1. 黄征学.加快构建东北地区对外开放新格局[J].区域经济评论.2016（5）：94-101.

第三节 对区域协同发展与对外开放的建议

紧紧围绕对外开放，推进省际间、城市群间协同发展，促进区域协同发展，提升东北三省整体经济发展水平，同时借助区域间协同发展，进一步提升东北地区对外开放质量与水平。

一、以对外开放为目标，增强省际间协同发展能力

长期以来，东北地区从历史上、地域上来看，都是一块完整的区域，在产业结构、能源结构、生态环境、发展地位上具有较强的相似性，同时在资源、地理区位上又有较强的互补性，因此推动区域间协同发展，充分整合东北地区优势资源，才能在更高水平上提升东北地区整体竞争力，提升对外开放水平。

（一）完善组织保障建设，推动东北地区政策及规划的有效对接

宏观经济政策与规划是区域经济发展的核心依据，实现东北三省之间协同发展，首先要实现宏观层面的"统筹规划"，避免低端重复建设、资源错配，以政策协同与规划对接为基础，从宏观经济发展方向上统筹规划东北三省建设协同发展。一是联合成立东北三省协调发展工作组，摸清三省经济协调发展现状与基础，并在此基础上综合考虑三省经济、资源、人才等相关发展基础与优势，明确协同发展方向与目标；二是聚焦协同发展总目标，明确各省发展重点领域与任务，统筹优化三省产业布局；三是根据产业布局与发展要求，推动三省在宏观经济政策，尤其是产业政策与规划的有效对接，推动资源、要素在三省间的有序流动，推动经济社会各领域、各环节标准在三省间的共同试用，实现联动发展。

(二)进一步完善协同发展机制

聚焦协同发展重点要素,构建相关领域协同发展机制。一是构建人才协调机制,建设东北地区多层次人才数据库建设,开展多行业、多领域职业技术资格互认工作,完善人才服务体系建设,推动社保、档案的互认、互通,降低区域间医疗、教育、公共服务差距,统筹协调东北三省人才引入机制,构建协调发展的薪酬体系,鼓励人才到相对欠发达地区、到重点发展地区工作;二是构建物流发展合作机制,推动交通运输一体化建设,推动物流行业一体化发展,以物流带动货物、服务、资金、信息、人才等要素在三省之间的高效流通;三是构建资金保障机制,鼓励相关投资机构参与协调发展机制建设,探索建立促进东北地区协调发展的开发性金融机构,鼓励设立区域协调发展风险投资基金,建立便捷高效的投融体系;四是构建民间合作机制,鼓励民营企业、商会、协会开展深层次、多领域合作,更高效、精准地反映市场变化,弥补政府层面协同发展的不足;五是构建科学高效的领导协调体制与运行机制,进一步完善东北地区现有协调发展的领导工作体制,定期召开会议,针对当前发展问题、发展形势进行深入分析,并明确下一阶段主要工作内容,做好领导层面协同。

(三)丰富协同发展内容与模式

打破传统协同发展、区域联动模式,创新探索新的区域经济发展内容与模式,聚焦"一体化"核心发展理念,推动更多领域的协同发展。一是深化公共服务领域协同发展,不断深化公共服务领域合作,提升三省公共服务水平,推动国内外优质教育、医疗、卫生在三省之间有效布局,减少区域内部公共服务差距,减少公共服务差距带来的资源吸引力差距;二是推动营商环境建设协同发展,统筹规划企业开设、外资引入、税收优惠等高水平营商环境建设影响因素,推动三省之间协调发展,避免区域内部的"虹吸效应",促进三省的市场深度融合、要素有序流动;三是加强内部次区域合作,着力打造对外开放桥头堡。打造东北东部、北部经济带建设,借助港口优势、交通优势、地理优势,充分发挥沿线各城市比较优势,开展更深层次的经贸合作,培育产业发展特色优势,提升产业发展国际竞争力，提升对外贸易话语权，深度融入东北亚建设、融入"一带一路"建设，优化同各国之间的贸易格局，提升贸易分工地位，发挥东部地区、北部地区对东北地区对外开放的引领作用。

二、以对外开放为抓手，提高城市群协同发展能力

以城市群发展引领国家、区域经济发展是当前世界经济地理格局演变的重要趋势，推动城市群间协同发展成为推动区域协调发展、带动经济发展的新的突破口，东北振兴应以对外开放为抓手，着力提升区域内部城市群自身及对外的协同发展能力，以城市群发展带动区域发展，以城市群开放带动区域开放。

（一）推动东北三省内部城市群间协同发展能力

以哈长城市群和辽中南城市群为主推动东北三省内部城市群间协同发展能力。第一，推动构建城市群的空间协同格局。一是把握当前我国产业转型升级大趋势，推动各城市间空间结构优化，从区域层面构建开放协调的空间格局，综合考虑同步性、差异性、空间集聚性、空间溢出性四方面因素，发挥现有城市群功能，拓展城市群辐射范围；二是把握对外开放总体目标，破除各城市群发展的利益藩篱，打破各种形式的地方保护主义，构建统一开放的市场格局。[1] 第二，推动城市群间产业协同能力提升。统筹规划东北三省城市群产业发展，明确新时期各城市群发展目标与发展特色，明确各城市群下各类城市重点发展产业。一是哈尔滨、长春、大连、沈阳等中心城市及经济发展较快城市发挥龙头带动作用，主动做"减法"，推动各城市群的功能重组，推动建设有序的城市分工体系；二是开展东北三省之间城市功能协同发展专题研究[2]，邀请相关领域权威研究机构与专家，组织三省内权威专家，根据新时期东北振兴新要求与发展目标，深入研究三省城市职能分工，明确哈尔滨、长春、沈阳、大连等经济基础较好

---

1. 蔡中为.实现东北城市群协调发展需解决的问题及具体对策建议［J］.区域经济，2018（5）：56-58，88.
2. 薛艳杰，王振.长三角城市群协同发展研究［J］.社会科学，2016（5）：50-58.

城市需要向外转移产业，以及需要引入的高端产业，其他城市根据自身发展基础与条件，明确可承接功能与产业；三是着力培育具有国际竞争力的一级城市，分工协作，提升东北地区城市群发展水平，缩短与国内外发达城市之间差距，高标准、高水平带动东北地区城市发展；四是协同重大功能区建设，将三省自贸片区建设、参与东北亚经济圈建设等重要经济发展功能区，作为各城市群建设发展共同目标，协同共建，提升城市群整体竞争力。

（二）推动东北三省城市群同国内其他城市群的协同发展能力

有效承接国内发达地区产业，提升东北城市群与其他区域城市群的协同发展能力，对标学习、复制推广政府管理、产业发展、对外开放等相关经验做法，弥补差距。一是协同东北城市群相关政府部门，组织深入调研与座谈，明确与国内外各大城市群间发展差距，积极交流相关领域成功发展经验，创新城市群发展思路；二是加强与京津冀、长三角等发达地区的产业对口合作，促进东北城市群的统筹合作。根据东北各地区产业发展基础，积极主动分地区承接京津冀、长三角产业转移，通过市场化合作方式引入项目与投资，破解当前产业发展与投资困境；三是加强与发达城市群间人才合作机制，推动完善高层次人才共享机制，加强区域间专家学者、企业家等高层次人才信息共享，推动科学、技术等专业领域的交流互动，创新高层次人才流动工作机制，有效缓解东北地区人才短缺困境。

第四节　对提升东北地区竞争力优势的建议

加快推动重要城市对外开放，整合资源，重点制定实施人才、金融提升战略，提升东北地区对外开放竞争力。

一、加快东北地区重要城市开放步伐

以推进中心城市建设、提升重要城市职能为抓手,充分发挥城市的辐射带动作用与创新引领作用,推动东北地区实现协同、创新的对外深度开放。

(一)推进中心城市建设,在协同开放中充分发挥辐射带动作用

第一,以沈阳、大连与哈尔滨等城市合作为重点,加强城市战略对接,构建融合发展的对外开放新功能,进而推动中心城市实现更高质量的发展,为更高水平的对外开放提供新助力。第二,继续推进沈阳、大连、哈尔滨、长春、吉林等中心城市的基础设施建设,尤其是大力发展这些城市的交通枢纽中心建设,同时更好地带动周边城市建设,形成城市之间的发展合力,为新一轮对外开放提供重要支撑。

(二)提升重要城市职能,在创新开放中增强引领深度开放动力

第一,创新城市治理方式,提升城市社会治理水平,推动城市转型发展,制造更加优质的创新环境,吸引国际高端要素,加快东北地区以创新推动深度开放的步伐;第二,继续鼓励东北地区各大城市开展海外招商推介会及商品展,全面梳理和总结城市创新发展亮点,以城市魅力与品牌吸引海外投资者目光,以此为契机,深化东北地区与全球其他国家的经贸合作,实现东北地区对外的深度开放。

二、建立扎实的人才战略

综合考虑东北三省人才引入、流动、使用、管理现状,重点针对人才管理机制、人才引入平台搭建、创新人才引入理念三方面建立扎实的人才战略,为对外开放做好人才保障。

(一)建立更为灵活的人才管理机制,打通体制机制障碍

根据人才发展需求,建立更为灵活的人才管理机制,为人才流动、使用、发挥作用做好体制机制保障。第一,紧紧抓住制约人才工作的瓶颈和要害,科学分析亟待破除的体制壁垒和政策障碍,明确人才事业改革发展的目标任务，打通用人、留人、培养人、释放人才潜能的体制机制障碍。第二，全面梳理现有人才政策，加快构建现代化、科学化人才新政策，为培养人才、吸引人才、留住人次提供良好政策保障。抓好实践证明行之有效、认可度高的政策的具体落实，完善与新形势新任务不相适应的政策，废除与新发展新要求相背离、相抵触的政策。第三，积极吸收、借鉴上海、江苏、福建等发达地区人才管理制度，推动建立与发达地区、与国际接轨的高层次人才招聘、薪酬、考核、科研管理、社会保障等相关制度内容。第四，加大对创新创业人才的资助力度，完善顶尖人才引进计划、领军人才集聚计划、杰出人才倍增计划、高技能人才引进培养计划、民生事业人才支持计划等各类人才开发计划，进一步对重点产业企业及青年科技人才加大倾斜力度，明确人才发展政策导向。第五，将人才激励、流动、评价、培养等环节充分向市场放权，发挥市场主体作用，有效利用自贸区建设机遇，创建人才改革试验区，推进创新性人才政策先行先试。

（二）推进高水平创新创业平台搭建，优化人才生态

以高水平创新创业平台为载体与突破口，打破东北地区人才困境，优化人才生态。第一，引导区域内主要城市发展若干成本低、便利化、全要素、开放式众创空间，鼓励企业、投资机构、社会组织等社会力量共同参与众创空间建设，降低创新创业成本与门槛。第二，推进人才服务平台搭建，搭建人才"一站式"服务平台，打造集中受理人才落户、安居、社保、医疗、子女入学、档案托管、证照办理、出入境等业务"一站式"服务。第三，聚焦重点产业发展，优先推动相关领域创新创业平台搭建，积极引入知名高校、高层次人才团队、龙头企业，打造创新创业平台品牌；第四，推动搭建协同创新与智库平台建设，促进创新链、产业链、价值链的有效对接。

（三）转变传统"用人"理念，建立新型人才合作模式

淡化人才"为我所有"观念，正确处理人才"为我所用"与"为我所有"的关系，建立新型人才合作模式，减少高端人才"供养"所带来的高

消费甚至浪费现象。第一，树立"不求所有、但求所用"的人才观念，通过学术交流、项目合作、决策咨询等多种形式"柔性引才"，建立新型人才合作模式，力求高端人才"为我所用"。第二，支持高校、科研院所、园区等试点建立"学科（人才）特区"，实施长聘教职制度，建立人才对接机制。第三，鼓励企业创新灵活用工方式，可以通过兼职、劳务派遣、短期合作、人才外包等形式，针对具体项目、领域引入人才。

三、构建符合东北地区实际情况的金融体系

厘清东北地区金融机构发展现状，以及金融机构在服务实体企业过程中面临的主要制约因素，聚焦重点问题，对标国内经济发达地区，创新构建符合东北地区实际情况的金融体系。

（一）大力创新金融供给方式，着力完善企业融资体系

第一，将金融机构信贷投放与国家重点支持领域、东北地区对外投资主要领域紧密衔接，加大对符合要求的企业的支持力度，为这些企业"走出去"和"引进来"提供精准金融支持；第二，以优化金融供给与服务模式为引领，重点解决中小企业在对外经贸合作中出现的融资难、融资贵等问题，为这些企业的"引进来"和"走出去"提供必要的金融支持。

（二）继续加强金融科技应用，着力健全金融监管体系

第一，以保障跨境金融安全为前提，明确符合东北地区对外开放需求的金融科技监管理念，建议东北各省按照中国人民银行发布的相关要求，制订针对推动本区域对外开放的金融科技监管工作方案；第二，顺应金融与科技深度融合的全球性趋势，加快东北地区金融科技监管创新，建立更加适配金融对外开放、更加符合东北开放特色的金融标准，在推进新一轮对外开放进程中健全整个东北地区的金融监管体系。

（三）持续优化外汇管理方式，继续完善金融创新体系

第一，继续改进境外直接投资外汇管理方式，试点运行外汇管理区块链服务平台，大力提升银行风控能力，提升银行跨境融资供给的审核时间，缩短企业融资周期，便利企业实施"走出去"。第二，继续探索资产管

理、跨境并购、金融衍生品等新型金融工具，探索与之相适应的金融创新服务，建立金融创新服务平台，专门为跨境企业提供跨境金融服务，提升企业跨境资金使用的风险管理水平。

第五节　对优化东北地区对外开放环境的建议

对标高水平开放新要求，进一步解放思想，破解体制机制障碍，对标国际先进规则，以市场主体需求为导向，从优化政务环境、营商环境、法治环境、人文环境以及宜居宜业环境五个方面着手，全方位、系统化地推进东北地区的开放环境建设。

一、以现代化治理为准绳，优化政务环境

中共十九届四中全会明确提出，要坚持和完善中国特色社会主义制度、推进国家治理体系和治理能力现代化。新时期，要推动东北新一轮对外开放，优化东北地区对外开放环境，必须要以现代化治理为准绳，不断优化东北地区的政务环境；均衡国内外法律体系，优化法治环境。

（一）优化东北地区行政体制，着力提升政府治理效能

第一，要以推进政府职能优化高效、提升政府治理效能为着力点，推动行政决策、执行、监督等环节的高效统一，加强行政事务各环节的摩擦成本，实现良好的衔接与统一。第二，各部门要牢固树立"一盘棋"的工作思维，完善部门间协调沟通机制，加强制度设计与政策层面的协同，争取行政政策合理，而非政策、制度的冲突。第三，继续创新行政管理和服务方式，推动更多行政资源从事前审批与监管转移至事中事后监管与服务方面，并不断完善事中事后监管模式与建设，利用新一代信息技术构建新

型监管机制,推动行政事务办理效率更快速更便捷。

(二)优化东北地区政府职责体系,正确精准履行政府职能

第一,加快服务型政府建设,进一步推进政府权责清单制度。细化各部门、各岗位的职责与权限,并将具体内容以清单方式向社会各界公布,使政务更好地履行经济调节、社会管理、公共服务、生态环境等职能。第二,继续完善财政预算、发展战略与规划等宏观制度体系,促进经济、就业、投资、税收等相关领域的政策协同发展,使政府职能充分发挥出事半功倍的效果。第三,创新政府公共供给服务方式,加快推进基本公共服务均等化,补齐民生发展的短板。

(三)优化东北地区政府组织结构,推动政府机构运行科学高效

第一,根据新一轮东北地区对外开放发展要求,优化行政区划设施,提高东北地区的中心城市和城市群的承载能力和资源配置能力;第二,健全城乡统合发展机制,因地制宜考虑区划设置的优化方式,按照扁平化、高效率要求完善政府组织结构,构建简约高效、职能完善的政府管理体制。

二、对标国内外一流城市,优化营商环境

营商环境是一个国家或地区软实力的重要体现,也是吸引外来投资最关键的因素。国务院多次强调,要努力打造市场化、法治化、国际化的营商环境。营商环境是东北地区的短板,是制约其未来高质量发展的重要问题。因此,东北地区必须紧紧抓住新一轮对外开放重大机遇,对标国内外先进城市,不断优化营商环境建设,全力打造更加优质的营商环境,使东北地区面貌焕然一新。

(一)对标国内外一流,明确未来发展方向

第一,参照世界银行发布的《2019年营商环境报告》,对标全球营商环境排名前五名的国家和地区:新西兰、新加坡、丹麦、中国香港、韩国,在开办企业、办理建筑许可证、获得电力供应、登记财产、获得信贷、保护少数投资者、纳税、跨境贸易、执行合同、破产处置等方面找准差距,明确长远发展目标。第二,参照最新发布的《2019中国城市营商环境指数评价报

告》，对标上海、北京、深圳、广州和南京等城市，在基础设施建设、技术创新、金融、人才、文化等软硬指标上找准自身短中期的努力方向。

（二）推进商事制度改革，激发市场活力

第一，全面推进东北地区的国际化、法治化、便利化营商环境建设，最大限度简政放权，理清政府与市场的界限。第二，提高政府办事效率，实现通关审批便利化，大幅提升通关效率和降低通关成本，简化企业开办和注销程序，构建方便、快捷、有序的市场进入和退出机制。

（三）响应外资发展需求，创造公平公正的环境

第一，给予内外资企业公平待遇，严格兑现向外商投资者作出的政策承诺，认真履行相应的义务，提升政府公信力，提供稳定的市场预期。第二，拓宽外商企业融资渠道，探索扩大金融、旅游、教育、商贸物流、专业服务等更多服务业领域的外资市场准入，提升投资的自由化、便利化水平，提升外国人才来华工作便利度和出入境便利度。

三、借鉴国内其他地区法律建设经验，优化法治环境

积极主动学习国内外其他先进地区的法治建设经验，推动法治创新，努力营造更加公正高效的法治环境。

（一）积极推动政法机关在执法、司法方面的法治创新

推动政法机关在执法、司法方面的法治创新。严格依法行政，加强法治政府建设，健全完善重大事项的决策机制，深化综合行政执法体制改革。推进司法改革，完善司法运行机制，确保检察权和审判权依法公正行使。

（二）加快完善知识产权保护体系，提升知识产权保护能力

对标国际先进标准，全方位完善知识产权保护体系，在知识产权的权责认定、纠纷处置、侵权惩罚、信用体系建设等多个方面与国际接轨，加强国际交流合作，完善知识产权制度保障，不断提升知识产权保护能力和水平。

（三）加强审判职能研究，做好涉外民商事审判工作

践行"干中学"的理念，既注重司法办案，也要抓理论研究，提升审

判质效、打造精品案件,加强工作总结、形成亮点经验,确保东北地区的法院在建设法治化的对外开放环境中多做贡献,努力让审判工作成为东北地区法治化对外环境的重要组成部分甚至标志,为做好涉外民商事审判工作创造良好条件。

四、融合地区多元文化,优化人文环境

打造包容多元的人文环境,是推进东北地区对外开放的重要加速器与润滑剂。在东北地区,传统文化与现代文明共生,民间文化团体交流与对话已久,要在新时代下优化东北地区对外开放环境,就必须继续坚持以人文为纽带,深化与其他地区的交流合作。

(一)形成传统文化与现代文明有机融合的样本

第一,下大力气保护东北地区的物质文化遗产,尤其是具有重要历史价值的古代建筑,可以按照符合现代文明的技术手段进行修旧翻新,促使这些建筑成为东北地区特有的文化标志物,拓展东北地区旅游业创新发展,吸引更多国际游客。第二,努力传承非物质文化遗产,运用现代文明的相关理念,创新文化产品形态,依靠现代化、国际化的传播平台及渠道,将产品输送到国内外,充分发挥其经济价值与艺术价值。

(二)增进民间文化团体的交流与对话

第一,加强东北亚地区各国民间团队的文化交流与往来,推动各行各业会议会展、论坛、比赛、庆典等文化活动的开展,让学术界、艺术界、传媒界成为带动文化交流甚至经贸交流的主力军;第二,加强东北亚地区高校之间的交流与合作,互相派遣交换生,学习对方国家的文化历史;互相开展高校合作计划,共同开展科研与文化交流项目,在学生团体中加强对不同国家文化的认同感,让新一代的合作思想为东北亚地区的稳定贡献力量。

五、提升生态与配套水平,优化宜居宜业环境

建设高质量的生态环境及其配套服务,打造更加优质的宜居宜业环境,对于吸引优质外资、高端外籍人才具有重要意义。新时期,东北地区

要优化对外开放环境，必须注重提升生态与配套水平，不断学习先进地区的发展经验，创新优化生态环境的方式，同时健全相关体制机制，持续优化宜居宜业的良好环境。

（一）吸收先进地区技术与发展经验，加快建设智慧新城

第一，学习借鉴上海、深圳等国内先进地区，从顶层设计方面明确智慧城市发展战略与规划，构建智慧城市指标体系，为推进智慧城市建设和评估工作奠定良好基础。第二，打造智慧体系下的产城融合，引进华为、京东等一批智能领域王牌企业，推进一批东北地区智能化发展的科技产业项目，积极推动智能城市建设与智能产业深度融合。第三，学习东部发达城市发展经验，推出无人超市、无人配送等一系列智慧应用，让民众切实感受科技带来的便捷优质服务。

（二）创新生态环境改善思路，打造宜居宜业生态城

第一，大力实施土壤改良，扩大建成区绿地率，狠抓大气污染防治，提升空气质量综合指数。第二，充分考虑东北地区资源环境承载能力，确立绿色低碳的发展方向，着力发展智能科技、现代旅游、生态康养等产业，形成绿色产业集聚发展的态势。第三，建立以打造生态社区和生态片区为目标的人居环境，规划建设众多社区中心，形成"半小时生活圈"。引入全国优质教育资源，探索品牌化与集团化办学模式。

（三）健全生态文明及其配套机制建设，形成绿色发展导向

第一，进一步完善生态文明建设的综合考核评价机制，深化广大干部对"绿色政绩观"的认识，增强干部保护环境、推动绿色发展的积极性。第二，加强生态补偿科学研究工作，建立健全生态补偿法律体系，以法律形式强化生态红线管理、环境保护责任追求，以此加强对东北地区生态补偿机制的保障和支持。第三，健全完善全民所有自然资源资产有偿使用机制，促使人们养成节约资源的习惯，推动整个东北地区的自然资源开发利用和保护工作能够健康发展。

参考文献

[1] 顾朝林, 翟炜. 东北亚人文和经济地理 [J]. 经济地理, 2019, 39 (1).

[2] 刘朋春, 辛欢, 陈成. TPP 对中日韩自由贸易区的可行性及建设路径的影响研究: 基于 GTAP 模型的分析 [J]. 国际贸易问题, 2015 (11).

[3] 衣保中, 张洁妍. 东北亚地区"一带一路"合作共生系统研究 [J]. 东北亚论坛, 2015, 24 (3).

[4] 刘国斌. "一带一路"基点之东北亚桥头堡群构建的战略研究 [J]. 东北亚论坛, 2015, 24 (2).

[5] 张文玺. 中日韩 GDP、人口、产业结构对能源消费的影响研究 [J]. 中国人口·资源与环境, 2013, 23 (5).

[6] 潘宏. 东北老工业基地对外开放竞争力研究 [D]. 沈阳: 辽宁大学, 2016.

[7] 徐乾. 东北地区对韩经济合作研究 [D]. 长春: 吉林大学, 2016.

[8] 张凤林. 东北三省与日韩经贸合作潜力分析 [J]. 对外经贸, 2018 (1).

[9] 许文卓, 吕佳, 郑莹. 东北亚经济合作对振兴东北老工业基地的影响及对策研究 [J]. 经济研究导刊, 2013 (2).

[10] 于丹, 鞠耀绩. 东北亚区域经济合作与东北地区经济振兴 [J]. 特区经济, 2010 (3).

[11] 胡国洪. 我国东北地区与朝鲜经贸合作趋势及发展 [J]. 中国城

市经济，2012（2）.

［12］王国妹．东北亚区域经济合作与辽宁省对外开放研究［D］.沈阳：沈阳理工大学，2013.

［13］李静秋．东北亚区域合作新变化及其对中国东北地区的启示［J］.开发研究，2014（1）.

［14］高宇轩，刘亚政．环日本海经济圈与中国东北振兴［J］.学术交流，2019（8）.

后 记

《东北振兴研究丛书》经过三年多的筹划、立项、研究、撰写、编辑，即将呈现于广大读者面前。《东北振兴研究丛书》项目于2017年启动，入选2018年"十三五"国家重点图书出版规划增补项目，入选2020年度国家出版基金资助项目，辽宁省委宣传部、辽宁出版集团高度重视，将其列为重点扶持项目，辽宁人民出版社组建专门出版团队具体负责，并从组织、配套、资金及队伍等多方面给予保障，确保本项目得以顺利完成。

值此丛书付梓之际，我们特别感谢国家发展和改革委员会杨荫凯同志，感谢他的悉心指导和大力支持，以及在编纂实施过程中给予的持续关注和具体指导。

我们也由衷感谢丛书编委会为项目实施注入的信心和力量，对丛书出版所贡献的智慧和经验。我们向丛书诸位著者致敬，他们的责任与担当，他们的心血与付出，将载入东北振兴的史册。我们衷心感谢在丛书组稿过程中统筹协调、倾心付出的许欣、杨睿、刘海军等同志，以及为各分册著述辛勤工作的写作团队各位成员，他们为丛书的顺利出版提供了基础保障。

深入推进东北振兴发展，是中共中央作出的重大战略部署，实现东北地区等老工业基地全面振兴、全方位振兴是一项长期艰巨的历史任务。70多年前，中共中央东北局领导下东北解放区内最大的宣传机构——东北书店是如今辽宁人民出版社的前身，印行了大批有影响力的图书，发行到各解放区，如《毛泽东选集》《论联合政府》《东北农村调查》等。继承优良传统，肩负时代使命，怀揣美好憧憬，如今的辽宁人民出版社为东北振兴出版服务，自然担当义不容辞的责任。丛书紧扣经济社会发展，是对统筹推进"五位一体"总体布局和协调推进"四个全面"战略布局具有重要意义的出版项目。相信会为改革决策提供参考，助力优化国家区域发展格局，为东北全面振兴、全方位振兴，实现东北振兴新突破提供借鉴。

丛书策划、编辑出版过程中的疏漏之处，敬请广大读者批评指正。

编　者

2020年12月